第 2 回国際シンポジウム報告書

模擬法律事務所は
ロースクールを変えるか

シミュレーション教育の国際的経験を学ぶ

関西学院大学法科大学院
形成支援プログラム推進委員会 ［編］

関西学院大学出版会

模擬法律事務所はロースクールを変えるか

シミュレーション教育の国際的経験を学ぶ

目次

はじめに ……………………………………………………… 豊川義明・松井幸夫　5

第一部　シンポジウム　模擬法律事務所はロースクールを変えるか
　　　　――シミュレーション教育の国際的経験を学ぶ ………　9
◇あいさつ ……………………………………………………… 加藤　徹　11
◇シンポジウムの趣旨 ………………………………………… 豊川義明　15
◇基調報告
　1　米国および英国における法曹実務教育
　　　　――近時の動きと最近のトレンド　　Roy T. Stuckey　19
　2　法学の研究・教育におけるシミュレーション　樫村志郎　57
◇パネリスト報告
　1　ロースクールにおける効果的なシミュレーション教育の構成および実施方法
　　　　――2年生から開始するシミュレーション教育の意義について
　　　　　　　　　　　　　　　　　　　　　Eleanor W. Myers　75
　2　体験型シミュレーション技能プログラムによる法曹倫理教育
　　　　――なぜ1年生なのか？　　　　　James E. Moliterno　91
　3　関西学院大学におけるシミュレーション教育と模擬法律事務所の試み
　　　　　　　　　　　　　　　　　　　　　　　　池田直樹　119
◇パネルディスカッション／Q&Aセッション　　　　　　151

第二部　ワークショップ International Virtual Law Firm Simulation
　　　　――模擬法律事務所の国際的実践 …………………　181
　1　第2回国際シンポジウムに併せて開催されたワークショップの目的
　　　　　　　　　　　　　　　　　　　　　Sylvia G. Brown　183
　2　国際模擬調停　　　　　　　　　　　　　　　　　　　187
　3　フィードバック　　　　　　　　　　　　　　　　　　213

第三部　論考：シンポジウム「模擬法律事務所はロースクールを変えるか」に寄せて…　239
　1　シミュレーション教育は正義を教えるためにこそある　亀井尚也　241

  2　刑事弁護の理論と感覚　　　　　　　　　　　　　巽　昌章　251
  3　シミュレーション教育と専門職責任について
    ──資料紹介に代えて　　　　　　　　　　　　豊川義明　257
   資料　The Lawyering Program: Description of Exercises
     2004-2005 の部分訳　　　　　　　　　　　　　　　　260

編集後記 ……………………………………………………… 川崎英明　277

はじめに

　本書は、文部科学省により平成 16 年度法科大学院等専門職大学院形成支援プログラムの教育高度化推進プログラムとして採択された関西学院大学大学院司法研究科（以下、関学ロースクールという）のプロジェクト「模擬法律事務所による独創的教育方法の展開」（The Development of Innovative Professional Education Through Virtual Law Firm）（2004 年度から 3 年間）の一環として、2006 年 2 月 18 日に開催した第 2 回国際シンポジウム「模擬法律事務所はロースクールを変えるか——シミュレーション教育の国際的経験を学ぶ」の成果をとりまとめたものです。

　関学ロースクールでは、本シンポジウムに先立ち、2005 年 3 月 19 日〜20 日に「正義は教えられるか——法律家の社会的責任とロースクール教育」と題する第 1 回国際シンポジウムを開催し、さらに 2005 年 10 月 1 日には、「変わる専門職教育——シミュレーション教育の有効性」というテーマでの国内シンポジウムを開催してまいりました。この 2 つのシンポジウムでの議論や成果を踏まえて、私たちは「仮想事件を通しての理論・実務の総合的教育プログラムと教材の開発」という同プロジェクトの副題が示す目的に向けて、法律家の社会的責任という新しい法曹養成教育の基礎を確認し、その基盤の上で「理論と実務」「知識とスキル」を統合する、シミュレーションを重視した新しい教育方法を確立するための議論を積み重ねてきました。

　同時に、私たちは、関学ロースクールの教育の場で様々なシミュレーション教育を試みてきました。たとえば、本プロジェクトの 1 年目には、実務家教員が担当するローヤリングの授業において、交渉事案・調停事案についてプロの俳優を「模擬依頼者」とするシミュレーション教育を実施しました。さらに、2 年目の 2005 年度にはこれを発展させ、ローヤリングの受講者（計 80 名）を 16 チームに分けて 16 の「模擬法律事務所」を作り、各「法律事務所」ごとに市民ボランティアによる「模擬依頼者」（SC=Standardized Client、または Simulated Client）からの相談や依頼を

受ける「模擬相談・交渉・調停連続ロールプレイによるシミュレーション教育の実験的授業研究」を行いました。また、他の授業においても、それぞれ何らかの形でシミュレーション教育を試行することを奨励し、いくつかの科目で実践するとともに、科目外でも教員の指導の下に刑事模擬裁判（2004年・2005年）や、著名な刑事弁護士を招いて学生のロールプレイによって接見から裁判までの刑事手続全体をシミュレートした模擬授業を行いました（2005年）。

　これらの試みを通して、アメリカを中心とした先行ロースクールの経験を学ぶとともに、日本において既に理論と実務の融合・統一を目指してシミュレーション教育を積み重ねている医学、ビジネス、社会福祉などの分野での経験と、そこにおける先進的な事例を学ぶよう努力してきました。とくに医学教育の場で「模擬患者」（SP=Standardized Patient、またはSimulated Patient）として活躍する市民ボランティアに、「模擬依頼者」として協力を得たことは大きな成果となりました。（これまでの2年間にわたる上記プロジェクトによる取り組みの概観については、関西学院広報『K.G.TODAY』No.237［2006年2月28日］21-26頁における「特集：関学最前線──教育編レポート2」の松井幸夫稿をご参照ください。）

　第2回国際シンポジウム「模擬法律事務所はロースクールを変えるか──シミュレーション教育の国際的経験を学ぶ」は、こうした過去2年間の関学ロースクールにおける私たちの検討と教育実践を踏まえ、私たちの教育プログラムの完成に向けてシミュレーション教育を中心とした国際的経験を学ぶものとなりました。シンポジウムでは、基調報告者にRoy Stuckey氏（米サウス・カロライナ大学）と樫村志郎氏（神戸大学）を迎え、パネリストとしてJames Moliterno氏（米ウィリアム＆メアリー大学）とEleanor Myers氏（米テンプル大学）にご参加いただき、本研究科教授の池田直樹がこれに加わりました。これら基調報告者及びパネリストの方々についてのご紹介は、本書に収録した豊川義明による「シンポジウムの趣旨」に述べるとおりです。なお、本シンポジウムの総合司会は松井幸夫が、シンポジウムにおけるパネルディスカッションおよびQ＆Aセッ

ションのコーディネーターは司法研究科教授の丸田隆が務めました。

　本報告書が、既に公刊したこれまでの2つのシンポジウムの報告書『正義は教えられるか——法律家の社会的責任とロースクール教育』（関西学院大学出版会、2006年3月）および『変わる専門職教育——シミュレーション教育の有効性』（関西学院大学出版会、2006年10月）とともに活用され、全国のロースクール教育の充実と発展にいささかでも寄与できることを祈念しています。

関西学院大学法科大学院
形成支援プログラム推進委員会 実施責任者
豊 川 義 明（司法研究科教授・弁護士）
松 井 幸 夫（司法研究科教授）

第一部

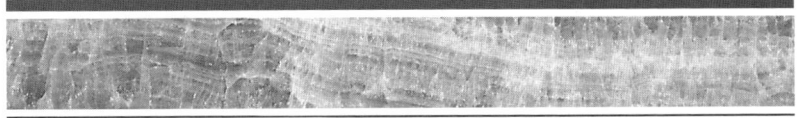

第2回国際シンポジウム
模擬法律事務所は
ロースクールを変えるか
シミュレーション教育の国際的経験を学ぶ

Can the Virtual Law Firm Change Law School Education?
── Learning from the International Experience of the Simulation Education

あいさつ

　21世紀の社会的諸課題に対応するための司法改革が国民的課題となり、その一環として、それを担う新たな法曹養成の機関としての法科大学院、すなわち日本型ロースクールが発足してまもなく2年が過ぎようとしています。そして、来月には初めての修了生を送り出し、この5月には彼／彼女たちを対象とした初めての新司法試験が実施されようとしています。

　新・司法試験の合格者数の問題を始めとして、この新しい制度には非常に困難な問題がいくつも残されておりますが、我々としては、司法改革の理念を正面から受け止めて、この新しいロースクールが社会的な諸課題と国民の期待に応えてその役割を可能な限り果たして行くことができるよう、最善を尽くして行かなければならないと思い、日々研鑽を重ねております。

　すなわち、私たち関西学院大学ロースクールは、複雑化する現代社会の様々な問題に対して、法を運用する高度の分析能力と専門的知識やスキルを身につけるとともに、豊かな人間性と倫理観をもった法律家を養成することを目指して努力を積み重ねています。

　私たちの法曹教育の理念と目標は、関西学院のスクールモットーであるMastery for Service、すなわち「奉仕のための練達」を基礎にして、「企業法務に強い法曹」「国際的に活躍できる法曹」「人権感覚豊かな市民法曹」という3つのフィールドのそれぞれにおいて、真に社会に貢献できる法曹を養成することにあります。

　文部科学省は、新たにスタートしたロースクールの形成を支援するために、「法科大学院等専門職大学院形成支援プログラム」による優れた教育プロジェクトへの財政支援を行うこととなり、これに対して関西学院大学ロースクールは、「模擬法律事務所による独創的教育方法の展開――仮想事件を通しての理論・実務の総合的教育プログラムと教材の開発」というプロジェクトを企画して応募したところ、採択されるに至りました。

このプロジェクトに基づく様々の調査研究、試行的な教育実践を行ってきましたが、その一方で、このプログラム初年度の昨年3月に、私たちは、『正義は教えられるか――法律家の社会的責任とロースクール教育』という2日間にわたる国際シンポジウムを開催しました。
　昨年のこの第1回国際シンポジウムでは、教育学や法曹養成教育についての、アメリカ・イギリス・日本における第一人者や、前日本弁護士連合会会長をお招きすることができました。法曹養成教育の基礎となり、その充実改善の前提となる問題について、重要かつ活発な、しかも興味深い議論がなされ、大きな成果を得ることができたと考えています。
　このシンポジウムの報告書は、まもなく、関西学院大学出版会から刊行される予定です。ご期待頂きたいと思います。（同報告書は2006年3月に刊行されました。）
　さて、わが国においてロースクールを設置することを決定した司法制度改革審議会は、法曹のあるべき姿を、「社会生活における医師」と呼び、その役割を明確に示しました。我々はそこで示された、この「社会生活における医師」の養成というロースクール教育への期待に応えるため、これまでの2年間、国内の医学部・ビジネススクール・社会福祉系大学院や他のロースクールにおいて行われている、先進的なシミュレーション教育の実態調査を行って来ました。そして、高度専門職教育の場におけるシミュレーション教育の広がりというトレンドを確認するとともに、このシミュレーション教育が職域を超えて共通性を有していることを確認し、同時に、それぞれの職域に応じて存在する差異・相違についても、これを明確にするべく、いろいろな情報の交換や検討をしてまいりました。
　そして本日、第2回目の国際シンポジウムを開催しようとしておりますが、今回のシンポジウムでは、ロースクール教育における新しい法曹の養成方法、すなわち、法曹教育におけるシミュレーション教育についてのこれまでの私たちの検討、それにローヤリングを始めとする我々の教育実践の経験を踏まえて、4月からのプロジェクト最終年度に向けて、このシミュレーション教育を中心とした法曹養成教育についての国際的経験を具体的に学び取っていきたいと考えています。

本日のシンポジウムには、シミュレーション教育についての研究や実践に携わって来られた方々を、アメリカと日本からお招きしています。

　お忙しい中、私たちの要請にお応えくださいました講師とパネリストの方々に対しまして、改めて厚く御礼申しあげます。

　このシンポジウムがロースクール教育に大きな実りを生むことを期待しまして、私のご挨拶とさせていただきます。

関西学院大学大学院司法研究科長
加 藤 　 徹

シンポジウムの趣旨

　1、わが国においても 2004 年弁護士、検察官、裁判官といった法曹を養成するための中核機関として、法科大学院、すなわち日本型のロースクールがスタートしました。

　この制度を実現するについての根拠、基本となりました 2001 年 6 月 12 日の司法制度改革審議会意見書は、法曹を「国民の社会生活上の医師」として位置づけ、法科大学院の教育理念として専門的能力の習得と豊かな人間性の涵養、そして、倫理を身につける教育を行なうことを求めるとともに、その教育は理論と実務を架橋するものでなければならないと指摘しておりました。関西学院大学法科大学院は、この理念を具体化するための試みとして、模擬法律事務所をロースクールの教育のなかに設けることを具体化するための 3 年間の大きなプロジェクトを進めてきております。

　私達は、本日のシンポジウムに大きな期待を持っています。「実務と理論を架橋する教育」といっても、日本のどのロースクールにも確定的な内容、共通の内容は現時点では存在していません。日本における法曹養成教育には米、英と異なる二つの条件が存在しています。大学における法学部の存在と、司法試験に合格した後の一年間の司法修習制度です。この二つの制度、そして当初の制度設計から変更された司法試験合格率の低さがよきにつけ悪しきにつけ、法科大学院の教育内容を変容させる可能性があります。しかしながら日本の法科大学院が、その理念をしっかりと手にして離さず「理論と実務の架橋」の教育を充実させ、よき法曹を生み出すという成果が確実なものとなるならば、司法修習制度と司法試験合格率を逆に変化させ、改革することになるのです。そして日本の法科大学院におけるシミュレーション教育と、模擬法律事務所の展開こそは、法科大学院教育の成否の大きな鍵の一つとなるでしょう。

　2、関西学院大学ロースクールのプロジェクトのなかでも、当事者法曹、

すなわち依頼者を代理し、刑事被疑者被告人を弁護する弁護士を養成することに焦点をあててきました。

そして弁護士の役割は、米、英、ヨーロッパ、アジア、アフリカすなわち世界に共通の基準です。この明白な事柄（実）のなかに、本日のシンポジウムは基礎をおいています。その中で、Stuckey教授からは英、米におけるこの35年間の弁護士養成教育の内容と変化、そして当面する課題について報告があります。この報告では、米国においての法曹養成の大改革が、臨床法曹教育の導入によってなされたこと、養成教育の理想として学生が問題を解決する機会を与えられ、弁護士職務の様々な側面を経験するなかで、理論と実践を同時に学ぶことの重要性が指摘され、これらの点において、米国が未だ充分でないとの認識が示されます。そして、ロースクールの教育目標が、問題解決能力を教授することにあり、その成果こそがキーワードであると強調されています。Stuckey教授の報告は、日本の法科大学院がモデルとした米国のロースクール教育の現状の問題点を鋭く提示されている内容においても、私達に貴重な教訓を与えてくれるものと思います。

Myers助教授からは、Temple大学ロースクールにおける2年生からのシミュレーション教育の意義と成果について、多面的な内容と分析が報告されます。そこでは、シミュレーション教育が法律知識の強化と創造性、問題解決技術、人とのコミュニケーション力、説得力、倫理的自覚などを強化することを話していただけるはずです。

Moliterno教授からはWilliam & Mary大学で1988年に始まった総合的技能、倫理を育成する法曹技能プログラムについて報告を戴きます。模擬法律事務所を組み込んだこのプログラムは、その内容においてここまでのものが行なえるのかと、私達が考えるほど検討し尽され、周到なものです。模擬法律事務所がロースクールに与えている大きな影響を知ることができるでしょう。

日本側の基調報告は、樫村志郎神戸大学大学院教授にお願いしています。同教授は、法学部および社会人大学教育において1986年から2003年までシミュレーション教育を先進的に実践されてきました。本日は、その録画

記録を中心にシミュレーションの実務教育への有効性の具体的検証と問題提起を行っていただきます。

　また、当校の池田直樹教授が、この二年間における「ローヤリング」の授業のなかで取り組んできたシミュレーション教育の方法と到達点、そして今後の課題について報告します。

　この先験的な教育の実験と本日のシンポジウムで学ばせて戴いた内容を私達の確信にして、日本におけるロースクール教育の新たな改革を当校において具体化したいと考えております。

関西学院大学大学院
豊川義明（司法研究科教授・弁護士）

基調報告1

米国および英国における法曹実務教育
―― 近時の動きと最近のトレンド

ロイ・T・スタッキー[*]
Roy T. Stuckey

[略歴]
米サウス・キャロライナ大学ロースクール教授。ADR、家族法、法曹倫理、Clinical Legal Skills を中心に研究、教鞭を執る。
CLEA Best Practices Project 選考委員会委員長、International Journal of Clinical Legal Education［英国版］編集委員、ABA Standing Committee on Professionalism リエゾンメンバー。サンタ・クララ大学ロースクール、香港科学技術大学などで客員教授を務める。

　私が初めて日本の法曹養成制度改革案を耳にしたのは 2001 年 6 月のことでした。その時、私はイスタンブール近郊で開催された会議に参加しておりましたが、その会議には、早稲田大学の宮澤節生氏と日弁連で法曹養成教育の研究に従事されている川端和治氏も参加しておられました。両氏は司法制度改革審議会の提言する法曹養成制度改革について説明され、さらに司法制度改革審議会の諸提言に関する議論状況を報告されました。[1]

　それ以来、私は日本の進捗を遠くから見守ってきました。日本における変革は世界の歴史でも前例のないものであり、それゆえ、日本の法律教育は大きな冒険に乗り出したと言えるでしょう。しかし、残念ながらそれは不確実性とチャレンジに満ちた冒険です。

　私は、これまで法曹養成教育について研究してきました。国によって法曹養成教育の手法は大きく異なりますが、法律問題の解決や回避を手助けするといった点において法律家の果たす機能はどの国でも同じであり、世界中の法律家は同じ技能を用いているのです。すなわち、事実や法律の分析、情報収集、依頼人との協議、書面作成、交渉、証人に対する質問、代

理人活動などです。また、法律家はみな、依頼人に対する献身と配慮、品位と信頼性と誠実さ、正義の実現への関与、法の支配の尊重といった専門家としての価値観を共有しています。

　すばらしい法曹養成教育制度を有することの重要性については、大げさに言い過ぎるということはありません。法律家は民主的社会における正義の擁護者であり、有能で倫理的な法律家なしに国際通商は機能しないのです。最近の論文では、バリー・サリバン（Barry Sullivan）が、法律家は依頼人の代理と社会における正義の促進という2つの主な公共目的を果たしていると次のように指摘しています。

　　これらの両目的、すなわち依頼人の代理および正義の促進は、パブリックなものであって、国内平和、法の支配および民主的社会の安寧にとって、とりわけ生活や法律が複雑な社会においては、不可欠である。さらに、そのような社会では、公正な紛争解決および法原則の発展のいずれも当事者主義が適切に機能していることを前提としている[2]。

　ロースクールの目指すところは、効果的で信頼できる代理人として行為し、かつ正義に資する卒業生の輩出です。しかし、我々にはそのような共通の目標があるにもかかわらず、各国の法曹養成制度は独特で、完全に満足できる制度はないように思われます。だからこそ、このような会議やシンポジウムが活発に行われるのであり、我々はこれらの機会に共通の目標を達成するための最善の方法について意見を交換し、さまざまな観点から議論しているのです。

　アメリカは350年（原文のまま—訳者注）に満たない、世界の基準と比べれば新しい国です。ヨーロッパ人入植者がアメリカ大陸に到着した時、法律家も彼らと一緒でした。例えば、ピューリタンがマサチューセッツに到着した1630年6月12日、1005名の入植者の中に10名の法律家がいました。彼らは法曹学院（Inns of Court）やイギリスの法曹実務の申し子であり、マサチューセッツ湾植民地初代総督ジョン・ウィンスロップ（John Winthrop）自身もグレイズイン法曹学院（Gray's Inn）とインナーテンプ

ル法曹学院（Inner Temple）のメンバーでした[3]。

　そのような法律家はイギリスのコモンローおよびイギリスの専門家の慣行を植民地に持ち込み、裕福な開拓者の息子はロンドンまで法律家としての教育を受けに行きました。しかし、1775年アメリカ独立戦争によってこの慣行は終わりを告げました。それ以来、アメリカの法曹養成制度はまったく異なるものに変容を遂げたのです。

　アメリカとイギリスが異なる制度を持つに至った歴史や、近年のアメリカとイギリスにおける法曹養成過程の違いについてここで詳細に述べることは致しませんが[4]、大西洋の両端で法曹養成のためになされた決断の多くは、「実務教育の最善の方法とは何か」という基本的な問題の在り処と無関係であるということを明確にしておきたいと思います。むしろ、歴史上の出来事、政治、世界や地域の経済的要因、私利私欲、偏見、個性、これらすべてが制度形成に大きな役割を果たしているのです。

アメリカ・イギリスにおいて法律家になる方法[5]

　アメリカでは、学生はおよそ18歳で大学の法学部に入学し、4年間在籍します。ロースクールの入学資格となるような必修科目はないので、学生は学位取得につながる科目であれば、体育、林学、調理術やもっと伝統的な学問領域も含めて、どのようなものでも選択できます。

　大学卒業後、学生はロースクールに3年間在籍し、司法試験を受けます。司法試験は国家試験ではありません。実務資格の付与は50州がそれぞれ実施しています。ロースクール卒業生が、ある州の司法試験に合格すると、その人物はその州において法律行為をなすことを完全に認可されたということになります。ひとたび州の法曹として認められると、連邦の裁判所でも活動することができます。実務修習の期間は必要ありません。司法試験に合格した者は、当該司法管轄区内のどのレベルの裁判所でも、いかなる案件についても、直ちに依頼人の代理を務めることができるのです。

　イギリスでも、学生はおよそ18歳で大学に入学します。スコットランド、アイルランド、イングランドおよびウェールズではわずかに異なりますが、法律家を目指す多くの大学生は学部において法律を専攻し、3年もしくは

4年で法学士（law degree）の学位を取得します。

　大学卒業後、法曹界入りを目指す学生（ロースクール卒業生のたった半数ほど）は、「ソリシタ（solicitor）」と呼ばれる一般的な法律家の仕事に従事するのか、または、イングランドとアイルランドでは「バリスタ（barrister）」、スコットランドでは「アドボケート（advocate）」と呼ばれる法廷のスペシャリストの仕事に従事するのか、選択しなければなりません。大多数はソリシタになることを選びます。

　ソリシタやバリスタの資格を得るために、法学部卒業生はおよそ1年間、専門訓練課程（vocational course）に在籍しなければなりません。専門訓練課程は専門職団体によって統制されており、その教育の大部分は実際に活動している法律家や裁判官により提供されています。専門訓練課程の修了後、将来の法律家は、監督なしに依頼人の代理行為を許されるまで1年間もしくは2年間、実務家の監督のもとで修習しなければなりません。

　従って、アメリカおよびイギリスにおいて法律行為をなすことを認可されるまで、およそ7年かかりますが、アメリカではそのうち3年間だけが法律を勉強し法律家になる術を学ぶために費やされます。

イギリスにおける法曹養成教育の近時の動き

　イギリスにおける法曹養成教育は、ロースクールおよび専門家の養成と資格認可のシステム、とりわけ実務修習制度（apprenticeship）への不満が増加した1960年代半ばに変化しはじめました。[6] 1963年、勅撰弁護士（Queen's Counsel）ジェラルド・ガーディナー（Gerald Gardiner）とアンドリュー・マーティン（Andrew Martin）は『Law Reform Now』を出版し、その中で、法曹養成教育を含めた司法制度の徹底的な精査を要求しました。[7] ガーディナーは1964年に大法官となり、オームロッド（Ormrod）裁判官が議長を務める委員会に、1934年エイケン（Aiken）委員会以来、エイケン委員会はどちらかというと存在感が薄かったことから1846年以来と言う人もいるかもしれませんが、初めての大規模な法曹教育の検討を指示しました。[8]

　オームロッド委員会は1971年にレポートを提出しました。[9] そのレポー

トは結局イギリスの法曹養成教育に重大な影響を与えましたが、委員会は法律教育と実務訓練を統合した制度の創設という第一の目的は果たせませんでした。3つの主要な利益団体が協力を拒絶したことから、委員会は責任の限界を明らかにすること以外、二極分化した制度についてはほとんど手をつけることができませんでした。理論教育段階については大学とポリテクニック（polytechnic）に、専門訓練・継続教育についてはバー（Bar）とローソサィエティ（Law Society）に責任があります。しかし、彼らは専門資格の共同認可に同意しませんでした。そのかわり、彼らは自らが個人的に資金提供する学校において、専門訓練段階者向けに思い思いの科目と試験を実施することを主張しました。

理論に焦点を合わせた制度と専門訓練教育に焦点を合わせた制度という2つの異なる法曹養成制度を有することは、学者や職業法律家の間の不満や信頼の欠如を生み、それによってイギリスにおける法曹養成教育の質向上の努力を妨げ続けるであろう、とオームロッド・レポートは予言的に述べています。

オームロッド・レポートの提言には実行されなかったものもありますが、何年もかけて実行されたものもあります。しかしながら、レポートは法曹養成教育を議論の重要なトピックとし、基本型と安定性をもたせ、今日の意思決定者に影響を与え続けている法曹養成教育に関する見解を表明したことで、イギリスの法曹養成教育の歴史に転換点を記しました。

イギリスにおける法曹養成教育は、1970年代に技能習得を中心として造られた専門訓練教育の方向に動き始めました。大衆は法律の専門家にますます不満を示し、消費者としての依頼人と、より広い社会に対して法律家が与える利益に疑問を抱き始めました。そして大衆は、法律家は公益よりも法律家自身の富、権力、特権のほうに関心がある、と思うようになったのです。

「専門家に対する大衆のイメージが徐々に傷ついたことが、1980年代のサッチャー政権が専門家の支配圏に対し政治的猛攻撃をする基盤となりました」。ロースクールに在籍することなく法律家になれるという、法曹への5年修習（five-year articles）ルートの終焉は政治介入の1つの結果

でした。別の結果として、2つの前提への疑念が高まったことがあげられます。すなわち、第一に、専門知識とは専門家の集団内で見出されて伝えられるという前提、そして第二に、学者提供プログラムと専門家提供プログラムの厳密な区別は避けられないという前提です[14]。

　大学と専門職団体の両方に対して、彼らの教育プログラムを変更し、他のコモンロー支配圏や高度な教育を求める潮流に調和した、学習方法を学ぶ、効果的にコミュニケーションをとる、チームで活動するといった包括的なスキルの教授により重点を置くよう、圧力が増しました[15]。

　バリスタがまずこれに応えました。1989年に開始したバリスタ養成課程（Bar Vocational Course）は知識重視から技能重視への根本的な転換を象徴しています。主として、若いバリスタが実務家になって早い段階で必要になると思われる類の作業を可能な限りシミュレーションした実務演習を通じて技能として身につけます。これは目的、方法、精神の点で過去とはまったく異なる急激な変化を表しています。1993年にローソサイエティはバリスタ養成課程よりも知識と技能のバランスを保っていると主張しながら、同様の方向性を推し進める新しい法曹実務科目（Legal Practice Course）を導入しました[16]。これらの科目は法曹実務に求められる能力を教授しようとするもので進化しつづけています[17]。

　1990年に法曹実務科目への変更予定を公表した際、ローソサイエティは、大学に対して学部段階での技能教育に目を向けるよう促したのです。具体的には、リーガルリサーチ、問題解決、口頭および書面によるコミュニケーション、イニシアティブ、リーダーシップ、チームワークであり、特に法律に関係する文脈において必要とされる技能教育です[18]。

　法曹養成教育および運営に関する大法官諮問委員会（Lord Chancellor's Advisory Committee on Legal Education and Conduct：ACLEC）は、1990年の裁判所およびリーガルサービス法（Courts and Legal Services Act 1990）にもとづいて1991年4月に創設されました[19]。ACLECに与えられた義務は、「リーガルサービス提供者の教育、トレーニング、および管理に関する基準の整備発展を支援する」ことでした[20]。委員会は1992年にイングランドおよびウェールズにおける法曹養成教育の大規模な検討を開始

し、1996年には「法曹養成教育に関する第1回レポート」を提出しました[21]。

1996年のACLECレポートは大学と専門職団体のパートナーシップの促進と、責任の厳格な画定を終わらせることを要求しました。すべての教育機関は盛んに行われている学習方法の採用を検討すべきであると提言しました[22]。そして、「内部的質確認のメカニズムといった問題に関する最低水準の明確なガイドラインの策定」を求めました[23]。これらは、「新しい評価査定団体[24]」が「ACLECレポートが提案するような科目の教育成果、最低水準ガイドライン、ロースクール独自の任務宣言の点からロースクールを評価すべく」設定されるのです[25]。

1997年に公表されたディアリング（Dearing）レポートは、学部教育における技能教育志向の動きをサポートしました。教育機関が、体験型学習に学生を参加させてその体験を反映させることによって、学生のカギとなる包括的および特殊な補助的スキルの発達をいくぶん助けるよう促したのです[26]。

法学部（undergraduate law school）における技能教育の制度化はおそらく、イギリスの高等教育に総合的な質保証サービスを提供している高等教育質保証機構（Quality Assurance Agency for Higher Education：QAA）の設立された1997年に実現が確実になったといえるでしょう[27]。QAAの指導によって、各校は、高等教育の質に関する枠組みなどを含めた明確な水準を定め、さらに、法律を含めたさまざまな分野における学位取得の水準について期待を記述した学問領域別学位水準基標を策定しました[28]。また、QAAは、学校が好ましい品質と適切な学問水準に達した教育を提供しているかどうか、監査を行っています[29]。QAAは、1999年、ロースクールの学位取得基準を策定しました。これらの基準は学生が法学士の学位を授与される前に示さなければならないさまざまな能力や技能のレベルを定めています[30]。これらはすべてのロースクールに適用される最低限の基準であって、各学校が学生により高い水準を設定することは自由です。

スコットランドのローソサィエティは1999年、新しい法曹実務プログラムの学位付与を開始しました。このプログラムは、ロースクール卒業生

が身につけた知識を、将来の依頼人の代理としての行動に転轍する助けとなるようにデザインされています。カリキュラムは成果重視です。例えば、グラスゴー法科大学院（Glasgow Graduate School of Law）のプログラムとその中の各科目は知識と技能の統合、効果的なコミュニケーション、臨機応変に対応する学習を重要視しています。[31] 交渉、インタビュー、法文書の起案および作成術、弁護術、リーガルリサーチ・スキルは、刑法、租税法、不動産譲渡手続といった特殊講義科目内で教授されます。各科目には、学生が授業を通じて発達させるべき能力によって説明され、さまざまな方法で評価される具体的な学習目標があります。例えば、会社・商事科目の終了時には、学生は「社団の基本定款を含めた会社の成立に関連する書面の適切な準備・起草」、「より一般的に直面する取締役および秘書役の義務と責任についてアドバイス」、その他13の職務遂行ができるようになっていなければなりません。[32]

アメリカにおける法曹養成教育の近時の動き

1960年代、4年間の大学在籍後、ABA公認のロースクールに3年間在籍することが法曹界に入る通常のルートになりました。[33] しかしながら、ロースクールの目標と方法は1800年代後半のそれと同じままでした。アメリカのロースクール教育の主たる目標は法原論と分析の教授です。ソクラテス・メソッドやケース・メソッドはロースクールでの3年間を通じて続けられる主たる教育方法で、ロースクール教員が「法律家のような思考」とよく言及する分析的推論をロースクール1年生が形成する助けとなる効果的な手法です。また、アメリカのロースクール生には十分なリーガルリサーチ・スキルの発達が求められます。残念ながら、我々は最近になってやっと法律家が実務で用いる幅広い技能や専門家としての価値観の教授に関心を持ちはじめました。

実際の依頼人を用いた模擬臨床科目の開講数は増えてきており、洗練されてきていますが、一方でこれらのコースを受講できる学校は非常に少数です。そして、専門的スキルの教授と学習に関するプログラムの向上に継続的かつ熱心に努力を続けている学校にいたってはさらに少数です。形式

的な倫理規則を超えた法曹の価値観に関する教育は、広範囲に、または全体的に行われてはいません。倫理教育はたいてい、専門家としての行為義務に関する1つの科目に限られています。

　19世紀末からおよそ20世紀末まで、アメリカとイギリスのロースクールは法曹養成教育に関心をいだきませんでした。イギリスでは、ロースクール教員は法理論および法原理の教授を重点的に取り扱っており、どのように法律を実践するかを学生に教授するのは、専門訓練課程や実務修習制度を通じ、法律家の専門職団体に委ねられていました。同様に、アメリカでもロースクール教員は法律の実践方法の教授を法曹に任せていました。法曹実務を修得する正式なシステムはなかったため、多くのロースクール卒業生は自分で見つけ出すしかありませんでした。彼らは今でもそうしています。

　アメリカのロースクール教員が実務教育を行う責任を感じなかった理由の1つは、アメリカのロースクールは実務修習制度を補完するようデザインされたものであって、それに取って代わるために作られたのではないからです[34]。19世紀後半、法律家になるためには、修習生として、経験を積んだ法律家のもとで修習期間をつとめることが必要でした。実務修習制度は組織化されておらず、一貫した基準もないことから非難をうけました[35]。それに対し、ロースクールは組織化され一貫性を持った方法のように見えたのです[36]。19世紀末から20世紀の初め、法律家を目指す者にとって、修習期間の一部をロースクールで過ごし、分析的技能を磨き法原理を学ぶことが一般的になりました。一方で、彼らは、法律家のもとで働くことにより、法律の実践方法を学ぶことを続けました。

　しかしながら、20世紀初頭、法曹資格付与権者は修習経験の期間を問わず、ロースクールの在籍を基準にして州の法曹資格を与えはじめました。1928年までに、「4州だけが依然としてすべての学生に事務所での訓練を要求している[37]」という状態になりました。実務修習制度は廃れはじめ、結局ロースクールが法曹への唯一の道になったのです。これにより新しい法律家の実務準備に大きな隙間が生じましたが、ロースクールは、どのように法律を実践するか学生に教授することによってその間隙をふさぐという

責任が自らにあるとは考えませんでした。

　1800年代以降、法曹は、学生に実務準備をさせるための更なる努力をしないとして、ロースクールを批判してきました。この批判は、過去30年から40年の間、激しくなりました。

　1971年、ミシガンのポール・カリントン（Paul Carrington）が議長を務めたアメリカ法科大学院協会のカリキュラム委員会はあるレポートを発表しました。このレポートは、2年間でJ.D.（ロースクール卒業者に贈られる学位―訳者注）を取得することを基礎水準とすることを求め、さらに、学生が種類の異なる法曹実務の準備をするためにデザインされたJ.D. にかわる一連の代替案に転換するよう求めたのです[38]。つまり、たくさんの知識の獲得が法曹養成教育の最も重要な価値であるという前提をレポートは問題にしたのです。委員会はケース・メソッドへの信頼を「細部までつめた貴重な労作ではあるがジェネラリストにとってはほとんど価値のないもの」と考えました[39]。さらに、レポートは（ミクロな問題とは対照的な）原理のマクロな問題に焦点をあてたロースクール1年生向けの法学教育の目標の変更を提案しました[40]。

　1973年、連邦最高裁所長官ウォーレン・バーガー（Warren Burger）は提案された2年制カリキュラムを支持し、伝統的なロースクール教育はロースクール卒業生に相応の弁護・代理技能（advocacy skill）を養わせていないと主張しました。連邦裁判所での弁護の質に対する彼の懸念は、不幸なことに法律家が法曹実務の準備の質がその程度のものであるということを表象するものでありました[41]。

　しばらくの間、2年制ロースクールの選択肢は代替案として受け入れられそうに思われました。1970年代の間中、その価値が議論されました。しかしながら、結局は主要ロースクールの学部長（Dean）からの反対が、2年教育のプログラムが可能になるようにしようとするABAの認定基準を修正する取り組みを阻止したのです[42]。

　学者や法律家、裁判官が構成する名高い団体は、1970年代以降、アメリカの法曹養成教育の改革を求め続けてきました[43]。もっとも影響を与えたレポートの1つが、3年にわたる研究と議論の後に1992年に発表された

マクレイト・レポート（MacCrate Report）です[44]。マクレイト・レポートは、アメリカや、おそらく世界各国のすべての法律家が法曹実務を始める際に必要となる専門技能や価値観について詳細に記述しています。また、レポートは、アメリカのロースクールは学生に適切な実務準備をさせるために必要な専門技能および価値観に関する教育を提供していないと明示しました。そして、それは実務準備を学生に十分させるというロースクールの責任や、これを成し遂げるための最善の方法についての議論を刺激したのです。議論は今でも続いています。

しかしながら、これまでほとんど変わっていません。認定基準は、ロースクールが学生の実務準備を向上させるように、この20年でかなり改定されました。しかしながら、教育方法や目的を実質的に変更させたロースクールは、ほとんどありませんでした。

第三者は、ロースクールがそのような長年にわたる、積極的で重要な批判に応じていないことに驚くかもしれません。なにしろ、法律家はアメリカの大衆に尊重されていないのですから。「何度も行われた世論調査によって、一般人の評価では、法律家は政治家やジャーナリストよりも低い位置にじわじわと下がっていき、さらには車のセールスマンや広告会社の幹部の位置に近づいていることまで明らかになっています」[45]。ロースクールが、法曹への尊敬がそのように低い唯一の理由ではありませんが、原因の1つではあります。

しかしながら、法律家に対する低い世評は、まだ、州政府や連邦政府に1980年代のイギリスで起きたようにリーガルサービスの消費者を護る措置をとるよう刺激を与えることはできませんでした。合衆国政府は法曹養成教育の規制を各州に委ねています。州議会は州の最高裁判所に法曹資格付与の規制を委ね、これらの裁判所はたいていロースクールをそのままにしておきました。ロースクールはABAによって認可されていますが、協会は積極的に変化を要求しませんでした。認可基準には、ロースクールはどのような中核的カリキュラムを有すべきかということすら述べられていないのです。

有効な規制がないため、アメリカのロースクールの教授は自らが勤める

学校や教育プログラムを統制しているのです。彼らは割り当てられた分野内で、やりたいことをやりたいように教えます。身分保障（tenure）以前には教育に関するピア・レヴュー（peer review）[*4]の機会は限られ、その後は何もありません。また、彼らの教育負担は、1年で9～12単位時間（credit hour）、すなわち、1週間に3～6時間の授業と軽いものです。たいていのロースクール教員は教室外で学生とほとんど接触しません。彼らは1セメスターに1回行われる最終試験をもとに成績をつけます。試験は個々の教員が用意し、監視もなく成績をつけています。彼らには夏季休暇があり、法律雑誌掲載論文の執筆にはしばしば手当て（stipend）が与えられます。一度身分保障を受けると、6年またはそれより少ない期間、論文や書籍を発表しつづけることが期待されます。実際、彼らのうちほとんどは何ら注目すべき業績も残していません。身分保障を受けた後、何も出版しないことを選択することも可能ですが、それほど多く起こることではありません。多くのアメリカのロースクール教員は、積極的な実務活動や「顧問（consulting）」により、彼らのたくさんの給与を補っていますが、メディカル・スクールのティーチング・フィジシャン（teaching physician）[*5]のように外部での稼ぎを学校と分割するよう求められることはありません。

　アメリカのロースクール教員には法曹養成教育を大きく改善するインセンティブがほとんどないということが容易に見て取れます。実際、彼らには失うものが多すぎるのです。制度は非常に教員本位で、あまり学生本位ではありません。法曹養成教育の発展にひたむきなロースクール教員も増えてきていますが、ごく少数派です。

　この100年間、アメリカにおける最も重要な法曹養成教育の革新は臨床法曹養成教育学（clinical legal education）の導入に起因します。1960年代後半、フォード財団は1千万ドルを「専門職責任に関する法曹養成教育協議会（Council on Legal Education for Professional Responsibility：CLEPR）」に授与しました。CLEPRには1つの目標があります。すなわち、ロースクールにクリニック科目を設置するよう説得することです。そして、その科目において、学生はロースクール教員の監督のもと貧しい人々のた

めに法的代理行為を行うことによって単位を認定されるのです。CLEPRの戦略は、ロースクールが短い期間（通常3年）の後にコストを支払うという条件で、クリニック科目を教える職員を数人雇用する資金を付与するというものです。この戦略は驚いたことに成功しました。CLEPRが消滅した1970年代末、大多数のロースクールは少なくとも1つのクリニック科目を有し、それ以来、臨床プログラムは着々と増大してきました[46]。

しかしながら、たいていのロースクールでは、クリニックの導入によって学生の実務準備が大きく改善されることはありませんでした。クリニックには非常に多くの学生を受け入れる余地がなかったのです。また、クリニックを受講できる3年生には、本物の法律問題を抱えている本物の人々のために処理すべき本物の事案が与えられますが、彼らはどのように法律を実践するか見当もつかなかったのです。ロースクールでは最初の2年間で学生に「法」を教えていましたが、それはしばしば彼らの依頼人の事案が関係するような種類の法律ではありませんでした。そして、ロースクールは法律問題の解決にとりかかる方法を教えていませんでした。事実調査、事案の理論展開、依頼人との協議・助言、法的書面の起草、和解交渉、訴訟の提起といった方法を教えていなかったのです。

クリニックの訓練も含めて、より多くの技能をより多くの学生に教授し、学生により十分な実務準備をさせるため、ロースクールは1980年代にシミュレーション科目を提供しはじめました。シミュレーション科目において学生は法律家が使うスキルを学び実践するのです。これらの科目には「インタビュー・カウンセリング・交渉」、「裁判外紛争解決」、「法実務概論」、「公判前実務」、「法廷弁論術」といった表題が付けられています。

シミュレーション科目が加わっても、アメリカのロースクール生を実務のために準備させることはできませんでした。たいていの学校ではどの専門技能科目も必修でなく、また、すべての学生に対応する専門技能科目の講義枠が十分にないのです。結果として、いまだに多くの学生は、法律分析やリーガルリサーチ以外の専門技能教育を受けることなくロースクールを卒業していきます。専門技能科目を受講する学生さえ、法実務の準備が十分になされていないのです。1セメスターまたは2セメスターの長さの

科目では、法律家が必要とするすべての技能に包括的に接しめることはできず、しかも、実務で求められる程度にまで学生の技量レベルを発達させることはできません。

従って、臨床訓練と技能訓練の動向は、すべての学生ではないが、一部の学生のためになりましたが、実務関連教育はアメリカのたいていのロースクールでは依然として周辺的な地位に追いやられています。

アメリカ・イギリスにおける法曹養成教育のトレンドについて
トレンド1　成果重視の動き（outcome movement）

振り返ってみると、この十年において最も重要なトレンドは「成果重視の動向」だということが確認できると思います。成果重視の動向は教育機関に明確な教育目標を表現するよう促しました。つまり、その教育目標とは、学生が何を知るのかだけでなく、卒業に際しその知識で何ができるかについても説明しているものです。さらに、成果重視の動向は、学校や教員に、予定された成果が実際に達成されているかを示す責任をとらせようとしています。

法曹養成教育の望ましい成果は何かを判断するため、我々は以下の問いに答えなければなりません。「法律家は何を知っておく必要があるのか、実務初日に何ができるのか、そして、彼らがそれをするように教育する最善の方法は何か」。この問いは現在イギリスにおいて議論されており、うまくいけば近いうちにアメリカでも議論されるでしょう。問いはシンプルですが、もちろん答えは複雑です。何よりもまず、我々はロースクールの教育目標を検討し、はっきり表現することが求められています。

ロースクールの全般的な目標は、学生に有能な問題解決者であることを教えることであるべきです。法律家の中心的な機能は、人や団体が法律問題を解決するのを援助することです。これには、依頼人が紛争を解決し法律上の取引（transaction）を処理するのを助けるだけでなく、法律問題を避けるよう援助することも含まれます。それゆえ、法曹養成教育の主要な目標は学生に法律問題の解決方法を教えることであるべきなのです。[47]

たいていの法律家は彼らの時間のほとんどを問題を解決しようとする試みに費やしている。これらの問題は、控訴審の意見書において述べられる短くて筋の通った物語にまだまとめられていない、生の事実から成り立っているのである。依頼人によって提供されるこの事実は、「法律的に言って、どうすれば私はこのゴタゴタから逃れられるの？」や、「そもそもこの問題が面倒な羽目にならないようするために私はどうすればいいの？」といった質問などといっしょに提供されるのである。

我々の仕事が学生に「法律家のように考える」方法を教えることであるならば、我々は学生がそのような問題を解決するよう教育すべきである。なぜなら、それは法律家が実際に行わなければいけない類の考えであるからである。しかし、あなた方はこう答える。ロースクールはその不十分な学術資源を、請求書の送り方や法律事務所の経営法、裁判所の見つけ方といった法実務で必要となる１つ１つのスキルを学生に教授するために使い果たすことができないのだと。なるほどそうかもしれないが、問題解決はそれらの活動のどれとも異なるのである。問題解決は全ての法律家が基礎にしているただ１つの知的技能であるためである。[48]

学生は、ロースクール以前に彼らが身につけた問題を処理する問題解決スキルを持ってロースクールにやって来ます。これらのスキルは、学生が法律問題の解決技能をその上に構築する土台となるものですが、法律問題にはロースクール入学後に身につけなければならない専門の技能が必要となります。もしロースクールが学生に有能な法律家とは何たるかを教えることができるなら、学生は有能な法律家になるでしょう。医学やビジネス、ソーシャル・ワークといった他のプロフェッショナル・スクールにおけるカリキュラム改革を導いたように、この現実が今後数年のうちにロースクールのカリキュラムの変革を導くでしょう。[49]

また、ロースクールは学生が生涯学習スキルを発達させる手助けとなります。ドナルド・A・ショーン（Donald A. Schön）や他の研究者は、さ

まざまな職業の最も優れた実務家とは不確実性、複雑性、実務場面で直面する価値衝突を継続的に熟考することを通して自らのスキルを発達させていると結論づけています[50]。従って、生涯にわたる自発的な学習力をはぐくむことができる思慮深い判断力を発達させることは、学生にとって利益となるのです。生涯学習スキルの発達はとりわけ、法学教育が3年またはそれよりわずかに長い期間にすぎないアメリカや日本のような教育制度においては重要なのです。

2003年、イングランドおよびウェールズのローソサイエティは新しいソリシタ教育の枠組みを提案しました[51]。次のような、より「本質的な特徴（feature）」を含めた新しい資格認定案です。すなわち、新体制は、ソリシタが知っていなければいけないこと、理解していなければいけないこと、できなければいけないこと、さらに、実務認可を受けるために示さなければならない特質（attribute）に基礎を置いています。つまり、成果基準枠組みです。すべてのソリシタが資格認定に際して有していなければならない不可欠な知識、技能、特質だけに焦点を合わせて達成すべき成果が定められています。

しかし、ローソサイエティはこれまで新体制を実行しませんでした。望ましいスキルと知識、価値観が適当な到達レベルに達しているかを判断する妥当で信頼できる手法が存在していると満足できないため、ローソサイエティは待っているのです。この新体制の目標は、専門職責任、倫理、依頼人へのケアに対する理解とその実現への関与（commitment）という特定項目に焦点をあて、実務への準備が整っているか、検証可能な方法で客観的に最終確認ができることです。

アメリカでは、成果の設定・評価は学部ならびに専門教育において重要概念になってきました。成果を重視する動きは我々のロースクールにおいても注意を引いており、この先10年以上にわたってカリキュラムの改変に我々を駆り立てることになるだろうと思われます。

トレンド2　体験型教育の利用拡大

「聞く学習・読む学習」や「見る学習」は非常に価値あるものですが、

「行動する学習」にはもっと価値があるのです。ゲイリー・ブラージ（Gary Blasi）教授は次のように説明しています。

> 問題状況の内側から、積極的で自発的な姿勢で問題解決を目指す視点に立つ者は、受身の姿勢で傍観者の視点に立つ者とまったく異なる理解を獲得する。積極的な問題解決者は指導や経験から得られるものだけでなく、まったく違う何かをも学び取るのである。

体験型教育は、学術的探究を実体験と結びつけることによって理論と実務を統合させるものです。「学習は教育ではない。それゆえ、体験型学習は体験型教育と異なるのである。[52]学習は教師と施設があろうとなかろうと起こるものである。[53]例えば、立ち聞きする者は自らが聞いたことについて学習する。[54]しかし、立ち聞きの事実だけでは彼らが教育を受けたことにならない。なぜなら、その行動には学習プロセスに教師や施設の関与が伴っていないからである。機会型学習に比して、教育とは計画・管理され、指導された経験から成り立つものである[55][56]」。

体験型教育は多くのロースクールで、とりわけ一般的に「臨床」と呼ばれる科目において行われています。すなわち、シミュレーション科目、クリニック（in-house clinic）、エクスターンシップです。ロースクールにおける体験型教育科目は以下のように相互に異なるものです。

シミュレーション科目	学生は法律家の役割を担い、仮想状況下で法律関連の任務を遂行する。
クリニック	学生は法律家として教員の監督のもと実際の依頼人の代理に関与する。
エクスターンシップ	学生は、法律家として実務家の監督のもと実際の依頼人の代理に関与する、または、働いている実務家や裁判官を観察したり、アシストをする。

また、体験型教育は、有用ではあるが、科目の二次的な教育法として行われています。主題科目（subject matter course）では、授業で検討する問題にスポットライトがあたる法律の舞台で時間を過ごすことを学生に勧めたり、命じる教員がいます。例えば、訴訟の法的処理に関する科目では、裁判官執務室で公判前手続や調停を学生が傍聴する手配をすることもあるでしょう。「児童と州」というゼミをもつ家族法の教員なら、学生にファミリーコート（family court）やチャイルド・アドボケート（child advocate）や児童のための後見人（law guardian）を訪ねさせるかもしれません。また、重要な衒学的方法としてソクラテス式の問答や議論を用いている科目では、時折シミュレーション演習やロールプレイを利用しているかもしれません。例えば、証拠法の授業では、ある概念を教えるために、１人の学生に証拠の採用を迫る刑事事件の検察官役を、別の学生に証拠の採用に反対する弁護人役を、また別の学生には提出された証拠を裁定する裁判官役を与えるという即興のロールプレイを教員が行っているかもしれません。

　体験から最大限に学ぶとは、経験、熟慮、仮説（theory）、適用という連続した４段階の絶え間のない堂々巡りを伴います。

　　体験とは、作業や類似した出来事に自分自身を沈めること、つまり、行動することである。熟慮には、起こったこと、または、なされたことについて認知面と感情面を距離を置いて熟考することを必要とする。仮説には、作業や出来事の解釈、一般化、より大きな文脈における経験の検討などを伴っている。そして、適用によって我々はその出来事や作業にもう一度直面することに対して予測することや計画を立てることができる。

　体験的に教育を受けている学生は、学習に関する３領域のすべてに関係しています。すなわち、認知領域（ますます増大し、複雑化している理解と分析プロセス）、情意または感覚領域（価値観、姿勢、信念）、精神運動または行為領域（法実務活動といった複雑なパターンの肉体的活動または

運動性活動[60]）です。

> 認知に関するスキルは、単なる事実の想起に始まり、新しい問題を解決するために以前得た知識を応用する能力を経て、知識の意味づけや利用法を評価する能力まで及ぶ。ロースクールにおいて、これらの技能に実定法や法適用過程や、専門職責任に関する問題等の理解が含められる。法律における実行スキルはマクレイト・レポートのスキルカタログによって、リーガルリサーチ、事実調査、カウンセリングや法律作業の処理といった法律分析や推論を越えたものも徐々に定義されている。感情に関するスキルは個人的問題や専門としての問題が関係している。すなわち、学生は法律家としての能力をどのようなものだと思うのか、依頼人とどのように心を通わせるのか、専門職責任の問題にどのように対応するのか、彼らの価値観が自らの役割をどのように特徴付けるのか、などである[61]。

体験型教育は、学生に自らの教育に積極的に関与する機会を提供し、さらに、学生のモチベーション、科目に対する姿勢、授業に参加する意欲、洞察力に満ちた質問をする能力、知識と技能の獲得などに対して明白な影響を及ぼすことから、学生にとって非常に有益であるといえます。

ロースクールが、学生が問題解決能力を身につけ体験から学ぶ能力を向上させるのを援助しようと考えるのであれば、問題解決を実践する機会と体験から学ぶ練習をする機会をできるだけ多く学生に提供しなければなりません。他のアプローチでは望ましい結果がもたらされないでしょう。法的な問題の解決を行う能力は問題解決活動に従事する機会を複数もたない限り、得られないでしょう。

トレンド3　1年生用カリキュラムに実務関連教育を増やす

アメリカのロースクールにおける1年生の教科課程は、法文書作成（legal writing）とリーガルリサーチにいくらか注意を払うものの、もっぱら法原理と分析的技能の教授に重点を置く傾向があります。

しかし、アメリカのロースクールは、法曹の歴史や伝統、社会における法律家の役割、専門家としての規範や価値観、法律家の仕事など、1年生の実務関連トピックについて以前にも増して注目しはじめています。ニューヨーク大学（New York University）やウィリアム＆メアリー大学（The College of William and Mary）など、法律家の役割や技能、価値観をロースクール1年生に紹介するために広範囲におよぶ洗練されたプログラムを開発する学校が徐々に増えてきました。[62]

また、1年生は法廷傍聴や法律事務所の訪問が義務付けられていますし、多くの1年生がシミュレーションやロールプレイ実習などに参加しています。

1年生を受け持つ教員で、授業でのディスカッションの中に法曹実務や、法曹としての役割や価値観に関する議論を組み込む教員が増えてきています。また、ロースクールは、指導教官やゲストスピーカーとして実際に活動している法律家や裁判官と交流する機会を1年生に提供する創造的な方法を見つけています。

トレンド4　基本的な法実務技能や価値観を導入する大規模な概論科目を開発する

すべての学生に専門家の技能を十分に教授するよう最近のABAの要請に応えるため、基本的な法実務技能や価値観を学生に紹介するために、より大規模な概論科目が作られるでしょう。

大規模な概論科目には授業中と授業以外の要素が必要です。授業では、文献講読や講義、デモンストレーションやゲームなどを諸問題に関する議論と共に行うことによって、学生が法律家の役割や技能、価値観について学ぶ手助けをします。シミュレーションは、学生が勉強した技能の実践を練習する機会や、体験から学ぶ練習をする機会を提供します。シミュレーションはしばしば通常のクラス・ミーティング外で行われます。

学生にとって重要なことは、彼らのパフォーマンスに対するフィードバックを受け取ることです。学生が問題解決活動に携わる機会が定期的に数多くある学校では、教員が各学生のパフォーマンスの後にフィードックを書くことは不可能です。それゆえ、学生に自分で評価したり、仲間同士

で評価するテクニックを鍛える学校もあります。また、我々は、フィードバックを書く手伝いをするティーチング・アシスタントとして教育を受けた上級生を活用できると考えはじめています。実際に活動する法律家や裁判官の関与の増加に加えて、私はこの実践が大いに広がると考えています。

シミュレーションでの証人役や依頼人役は、同じロースクールの学生、大学の演劇学科の学生、プロの役者、一般人、「標準模擬依頼者 (Standardized Client)」などによって演じられています。「標準模擬依頼者」という選択肢は注目を集めています。「標準模擬依頼者」とは、複数の学生に対してある一人の依頼人役を演じるよう訓練された人物で、それによって、フィードバックも含めて学生の体験により一貫性を持たせることができます。アメリカでは、医学博士（medical doctor）は国内にある５つの試験用施設のうちの１つで標準模擬患者（Standardized Patient）をうまく診察できるまで、開業する免許を獲得できません。これらの試験用施設において、医師は患者のようにふるまう訓練を受けた人々を診察します。医師は診療技能をテストされるだけでなく、アメリカではベッドサイド・マナーと呼ばれる、患者との関係構築スキルが認容可能な程度まで示されなければなりません。

ニューヨーク大学ロースクールで教鞭を執るラリー・グロスバーグ（Larry Grosberg）は標準模擬依頼者を用いたプログラムを長年試みてきました。[63]また、2006 年の春、標準模擬依頼者を使ってカウンセリング技能を評価する試験的プログラムがスコットランドのグラスゴー法科大学院で試行されました。[64]

トレンド5　模擬法律事務所に見立てた科目

このシンポジウムの報告に、模擬法律事務所が関係するプログラムを説明したものがあります。これらの論文の著者であるモリテルノ教授やマイヤーズ助教授は模擬法律事務所科目の開発・発展におけるリーダーです。従って、私は簡潔に申し上げます。

基本的な考え方は、学生を組織してチーム（法律事務所）を作り、実際の法律事務所で働いているかのように学生にやり遂げなければならない

仕事を割り当てるのです。実務家や教員は指導やフィードバックを行います。そのような科目は一般実務に焦点をあてて作られていることもありますが、刑事弁護や商取引（business transaction）、その他の特定の実務領域を中心に作られていることもあります。

おそらく最も洗練された模擬法律事務所の形式は、スコットランドのグラスゴー法科大学院の専門訓練科目です[65]。ポール・マハーグ（Paul Maharg）はバーチャル・シティを作りました。そして、学生はその町において仮想現実化された状況の中で法律を実践するのです。彼はその町にアードカロック（Ardcalloch）と名付けました。データベースには町の歴史、地図、住所氏名録（directory）が入れられています。また、彼はその町の中に7つの架空の事業、施設、市民、そして64の「法律事務所」を作りました。4人の学生が各事務所に配属されます。コンピュータによって、学生はお互いや教員と連絡をとることができ、リーガルリサーチをしたり、法律事務所での仕事を記録したり、個人的な意見を記録に残すことができます。

トレンド6　ロースクールに在籍する間に各学生に法曹実務を体験する機会を提供する

まもなく、アメリカのすべてのロースクール生が卒業までに法実務を体験する機会が得られるようになるだろうと私は信じています。最も優れたシミュレーション科目でさえ、真の結果がすぐに出ない、「ごっこ体験」を提供するものです。クリニックとエクスターンシップにおいてのみ、学生の決定や、行動が真の結果をもたらすのです。これは、彼らの価値観や実務的知識を試し、形成するために不可欠です。

法曹実務に接することは、法曹実務の書かれた基準や書かれていない基準と、それらの基準に従う程度を学生が本当に理解しはじめる唯一の方法かもしれません。学生には、前もって問題を確認できないような型にはまらない状況において、当該状況を取り扱い、かつ、分析せよという要求や、そこにおける制限、そのための方法を体験する必要があります。さもなければ、彼らの問題解決技能は成熟しないでしょう。ロースクール在籍中に

実際の法曹実務にいくらか接することは、法曹に関する包括的でより現実的な観点を学生に身につけさせるために重要なだけでなく、学生がロースクールにおいて教授される他の科目の重要性を正しく認識する手助けとなるのです。

ロースクールが判例研究を採用し、ごく新しい卒業生を教員に採用した1800年代後半から1900年の初期、アメリカのロースクール生は法曹から孤立しており、認可権限者は実務修習制度要件を廃止しました。臨床教育の出現と発展によって孤立はいくぶん解消されましたが、多くの学生はロースクールに在籍しながら法律事務所で働いていました。しかしながら、アメリカの法曹養成教育者は、現実の体験が法律家の早期教育において果たすべき役割をいまだ十分に検討し、採用してきませんでした。

イギリスや他の地域では、現実の体験（real-life experience）は、完全な職権を有する前の、法曹養成教育のきわめて重要な部分であると考えられています。イングランドおよびウェールズのローソサィエティは提案された教育成果に関する声明書において現実の体験の重要性を以下のように論じていました。

> ある個人が求められる成果のすべてを身につけ効果的に示すのは、実際に法曹実務の環境の中で働かないかぎり難しいといわれている。そこで求められる成果とは、例えば依頼人と共に仕事ができる、効率よく仕事をまとめることができる、書類を管理することができるといったことである。さらに、検討会は次のようなことが重要であると考える。同業者仲間に新しく入るすべての者はその完全なメンバーになる前に職業の文化を体験する機会を持つこと、および、法律が実践される経済や社会、ビジネスの情況にさらされることである。これは、他のソリシタと共に働き、その職業に求められる価値観やふるまい、態度がどのように実務で適用されて（そして時には試みられて）いるか、および、どのように危険を管理するか学ぶことを要求しているのである。[66]

実務修習は、法律家の準備において重要な象徴的かつ機能的な役割を果たしています。これは、判例研究やシミュレーション教育が果たすいかなる役割ともまったく異なるのです。実務修習は法律や法的プロセスに関する情報を伝える最も効果的な手法ではありません。しかし、法曹としての模範と価値観を教授し、プロフェッショナリズムの実現への関与を学生に教え込む教室教育よりも効果的なのです。こうして、イギリスを含む世界のほとんどの国は、完全に認可を受ける前の一定期間、実務修習に従事するよう法律家に要求しています。

ロースクールは、エクスターンシップやクリニックを通じて学生を法曹実務に触れさせることができます。エクスターンシップでは、学生の直接の指導教官（mentor や supervisor）は法律家および裁判官として活動しており、指導教官の勤務する法律事務所や裁判官執務室が研修環境であるという状況で、これらの組織を理解し批評する機会が提供されるのです。クリニックでは、学生の直接の指導教官はロースクール教員の一員で、学生は依頼人の代理に対して主たる責任を引き受け、他の学生と協力し、独立した法律事務所の管理を援助する機会を得るのです。

アメリカの法曹養成教育についてあまりよく知られていない話の1つが、法曹養成教育の重要な構成要素としてのエクスターンシップ・プログラムの出現です。ここ 10 ～ 15 年の間、エクスターンシップ科目の質はアメリカにおいて非常に向上しました。そして、それらは急速に拡大しています。私は、すべての学生が、少なくともクリニックとまではいかなくても、1つのエクスターンシップ科目に参加する機会を得る日が遠からず来ると思っています。

アメリカのほとんどすべてのエクスターンシップ科目は、法律に関する作業に従事する機会を学生に与えています。しかし、依頼人を代理する重要な専門家として責任を学生に負わせることを許しているのは、そのうちの少数だけです。我々アメリカのロースクールはかなり多数のクリニックを有していますが、完全に実務認可される前に、たとえ1人でも監督付きで依頼人を代理する機会を得られるのは、アメリカのロースクール生のうち、ほんの少数のみなのです。

内容が豊かで複雑な問題解決の機会は、法律家の監督のもと学生が実際に依頼人を代理できる環境において提供されています。しかし、働いている法律家および裁判官を観察する、または、ロー・クラーク（law clerk）として事案に取り組むという機会を得ただけの学生でさえ、教室やシミュレーション環境では再現することが困難な価値のある教訓を学んでいます。

現実の体験の価値を認識することは難しくありません。困難なのは、他の手段ではそれ以上に効果的に効率よく達成されない教育目標を達成するためにロースクールが提供すべき実務体験の種類と範囲を明らかにすることです。また、将来の依頼人の利益を保護するためにどのような種類の実務体験が、どれくらい必要なのか判断することも困難です。これらの問題は当然慎重な研究を要します。有能な法律家になるいくつかの側面は実際に法を実践する中で学ばれ、評価されるのかもしれません。

学生が実務的な知識や自己認識、専門家の価値観を十分に身につけるための実務体験をロースクールが十分に提供する見込みはありませんが、ロースクールは、人間的な問題を解決し、実務的な知識と判断力を養う練習をする機会をできるだけ多く学生に提供すべきなのです。

トレンド7　コンピュータが補助する教育

テクノロジーが法曹養成教育の未来ではないとしても、それは少なくとも未来の一部です。[67]テクノロジーの試験的利用や、試験的利用が終了した後の利用は拡大し続けるでしょう。そして、法曹養成教育のいくつかの構成部分はそれによって変化するでしょう。通信教育はすでに法曹養成教育の領域において容認された一部になっており、双方向式コンピュータ・プログラム（interactive computer program）によって学生は教室の環境外で知識や技能を獲得することが可能になっています。[68]

コンピュータは、ポール・マハーグが作ったバーチャル・シティやデータベースのように、模擬法律事務所演習をサポートするほか、ガイド式の個別教授（self-guided tutorials）を提供することができます。この自己誘導式の個別教授は、中核的な法律知識や理解に加え、技能や価値観を含め

た広い範囲の科目を対象としています。また、数え切れないほどの形成的評価（formative assessment）を行うことができるソフトウェアのプログラムがあります。これは、学生に実質的な法律の諸原則について出題したり、その他の科目についても多項選択式問題を利用しながら問題を出すプログラムです。練習・演習（drill and practice）のプロセスによって、自分は与えられた題材を学習できているか学生は直ちに知ることができます。「練習・演習技術が生まれた行動に関する成人教育の考え方は、どれを教えるかという既知の規範がある領域において能力を発達させる才能が重んじられています[69]」。さまざまな学習方法を活用し、そのようなドリルからフィードバックと強化を得ることは、しばしば成人の学習者に動機を与えて意欲を起こさせます[70]。

ロースクールで利用されているテクノロジーのその他の形態には、テレビ、ビデオテープ、DVD、OHP、デジタルレコーダー、ビジュアル・プレゼンテーション・カメラ[71]、クラスルーム・パフォーマンス・システム[72]などが例として挙げられます[73]。

クラスルーム・パフォーマンス・システムではリモコンを使います。各学生は与えられたリモコンのキーパッドを使って授業中に出される多項選択式問題に答えるのです。このソフトは学生の多様な学習方法に対応するツールとして答案結果を記録し報告します。また、学生が学習できているかを教員に知らせ、学習段階は生産的に機能しているかを学生に知らせるといった授業評価の技術として役立ちます。導入されている別のテクノロジーには、授業中の学生の返答やパフォーマンスを後の検討のために自動的に録音・録画するレコーディングシステムの利用があります。

テクノロジーは教授や評価をより効率よく効果的にすることができますが、それは最良の教育を行うためのツールにほかなりません。例えば、科目のウェブページは次のような利用法があります。教育目標を広める、学生の学習過程に関する意見を促し対応する、（グラフィック・オーガナイザーやオリジナルの暗記術を送ることによって）自主学習させるようにする、（仮言命題の分析や学生が作った練習問題を展開させるなど）学習プロジェクトを協力して作り上げる、学生に積極的な学習訓練を採用するよ

う要求する、(オンラインの多項選択式問題や短答式問題など)学生が練習とフィードバックを受ける機会を増やす、学生に自主学習を促すなどです。同様に、パワーポイントは視覚的動きとイメージを統合することで学生の多様な学習方法に対応するツールになるでしょう。

　テクノロジーは、教材を準備し提供する補助として、また、評価ツールとして存在しています。例えば、「サイバー・ワークブック(Cyber Workbook)」と呼ばれるウェブ上のプラットフォームがあります。これを利用し、教員は、批判的思考力、応用論法、独創的問題解決といった学習成果をまとめた科目に関する資料を公表しています。プラットフォームは次のようなものから成り立っています。すなわち、授業や質問、答えの科目モジュールを開発するオーサリングツール、ユーザー名およびパスワードによって学生がアクセスできるユーザー向けウェブサイト、報告の作成および教員が科目モジュールの評価ができる管理者向けサイトなどです。また、プラットフォームには評価機能が備わっています。この機能が学習成果を確定し、測定し、確認し、報告し、特別なトレーニングがなくても学生の弱点を特定するのです。このプログラムは、教員の時間と負担を最小限にするため、学生のレスポンスの時間を計り、成績をつけ、記録するのです[74]。

　私が予測できないほどたくさんのテクノロジーの進歩があるだろうと私は確信しています。しかし、コンピュータが補助する教育の未来、そして、法曹養成教育におけるテクノロジーの別の用途はおもしろいものになるでしょう。

結論：アメリカおよびイギリスにおける最近の出来事は有望である

　前述したように、イングランドおよびウェールズのローソサイエティは、新人ソリシタの実務準備のための新しい成果基準体制を発展させています。ローソサイエティが法曹志願者としての知識、技能、価値観を評価する妥当で信頼できるツールの開発に成功すれば、その新プログラムは世界のモデルとして役立つでしょう。グラスゴー法科大学院の専門訓練プログラムはすでに1つのモデルになっています。

アメリカでは、法曹養成教育は重大な改革の間際であるという心強いサインがあります。各州の最高裁判所は一般的に、実務認可の基準設定を含めた法曹を規制する責任があります。しかしながら、おなじように法曹養成教育に重大な影響を有する4つの独立した団体があります。

1. ABAの法曹養成教育および法曹認可部門協議会（Council of the Section of Legal Education and Admissions to the Bar of the American Bar Association）は連邦政府によって正式なロースクール認可団体と認められています。
2. アメリカ法科大学院協会（Association of American Law Schools）は協会に加入する基準を設定しており、たいていのロースクールはAALSのメンバーか、もしくは加入を希望しています。
3. 法科大学院入学適性試験協議会（Law School Admissions Council：LSAC）は、ロースクール生になる予定の学生に対する法科大学院入学適性試験（LSAT）を準備、運営しています。
4. 全米司法試験官会議（National Conference of Bar Examiners）は、各州が運営している法曹認可試験の構成部分の開発を行っており、アメリカ中の司法試験官間の意見交換を促進しています。

これらの組織のすべてが、何らかのかたちでその任務の妥当性を再検討しています。私には彼らの活動に対する動機づけはわかりませんが、次のようなことが1つの理由ではないかと思っています。つまり、LSATのスコアと第1セメスターの成績に相互関係があり、ロースクールの成績と司法試験合格率に相互関係がある一方で、それらのいずれとも実務での成功が相互関係を有していると思われないのです。

もし実際に、LSAT、ロースクールの成績、司法試験は法曹実務での成功と対応していないならば、それらは有効ではないかもしれません。[75] もし有効でないならば、次のようにいうことができるでしょう。効果的に責任をもって法を実践するために必須の知識、技能、価値観を有していない人々が法律家になることを、その認可プロセスは認めているかもしれないと。

もっと悪く言えば、それは必須の特性を有した人を除外しているかもしれないのです。

彼らの理由はどうであれ、すべての組織がロースクールの認可や法曹養成教育、新しい法律家の認可に関連する問題を再検討しています。LSACはロースクールおよび法曹実務において成功する予測の判断材料を識別するプロジェクトをサポートしています。1つの目的としては、有能な法律家の、仕事に関連した能力を識別することです。[76] その考えは、もしそのような能力を識別できるならば、おそらく、ロースクール志願者がそれらの能力を有しているか、または、容易に獲得できるかを判断するようにLSATを修正することができる、というものです。[77]

2005年、ABAは認可基準を修正し、ロースクールに次のことを求めました。適切に監督され、体験に関する感想および法曹の価値観や責任に関する学生の考えを促進するようにデザインされた環境で、本物の依頼人と接する、または、それとは別の現実の実務体験をする機会を実質的に提供すること。さらに、学生のパフォーマンスと能力レベルを評価できる能力を発達させることです。[78] また、ABAは各学生が専門技能の実質的な教授を受けるようロースクールに求めることを決定しました。専門技能とはすなわち、「法律分析および論法、リーガルリサーチ、問題解決および口頭コミュニケーション」、「法文書作成（これには、少なくとも1年生時に1回の厳密な書面作成経験、さらに、1年生以後に少なくとももう1回の厳密な書面作成経験が含まれる）、一般的に効果的に責任をもって法を実践するために必要と考えられているその他の専門技能」です。[79] ABAは以下の専門技能は法曹実務に必要であると一般的にされる他の技能の中に含まれていると考えています。「具体的には、公判および上訴審弁論術、裁判外紛争解決策、カウンセリング術、インタビュー術、交渉術、問題解決、事実調査、法律に関する業務の整理および管理です」。[80]

私には、なぜABAがこれらの変更を行おうとしているのかというインサイド・ストーリーはわかりません。しかしながら、次のような要素の組み合わせがその判断に影響したのではないかと思うのです。ロースクールは学生にもっとましな実務準備をさせることができる。そして、大衆は、

かつて法曹のサービスを受けていたかもしれない大衆と同じ存在ではない。このような認識が大きくなっているのです。また、1921年以降はじめて、認可基準に関する判断がロースクール学部長の支配下から脱しました。ABAの法曹養成教育および法曹認可部門協議会の構成は1990年代に変更されています。この変更によって素人の代表が協議会に加わり、ほんの少数の学部長や前学部長によって以前行使されていた権限は縮小されました。そして、最後に、認可基準の設定に関係する人々の一部が、ロースクールがマクレイト・レポートの提言やその他の改革要求に対応するのを待つのに疲れたのです。

ABAがどれほどアグレッシブに新基準を強要するか。そして、ロースクールがどのように応えるか。それはこれからのことです。しかし、それらは正しい措置なのです。アメリカの法曹養成教育は今、その歴史において重要な瞬間を迎えているのかもしれません。

法曹養成教育の新しいヴィジョンが提案されようとしています。私はある進行中のプロジェクトに関与しています。それは臨床法曹養成教育協会(Clinical Legal Education Association)のプロジェクトで、法曹養成教育の最良の実践を詳述しようと試みるものです。[81] その他の目標の中で、我々は、アメリカのロースクールがイギリスのリードに従って成果重視の教育プログラムに変更するよう勧めています。我々は2006年の夏中に草稿段階の作業を終了させるつもりでおり、その後、我々の提言を実行するようロースクールに働きかける努力を開始するつもりです。

カーネギー財団は、2006年秋にアメリカの法曹養成教育に関する研究を発表します。私は、このカーネギー・レポートはアメリカのロースクールにおける最近の実務の多くを批判し、新しい方向性を提案するだろうと期待しています。

うまくいけば、これらの活動によって、変化を生む権力を持った人々が、アメリカの法曹養成教育の将来に関する熱心な議論に従事する必要性を確信するでしょう。私は用心深い楽天家ですが、アメリカの法曹養成教育の改革は引き続き苦闘のままでしょう。実務家や裁判官、政府が改革に介入し強要しないかぎり、法曹養成教育に従事している者はおそらく、まった

く今のままに放置しておくでしょう。アメリカにおける法曹養成教育制度改革はロースクール教員の最善の利益にならないので、彼らは変化に抵抗するでしょう。たとえ、変化が彼らの学生やその将来の依頼人、雇用人、そして一般社会の最善の利益になったとしてもです。

　回顧する以外、トレンドを認識するのは難しいものです。10年後に振り返って、私が正確であったか評価するのはおもしろいでしょう。また、今日あるものと、その後の日本の法曹養成教育とを振り返って比較するのもおもしろいでしょう。何が変わるのか私は予測できませんが、変化することは確かです。

　私は日本において法律教育に従事されている方に、中心的目標に焦点をあて続けることをおすすめします。すなわち、学生に法曹実務の準備をさせるために最善の仕事をすることです。世界中の法曹養成教育に従事している者があなた方の今後の進捗から多くの利益を得ると、私は確信しています。たとえ遠くからでも。

【注】

* 　Webster Professor of Clinical Legal Education, the University of South Carolina School of Law, United States. この論文は、2006年2月18日に大阪国際会議場で行われた関西学院大学法科大学院主催の『模擬法律事務所はロースクールを変えるか——シミュレーション教育の国際的経験を学ぶ』と題された国際シンポジウムにおいて私が行ったスピーチをもとにしている。サウス・カロライナ大学ロースクールの学生Jodi Ramseyに論文のためのリサーチ協力を得た。

1　SOUTH TEXAS LAW REVIEW42号 (Spring 2002)に会議の議論を反映させた論文が掲載されている。日本の改革努力について、Yoshiharu Kawabata, *The Reform of Legal Education and Training in Japan: Problems and Prospects*, 43 S. TEX. L. REV. 419 (Spring 2002)、Setsuo Miyazawa, *Education and Training of Lawyers in Japan*, 43 S. TEX. L. REV. 491参照。

2　Barry Sullivan, *Private Practice, Public Profession: Convictions, Commitments, and the Availability of Counsel*, 108 W.VA.L.REV1, 1 (Fall 2005).

3 Daniel R. Coquillette, THE ANGLO-AMERICAN LEGAL HERITAGE 368 (Carolina Academic Press 1999).
4 詳細に関心を持つ読者は、Roy Stuckeyの以下の論文を参照。*The Evolution of Legal Education in the United States and United Kingdom: How one system became more faculty-oriented and the other became more consumer-oriented,* INTERNATIONAL JOURNAL OF CLINICAL LEGAL EDUCATION 101 (December 2004).
5 イギリスにおいて法律家になる過程について、更なる情報として、Nigel Duncan, *Gatekeepers Training Hurdlers: The Training and Accreditation of Lawyers in England and Wales,* 20 GA.ST.U.L.REV. 911(2004)、Paul Maharg, *Professional Legal Education in Scotland,* 20 GA.ST.U.L.REV. 947(2004)、Nigel Savage, *The System in England and Wales,* 43 S. TEX. L. REV. 597(2002)、Paul A. O'Connor, *Legal Education in Ireland,* 80 MICH.B.J.78(2001)参照。
6 William Twining, BLACKSTONE'S TOWER: THE ENGLISH LAW SCHOOL 32 (Stevens and Sons/Sweet and Maxwell 1994).
7 *Id.*at 33.
8 *Id.*
9 Report of the Committee on Legal Education(Ormrod Report)(1971)Cmnd.4594
10 Twining, *supra* note 6,at 35.
11 *Id.*
12 *Id.*at 36.
13 Andrew Boon, *History is Past Politics: A Critique of the Legal Skills Movement in England and Wales,* TRASFORMATIVE VISIONS OF LEGAL EDUCATION 151, 155（Blackwell 1998)、同時に25 J.LAW & SOC. 151(1998)においても掲載されている(引用省略)。
14 *Id.*at 156.
15 *Id.*at 156-157.
16 Twining, *supra* note 6,at 166-167.
17 Boon, *supra* note 13,at 154-155.
18 *Id.*at 160,Law Society Training Committee, *Training Tomorrow's Solicitors: Proposals for Changes to the Education and Training of Solicitors* (1990) para 4.1、及びpara 5.1引用。
19 Courts and Legal Services Act 1990, part Ⅲ, http://www.opsi.gov.uk/ACTS/acts1990/Ukpga_19900041_en_3.htm(2006年4月24日に最終確認).
20 *Id.*at section 20.
21 Lord Chancellor's Advisory Committee on Legal Education, *First Report on*

Legal Education and Training (April, 1996).
22　*Id.*at R.4.3.
23　*Id.*at R.7.1.
24　*Id.*at R.7.2.
25　*Id.*at R.7.2 (3).
26　Boon, *supra* note 13,at 154-155, *Higher Education in the Learning Society: Report of the National Committee* (1997) (Dearing Report) ch 9を引用している。
27　QAA website, http://qaa.ac.uk/aboutus/qaaIntro/intro.asp (2006年4月24日).
28　*Id.*
29　*Id.*
30　現行の水準については、http://qaa.ac.uk/academicinfrastructure/benchmark/honours/law.asp#2 (2006年4月24日)で参照可能。
水準についての"Commentary for Law Schools"は、http://webjcli.ncl.ac.uk/1999/issue2/aclec7c.htmlで参照可能。
新しい水準に関する2005年2月28日草案は、http://qaa.ac.uk/academicinfrastructure/benchmark/evaluation/app_b.aspで参照可能。
31　Glasgow Graduate School of Law, *Diploma in Legal Practice 2003-2004 Course Handbook* 16 (著者からの複写).
32　*Id.*at 24-25.
33　Robert Stevens, LEGAL EDUCATION IN AMERICA: FROM THE 1850'S TO THE 1980's 206 (University of North Carolina Press 1983).
34　*Id.*at 25.
35　初期アメリカにおける実務修習は、一般教養に博識な法律家を産出するという崇高なヴィジョンにしばしば忠実であった。James W. Hurst, THE GROWTH OF AMERICAN LAW 266 (Little Brown 1950).
36　Stevens, *supra* note 33 at 24-25; *id.*at 256.
37　Stevens, *supra* note 33 at 174.
38　Paul Carrington, ed., *Training for the Public Professions of the Law* (Association of American Law Schools 1971) (Carrington Report).
39　Herbert Packer and Thomas Ehrlich, NEW DIRECTIONS IN LEGAL EDUCATION 51-52 (McGraw-Hill 1972).
40　*Id.*at 50-51.
41　Stevens, *supra* note 33 at 238.
42　*Id.*at 242-43.
43　最も最近の変革要求は、Conference of Chief JusticeのNATIONAL ACTION PLAN ON LAWYER CONDUCT AND PROFESSIONALISM (ABA 1999) (Chief Justice's Action Plan) (http://www.ncsc.dni.us/ccj/natlplan.htmにおいて参照可能)がある。

その他の重要なレポートは、マクレイト・レポート注44に加え、American Bar Association Section of Legal Education and Admissions to the Bar Professionalism Committee and the Standing Committee on Professionalism and Lawyer Competence of the ABA Center for Professional Responsibility, TEACHING AND LEARNING PROFESSIONALISM: SYMPOSIUM PROCEEDINGS (ABA 1997) (1996年10月2〜4日Symposium on Teaching and Learning Professionalismの議事報告)、American Bar Association Section of Legal Education and Admissions to the Bar, Report of the Professionalism Committee, TEACHING AND LEARNING PROFESSIONALISM(ABA 1996) (ロースクールに対してプロフェッショナリズムに関する教育をもっと重視するよう要求している)、Karl E. Klare, *The Law-School Curriculum in the 1980s: What's Left?*, 32 J. LEGAL EDUC. 336 (1982) (ロースクールカリキュラムは素晴らしい弁護士になるための準備を適切に行っていないと結論づけている)、Special Committee for a Study of Legal Education of the American Bar Association, LAW SCHOOLS AND PROFESSIONAL EDUCATION(ABA 1980) (学生に法律の専門職の準備をさせるという点から法曹養成教育の妥当性を検討した上で認識された問題点を改善是正する変革を勧めている)、American Bar Association Section of Legal Education and Admissions to the Bar, REPORT & RECOMMENDATIONS OF THE TASK FORCE ON LAWYER COMPETENCY: THE ROLE OF THE LAW SCHOOLS (ABA 1979) (法曹養成教育の向上は将来の法律家の能力拡大にとって重要な要素であると述べている)。また、Susan K. Boyd, THE ABA'S FIRST SECTION: ASSURING A QUALIFIED BAR (ABA 1993) (アメリカにおける法曹養成教育の歴史的背景を検討している)、Stevens, supra note 33 (知力・政治・社会のトレンドの影響を含めて法曹養成教育の歴史を分析している)なども参照。

44 Robert MacCrate, ed., LEGAL EDUCATION AND PROFESSIONAL DEVELOPMENT -AN EDUCATIONAL CONTINUUM, THE REPORT OF THE TASK FORCE ON LAW SCHOOLS AND THE PROFESSION: NARROWING THE GAP(ABA Section of Legal Education and Admissions to the Bar 1992)(MacCrate Report).

45 W. William Hodes, *Truthfulness and Honesty Among American Lawyers: Perception, Reality, and the Professional Reform Initiative*, 53 S.C.LAW REV. 527,528(Spring 2002)(複数の情報を引用)。

46 CLEPRについての情報やアメリカにおける臨床教育に関する初期の歴史は、次の資料に含まれている。Margaret Martin Barry, Jon C. Dubin & Peter A. Joy, *Clinical Education For This Millennium: The Third Wave*, 7 CLIN.L.REV. 1(2000)、A Statement on CLEPR's Programおよびその他の小論は、William Pincus,CLINICAL EDUCATION FOR LAW STUDENTS: ESSAYS 69(Council on Education for Professional Responsibility 1980)に掲載、George S. Grossman, *Clinical Legal*

Education: History and Diagnosis, 26 J.LEGAL EDUC. 162(1974); SELECTED READINGS IN CLINICAL LEGAL EDUCATION(Council on Legal Education for Professional Responsibility 1973).

47 問題解決技能の発達は最終目標であって、法曹養成教育の他の側面はこの目標のための単なる手段であるという観念は新しい考えではない。ゲイリー・ブラージは以下のように書いている。「基本的には、法律家の職は依頼人や相手方の問題の解決(または悪化)を伴う。非常に複雑で不確かな状況のもと、実質的には果てしない範囲の環境において」。Gary Blasi, *What Lawyers Know: Lawyering Expertise, Cognitive Science, and the Functions of Theory,* 45 J.LEGAL EDUC. 313, 317 (1995). Stephen Nathansonは、*The Role of Problem-Solving in Legal Education,* 39 J.LEGAL EDUC. 167, 182 (AALS 1989)においてこの目的-手段の関係を類推させるような叙述をした。また、彼は、問題解決は「法律家がしなければならないことの核心であり」、「問題解決技能の発達は法曹養成教育の主たる目標とすべきである」と結論づけた。Id. at 168, 182. Tony Amsterdamは*Clinical Legal Education - A 21st Century Perspective,* 34 J. LEGAL EDUC. 612, 613-14 (AALS 1984)において、問題解決及び「目的-手段の考え方」を教授する中心をなす重要性を論じている。

48 Myron Moskovitz, *Beyond the Case Method: It's Time to Teach With Problems,* 42 J.LEGAL EDUC. 241,245(AALS 1992).

49 Nathanson, *supra* note 47 at 180.

50 Donald A. Schön, THE REFLECTIVE PRACTITIONER(1987); Donald A. Schön, *Educating The Reflective Legal Practitioner,* 2 CLINICAL L.REV.231(1995).

51 Training and Framework Review Group of the Society of England and Wales, *Second consultation on a new training framework for solicitors*(2003). 同文書は、ローソサイエティのウェブサイト(http://www.lawsociety.org.uk/documents/downloads/becomingtfrconsultation1.pdf)(2006年4月24日に最終確認)に掲載されている。また、教育枠組みの検討について、以下に公表されている2004年7月の意見書及び2005年1月の意見書を参照。http://www.lawsociety.org.uk/documents/downloads/becomingtrainingframeworkconsult.pdf
http://www.lawsociety.org.uk/documents/downloads/becomingtfrstatementjan05.pdf

52 Lewis Jackson and Doug MacIsaac, *Introduction to a New Approach to Experiential Learning,* 62 NEW DIRECTIONS FOR ADULT&CONTINUING EDUC.17,22-23(1994)を参照。

53 Ronald Barnett, *What Effects? What Outcomes?,* in LEARNING TO EFFECT at 3,4 (Ronald Barnett, ed.,1992).

54 *Id.*

55 Stevens, *supra* note 33 at 24.

56　James E. Moliterno, *Legal Education, Experiential, and Professional Responsibility*, 38 WM. & MARY L.REV. 71,78 (1996).
57　Gerald F. Hess and Steven Friedland TECHNIQUES FOR TEACHING LAW 108-109 (Carolina Academic Press 1999) を参照。
58　Deborah Maranville, *Infusing Passion and Context into the Traditional Law Curriculum Through Experimental Learning*, 51 J.LEGAL EDUC.51, 63-65 (2001) (刑法や民事訴訟法科目の例、総合シミュレーション演習と追加的シミュレーション実験科目のいくつかのタイプを提示した図表、を提供している)、Hess and Friedland, *id.* at 66; Jay M. Feinman, *Simulations: An Introduction*, 45 J. LEGAL EDUC. 469,470 (AALS 1995) (一連のシミュレーションには原理問題、単一の体験演習、広範囲の演習、継続演習、シミュレーション科目が含まれる) を参照。
59　Seven Hartwell, *Six Easy Pieces: Teaching Experientially*, 41 SAN DIEGO L.REV. 1011,1013 (2004).
60　Kenneth R. Kreiling, *Clinical Education and Lawyer Competency: The Process of Learning To Learn From Experience Through Properly Structured Clinical Supervision*, 40 MD.L.REV.284, 287,n.10 (1981).
61　Feinman, *supra* note 58 at 472.
62　Moliterno, *supra* note 56 at 71.
63　Lawrence M. Grosberg, *Standardized Clients: A Possible Improvement for the Bar Exam*, 20 GA.ST.U.L.REV. 841 (2004); Lawrence M. Grosberg, *Medical Education Again Provides a Model for Law Schools: The Standardized Patient Becomes the Standardized Client*, 51 J.LEGAL EDUC.212 (2001).
64　Karen Barton, Clark D. Cunningham, Gregory Todd Jones, and Paul Maharg, *Do We Value What Clients Think About Their Lawyers? If so, Why Don't We Measure It?* これは、2005年10月28日カリフォルニアのレイク・アローヘッドでの第6回国際臨床会議において発表された原稿である。http://law.ucla.edu/home/index.asp?page=1949 (2006年4月24日に最終確認) において参照可能。
65　Paul Maharg, *Transactional Learning Environments and Professional Legal Education in Scotland*, 74 THE BAR EXAMINER 9 (Nov. 2005).
66　*Second Consultation on a New Training Framework for Solicitors, supra* note 51.
67　ロースクールにおいて活用されているテクノロジーに関して、その利点および具体的な詳細を研究した論文として、Paul L. Caron and Rafael Gely, *Taking Back the Law School Classroom: Using Technology to Foster Active Student Learning*, 54 J.LEG.EDUC.551,552 (December 2004)、Craig T. Smith, *Technology and Legal Education: Negotiating the Shoals of Technocentrism, Technophobia, and Indifference*, ERASING LINES: INTEGRATING THE LAW SCHOOL CURRICULUM 247 (Association of Legal Writing Directors 2002)、Rogelio Lasso,

From the Paper Chase to the Digital Chase: Technology and the Challenge of Teaching 21st Century Law Students, 43 SANTA CLARA L.REV. 1(2002)を参照。

68 コンピュータ補助による法曹養成教育指導センター(Center for Computer Assisted Legal Educational Instruction:CALI)が多くのプログラムを提供している。CALIのウェブサイトは、法律学習、法律教育、ロースクールにおけるテクノロジーの3部門で編成されており、教員がCALIの授業を評価するのに役立つツールも含まれている。http://www2.cali.org(2006年4月24日に最終確認)において参照。

69 Jack R. Goetz, Dean Emeritus, Concord Law School(2005年1月13日Roy Stuckeyへのメール). J. L. Elias. & S. B. Merriiam, PHILOSOPHICAL FOUNDATIONS OF ADULT EDUCATION, 2nd ed. (1995); L. M. Zinn, *Identifying Your Philosophical Orientation* in M. W. Galbraith (Ed.), ADULT LEARNING METHODS, 2nd ed., 37-72(1998)を引用。

70 Id., R.J. Wlodkowski, *Strategies to Enhance Adult Motivation to Learn* in M. W. Galbraith(Ed.), ADULT LEARNING METHODS, 2nd ed., 37-72(1998)を引用。

71 ビジュアル・プレゼンテーション・カメラ(ドキュメントカメラと呼ばれることもある)は、本体に垂直に取り付けられたビデオカメラを使って視覚画像を取り込む装置である。本体の上に置くことができるもののほとんどの画像は、LCDプロジェクターやビデオ・モニター、コンピュータに伝達できる電子信号に変換される。例えば、Elmo Electronic Imagingは、http://www.pharmnet2000.com/ELMO/index.html (2006年4月24日に最終確認)において参照可能。

72 クラスルーム・パフォーマンス・システム(CPS)は、教室での出来(performance)を即座に評価することが可能になるアプリケーションである。CPSに関する更なる情報は、http://einstruction.com/ (2006年4月24日に最終確認)参照。CPSに関しては、Paul L. Caron and Rafael Gely, *Taking Back the Law School Classroom: Using Technology to Foster Active Student Learning*, 54 J.LEG.EDUC. 551, 560-569(2004)における議論が参考になる。

73 Lasso, *supra* note 67 at 46-47.

74 Cyber Workbookに関する情報は、http://www.cyberworkbooks.com(2006年4月24日に最終確認)を参照。

75 2002年、アメリカ法科大学院教員協会(Society of American Law Teachers :SALT)は州司法試験の妥当性に関する問題を提起した。SALTはレポートを発行しており、その中で、最近の司法試験は「法を実践する専門家としての能力を正確に評価せず、ロースクールのカリキュラムの発展およびロースクールの認可プロセスに対してよくない影響を与えている」と結論づけている。また、レポートは、専門家としての能力を測り、新しい法律家を認可する新しい方法を検討するよう州に対して求めている。*Society of American Law Teachers Statement on the Bar Exam, July 2002*, 52 J.LEGAL EDUC. 446(AALS 2002) (http://saltlaw.org/positionbarexam.htm)(2006年4月24日に最終確認)。

76　LSACによって確認された能力の仮リストは、CLEAによる進行中のプロジェクトBest Practice for Legal EducationのAppendix Dに挙げている。最近の草案は、http://professionalism.law.sc.edu（メインページのニュース欄）において公表している。
77　Erica Moser, President's Page, THE BAR EXAMINER 4(February 2003).
78　Standard 302(b)(1), ABA STANDARDS FOR APPROVAL OF LAW SCHOOLS (ABA 2005-2006).
79　Interpretation 302-2, STANDARDS FOR APPROVAL OF LAW SCHOOLS(ABA 2005-2006).
80　Standard 302(a)(2), (3), and (4), STANDARDS FOR APPROVAL OF LAW SCHOOLS(ABA 2005-2006).
81　我々の研究結果に関する最近の草案Best Practice for Legal Educationは、http://professionalism.law.sc.edu（メインページのニュース欄）において公表している。

訳者注
*1　総合技術専門学校　1992年継続・高等教育法（Further and Higher Education Act）によりuniversityに昇格した。
*2　バリスタ全体を指す
*3　ソリシタ協会
*4　同僚・仲間による評価・審査
*5　レジデントの実習教育・監督・評価を行う医師
*6　児童を支援する人・機関

中西貴子 訳
（関西学院大学大学院法学研究科博士課程後期課程在学中）

〈原題〉

Education for the Practice of Law in the United States and the United Kingdom :
Recent History and Current Trends

法学の研究・教育におけるシミュレーション

基調報告2

樫村志郎

[略歴]
神戸大学大学院法学研究科教授。専門は、法社会学。東京大学法学部卒業後、東京大学助手、神戸大学法学部助教授を経て、現在に至る。1984年から2年間、米UCLAにて、法学および社会学を研究。このとき、Clinical Legal Educationの一部としてのシミュレーション教育に触れる。帰国後、学部の授業で10年間ほど実践。
大学院では、法動態学特殊講義、法社会学特殊講義、現代法社会学特殊講義などを担当。

はじめに

　本日、私は、ある種の法学の教育と研究において、シミュレーション、模擬法律実習という手法がどのような意義をもつのかについて、考えを述べたいと思います。私は、紛争処理における社会的相互作用の研究と教育のために、それを行ってきました。私の行ってきたシミュレーションは、必ずしも一般的なものではなく、むしろかなり変わったものであると思います。

　シミュレーションとは、教育の場で、法律問題についての交渉、相談、調停、判決等の実務場面を模擬的に構成して、学生に実感をもって体験させること、そしてそれを通じての学習形態を言うことにします。

　本日は、そのようなシミュレーションの意義についてお話ししますが、私の興味と関心から、その意義は、とくに、私の専門とする法社会学という学問との関係が中心になります。

私は会話分析という分析手法をシミュレーションの教育と研究の基礎としてもちいてきました。会話分析は、会話というものを、1つ1つの発言を単位とする連鎖構造をもつものとみます。たとえば、人は挨拶をかわすと言いますが、挨拶は、別々の人の2つの発言から成る構造であるとみなします。2人の人が、挨拶をかわすためには、一定のルールや共通理解がなければなりません。会話には、その他のさまざまな、社会の規範的構造があらわれているのです。

　私は、1984年から86年にかけてアメリカのUCLAでシミュレーションという手法に出会い、その後、1986年に法学部の「裁判論」という講義でシミュレーションを試験的に用いました。その前後の考えは、文献(1)に書いたとおりです。1992年に社会人大学院の法政策専攻が発足したことにともない、「法的交渉論」と題して、紛争シミュレーションを中心とする講義を行うようになり、これは2003年まで続けることができました。

　当初は、私は、シミュレーションを記録し、教材として用いるため、音声録音を用いていました。1990年の「裁判論」からビデオカメラを利用するようになりました。本日は、その録画記録と講義資料から10個の場面をもちいます。それぞれの断片は30秒から1分程度のものです。

1　シミュレーションの素材と方法

インストラクション（指示）

　通常、個別事情と共通事実を封筒に入れて、前もって個別に学生に配布します。これを、インストラクションといいます。教材配布にあたっては学生が、互いに封筒の中の情報を見せ合わないように注意を与えます。

　授業においては、交渉準備のためのシート（A4 1枚程度）を記入・提出させ、各自が、自分の準備の状況が分かるようにします。

資産家姉弟事例

　場面1-10は、1994年と1997年の講義のものです。この2つは、同一の事例素材によって行ったものです。

本事例は、私が、ある研究グループとともに、実在の事件から創作したものです。

86歳の姉「春子」は、80歳の弟「夏男」から、共有物分割請求訴訟を起こされました。東京都八王子と三鷹に広い土地をもつ、かなりの資産家である姉弟は、老年になり、親代々受け継いだ八王子の土地の上にたつ大邸宅に同居しており、互いに顔をあわせず話もしなくなって久しい間柄です。弟は長く家を離れて、その間姉は財産を一人で守ってきました。とくに、八王子の土地の隣家との境界紛争（未解決）でも苦労してきました。弟は遊び人であり、画家としてたつ夢を見て、邸宅と土地を分割して、自分の分を売り払い、アトリエを作りたいと思っています。姉は、弟が訴訟という手段に訴えたことを怒っています。このように、弟は、本件を財産価値の問題とみなし、姉は人間関係の問題とみなすように、インストラクションが組み立てられています。

実施方法

シミュレーションの参加者数はいろいろです。場面1-5（1994年の講義のデータ）は、受講者が全員で一度にシミュレーションを行ったものです。各当事者サイドで、各役割者の調整と、弁護士役と当事者役相互間で、事前に相談を行わせ、これもビデオに収録しましたが、個別相談場面は上映しません。場面7-10（1997年のデータ）は、役割は1名ずつで複数のシミュレーションを行ったものですが、やはり弁護士と当事者の間の打ち合わせは実施しています。

2 シミュレーションから何が見えるか

声の高さ、語りの技術

以下では、シミュレーション場面を見ていきますが、その際に、私の関心からは、どこに着目するかについて、述べたいと思います。

第1は、声の調子です。声による語りの特性は、人によりかなり違うものです。大きな声で堂々と語る人もいますが、小さく聞き取りにくい人も

います。同じ語り手でも、声を高めて語ったり、言葉を早く言ったりする等のバラエティがあります。

会話分析においては、こうした語りの特徴が、分析されます。これらは、主張に対して、強さ、弱さ、明確さなどの言語的ニュアンスの多様性を与えます。

主張の日常的構築の方法

第2は、主張の言葉による構築という現象です。

たとえば、当事者が高齢であることは、さまざまな言葉であらわすことができます。生きる時間が短いこと、残された人生の計画をたてる必要があることなどと、さまざまなパースペクティブから意味付けられます。事実は客観的なものですが、当事者は、それを主観的に解釈して主張を組み立てるのです。

発話権の配分

第3は、発話権の配分という現象、つまり、誰が、いつ話すかです。

発話の連鎖

第4は、ある発話とその直前または直後の発話との間の関係です。

紛争解決の会話は、自然には、非難と反対の応酬になっていきます。だが、他方で、紛争解決を合理的に行うためには、協調的会話が必要になります。発話の連鎖という現象に注目すると、紛争解決の会話の多様な展開やそのコントロールという現象が見えます。

以上の言語的特徴は、ジェンダー的偏見その他のステレオタイプ、法を含む制度的知識等の使用を含んでいます。私は、このことから、紛争処理における社会的権力や対立対抗関係の分析を行いたいと考えてきました。

シミュレーションと研究・教育上の関心

これらは、言語的表現の社会的作用を解析して、紛争のミクロスコーピック（微視的）な社会的構造を解明したいという、私の研究と教育の上での

関心によって、非常に狭く制約されています。

模範演技と疑似経験

これまで私は、シミュレーションは、必ずしも模範演技ではなくてよいと思ってきました。シミュレーションを通じて模範も示せますが、むしろ、疑似経験が、教育上、また、研究の上でも重要です。具体的事例の中で、悩み苦しんで、失敗することの中から、自分なりの方法を見つけることが可能であり、また重要だと考えます。もっとも、法科大学院では、もう少し模範例を示す必要があるでしょう。

3 シミュレーション事例の分析

次話者選択権

会話分析では、会話の構造や機能を解明するために、発話権の配分という現象に着目します。なかでも、次の話者が誰になるかは重要です。通常の会話では、一人の発言の終了が、ほぼ、相手の発言の開始の合図になります。しかし、多数の人が参与していたりすると、発言者の選択が問題になります。また、紛争の場面では、一般に、2者間の会話であっても、発言権のとりあいが見られます。

場面1は、当事者がそれぞれ3人ずつ、弁護士も3人ずつ、裁判官も3人いるという、集団場面です。

場面1

62 第一部 シンポジウム 模擬法律事務所はロースクールを変えるか

ビデオ場面は、参加者の顔等の個人情報を保護するため、画面にソフトフォーカス処理をしています。

> 男1：原告代理人が3名おりますが、わたくしは、その（　）を、代表をつとめる訴訟代理人です。よろしくお願いします。ただいま、あの、（　）の資料からいきますと、……東山、夏男、原告東山夏男の、ま、弁護するわけですけれども、えー、原告、は、（えー）……今現在、父が25年前に、えー、87歳で、亡くなりました際に、えー妹の…あ、姉の東山春子と、三鷹の土地と八王子の土地、家屋、それからその他の、
> （57秒）

普通こうした場面を上映して、学生に何か気づいたことがないかを問います。

こうした場面では、裁判官（調停人）による発話権のコントロールが一般に重要です。しかし、ここでは、原告代理人3人の「代表」と名乗って、1人の原告側代理人が最初に発言を行っており、裁判官（中央の3人）は、それに是認を与えているように見えます。

このやり方からは、しかし、裁判官が討議のコントロールを失うという

場面2

危険が生まれていることがわかります。

　場面2は、この原告代理人の発話の終わりの部分から始まりますが、そのことがあらわれます。

> 男1：（　　）をしたということを東山夏男は言っております－原告のほうは言っております。…いちおうまあ概略としてはそういうことになっておりますが、原告のほうの、（息）いちおう、あの、主張を言っていただけますでしょうか。
> 男2：いや、あのーわたくしたち、わたくし、えーと、東山…なんでしたっけ
> 　　　（24秒）

　ここでは、原告代理人は、「いちおう概略はそういうことなんですが」と言って、自分の発言の終了を示します。このとき原告代理人は、裁判官のほうに目を向けています。これに対して、ビデオ記録によれば裁判官は3人とも原告代理人を見ていません。ひきつづき「原告のほう」と言い出したところで、裁判官（中央の一人）が顔を原告代理人に向けますが、そのとき原告代理人は、すでに原告のほうを向いています。原告（見られた男性）が話しはじめるのは、その結果です。

　会話分析によると、まず、現在の話者が次の話者を指定します。それがなされないときには、話者となる候補者が自己選択、つまり立候補して、話し始めます。それもなされないときには、現在の話者が話し続けることができる、という規則があります。話者を選択するやり方の1つは、アイコンタクトですが、ここでは、直前の話者であった原告代理人（男1）がそれを行う優先権があります。

　アメリカの調停マニュアルでは、調停人が、発話のルールを確認、管理することの重要性が指摘されていることがあります。とくに、一方の当事者にのみ、長時間話させることは、少なくとも他方当事者に、手続の不公正さの感覚を与えると考えられるからです。この場面では、裁判官の和解指揮の不足ないし欠如が、手続的な不公正さを作り出していることが危惧されます。

規範的主張の日常的様相

つぎに、場面3から5では、主張の日常的構築に注目したいと思います。会話分析は、発話・発言が組み立てられる方法にも注意を向けます。

場面3は同じ配置なので、発言のみを示します。

場面3

> 男2：ま、わたくしたち、いま、あのーあなたが86歳ですし、わたしも80ですから、もう、((強く))いつ死ぬか、わからない状態なんですよね、((戻る))もうすでに、あの、平均寿命、わたしたち二人は、平均寿命をこえてますので、あのー、いつ死んじゃうかわかりませんね、その、やはり、どっちが先に死ぬかわかりませんけども、もし、あのー、普通男のほうが先に死ぬことに、まあだいたい寿命短いですから、先に死ぬとして、わたしが先に死んだ場合どうなるか、まあ、考えてください。あの…わたしのー、あの財産を相続するのは娘二人で、あの、娘二人いるんですけれども…もし娘が、相続、相続することになった場合はですね、あの、娘は、わたしの娘はもうあんまり、(　　)
> （55秒）

この男性は、「いま、わたしたち、あなたが86歳、わたしが80ですから、〈もういつ死ぬかわからない〉」と言っています。この「いつ死ぬかわからない」という表現は、よく使われる言い回しですが、高い声で強調されていることからも、何らかの意味が込められていることが分かります。

続いて使われる「平均寿命」という言葉も、興味をひきます。自己の発言を、世間の共有知識に、関連づけるものです。自己の発言が、世間の共有知識に裏付けられているという、ニュアンスが生み出されています。そして、この発言を基礎に、「私が先に死ぬ」と主張し、自己の主張の裏付けに娘の幸福という利益を動員しています。

いわゆる成句（ことわざ、または老人が「いつ死ぬかわからない」等と発言する場合のような定型的表現）の使用、表現の正確さへの考慮、カテゴリーの使用等が、注目されます。

この様相を媒介として、紛争の主張、紛争のポジションが表現され、組み立てられているという普遍的な事実があります。

ことわざ、成句等の使用は、法学の主題ではないと見えるかもしれませんが、紛争交渉の基盤をなしています。これらの発言は、いわゆる社会規範の動員行為と言えます。こうした点は、法社会学的に興味ある点になるのです。

成句の活用は、人によっていろいろです。

場面4

> 女1：えーとあのーわたしももう80になりまして、ほんとにまあ、お姉さんがいろいろとまあ、今度は（　　）急なことでびっくりしたことと思うんですけれども、これは（(やや強く)）思いあまってのことでして、（(戻る)）あのー、お……白黒つけようとかそういう気持ちはさらさらなくて、あの…思いあまったのは自分が80っていうこの歳になって、（(やや強く)）やっぱり、どうしても、あの、好きな絵をかいて、一生を送らないと、あの…
> （37秒）

この発言者（女性）は、姉の苦労を理解するという発言に引き続き、「でもこれ（訴訟の提起）は、思いあまってのことである」とのべ、また「白

黒つけようという気はまったくない」と述べています。これらも成句ですが、紛争の事実を、先の男性とは、異なった角度から照らし出す発言です。「どうしても好きな絵を描いて一生を送らないと」という成句的発言により、アトリエの必要性を主張しています。

　以上から、紛争の事実が同一、共通であっても、その捉え方が「千差万別である」——これも成句ですが——ことが、具体的発言の様相として、理解できるでしょう。そして、このような発言の効果について、学生に討論するよう促したり、研究を進めたりすることが考えられるでしょう。

　場面5は、成句による主張から、応酬という連鎖が始まった例です。

場面5

女2：さきほどあの夏男さんのほうは、いつ死ぬかわからないので、（　　　）ど、いつ死ぬかわからないのはわたくしも同じでして（　　　）、（(強く)）いつ死ぬかわからないからこそ、あの、お父さんが残してくれた、あの家でぜひとも死にたいと思っているんです。それをあの家を取り壊してそこで死ねなんていうことはわたしにはとても考えられません。86歳ですから、わたしもあと数年の命です、もうあと数年あの家でゆっくりと死ぬ準備をさしていただきたいと、そういうふうに思っています。……（笑い）

女1：それはわかるんですけれども、あのーお姉さんが家に愛着をもってらっ

> しゃるというのは分かるんですけれども、そして今の生活に50万で、ま、あの、50万ぐらいですか、まあ、100万の半分は
> （1分）

　ここでは、女性1の先の発言を引用して、逆手にとろうとしています。やや聞き取りにくいのですが「さきほど夏男さんのほうは、いつ死ぬかわからないので、～をしたいとおっしゃいましたけれども、（その後一部聞き取りにくい）＜いつ死ぬかわからないからこそ、お父さんが残してくれた家を守っていきたい」「あの家を壊して死ねなんて、とっても私には考えられません」と主張しています。この発言は、場面6からかなり後になって出てきたものです。また、この発言の後に、場面6の発言者との応酬が開始しています。

　紛争解決において、言葉の選択が重要であることは、実務感覚の一部でしょう。

　たとえば、現実の法律相談（弁護士事務所で行なわれたもの）のデータですが、ある契約の成立に関わる事実として、「会社がゴーサインを出した」と依頼人が述べましたが、弁護士は、その相談の後半になって、正式の契約の成立をささえる事実ではないという疑いをもった例があります。「ゴーサイン」という依頼人の表現が問題をはらんでいたのです。こうした現象にかかわる問題は、紛争解決における言語の明晰さという一般的問題につながります。

手続のマネジメント

　場面6では、裁判官（調停人）は、原告側の主張の不十分さを指摘し、手続の主宰者としての権威を確立するとともに、原告側に発話権をふります。しかし、原告側の手元に、分割案があるのに気づくと、それを見せてくれるように要求します。1994年のデータと比較すれば、裁判官が、自己の発話を開始しつつ、その権利をいかに活用して、手続の進行方向を定めているか（そしてそれが、暗黙の内に、他の参加者の承認を得ているか）を分析することができるでしょう。

68　第一部　シンポジウム　模擬法律事務所はロースクールを変えるか

（被告本人（2名）／被告代理人／裁判官／原告代理人／原告本人）
（男2／男1／女1）

場面6

> 男1：と弁論兼和解ということでですね、……ま、話し合いがつくんであればつくと、いう形にしたいと思いますが、まずちょっと原告のほう、お、これ分割請求ということで訴状を出されてるんですけど、あの、具体的に、えー、どことどこを分割するかというちょっと特定していただかないとですね……ちょっと不十分なんです請求の趣旨としては、ちょっとみせてみてください。
> 女1：（はい）
> 　　（33秒）

しかし、この事例は、裁判官の思うようには展開しません。発話のみを示します。

場面7

> 男1：被告の方ではとくに分割案というのは
> 男2：え、わたしのほうでは基本的には分割…することには、反対ですので、いまの時点では。
> 男1：あ、反対
> 男2：あん、まあ　（　　　）

法学の研究・教育におけるシミュレーション　　69

```
　　　：（間）
　男1：……ただですね、これ、いちおうもう、分割請求、うー、訴訟がもう出
　　　　ておりますのでですね…えー、裁判所としてはですね、え、場合によっ
　　　　たら、もう判決出したいと、…思っとりますので、もし、……案がない
　　　　というのであればー、えー、和解案というのをやっぱり、出して、ぜひ
　　　　出して
　男2：えーーーしたら、あの原告のやつーーー、をみせ（て）
　男1：（（早口））そうですね
　男2：いただいて、
　男1：はい
　男2：いいかどうかということ（を　　）
　男1：ええ、ええ、これはもちろん（（手渡す））あの
　男2：（（受け取る））はい
　男1：原告のはこういうかたちで
　　　　（48秒）
```

　ここでは、裁判官が被告側の分割案の提示を促したのに対して、被告側代理人が、「基本的には分割することには反対です、今の時点では」と述べます。これに対して、裁判官は、「裁判所としては、場合によったら判決をだしたい」という、法的ルール（そのものではないが）を引用します。これは、分割の是非ではなく、どう分割するかを中心にして紛争交渉を進めたいという裁判官のもくろみを受け入れさせようという圧力の行使といえます。被告側代理人は、原告側の分割案を見せてほしいと要求することで、裁判官のめざす手続の進行にのるそぶりを見せます。

裁判官の権力──発話権とレトリックの相乗効果

場面8

```
　男1：（ちょ）そのーげん、原告被告うーーのほうはもう代理人のほうからお
　　　　話があったと思いますが、えーいちおう、さい、ばん、しょとしてはで
　　　　すね、これは現物分割が原則です…だから現物、現物を分割するかたち、
　　　　いうかたちー、が原則でありますので、えー、たとえばですねそのー、
```

> おのおのの土地を、こうおー、半分にするかっこうで、分割すると、いうのが原則なんです。…裁判所としてはですね、それはまず第1点。これはまあ、原告さんのほうはそれでいいと。それから、えー、ま、境界部分のことって言うのはこう、主張されてるんですが、え、裁判所としては、境界は、これは関知しない。できないということです。裁判、の手続上ではちょっと（関与していかない）こちらとしてはちょっと、えー、もしその、境界の問
> （52秒）

　場面8（発話のみ）は、被告側が原告側の分割案を回覧した後の展開です。
　ここでは、「裁判所としては」というフレーズが繰り返されているのが興味深い特徴であります。それによって、法によれば「現物分割が原則」であり、原告の分割案が法の趣旨にそうものであること、境界の争いはこの手続では争点とされないこと等の、法的ルールが説明されています。この説明は、紛争の領域を限定しようとする（narrowingと呼ばれる）紛争解決者の戦術と言えるものです。また、和解は、紛争の領域を広げるために使われる場合があると言われますが、紛争全体を和解のモードに変更しようという目的にも役立つと言えます。
　つぎに場面9と10をみてみましょう。

場面9

> 男2：でよろしいですか
> 男1：はい
> 男2：えーっと、えー、われわれとしては、（　）分割すること、以前の問題をまず、ま、考えてもらって、分割はしないで、ど、うーー、問題解決したいと
> 男1：はいはい
> 男2：いうのが基本的な方針です。
> 男1：はい
> 男2：でー　うん　うん、　いいですかそれで
> 男1：はいどうぞ

男2：でー、まずわれわれとしては、えー……((手))寝たきりの父親を十年以上は看病した
男1：う、うん
男2：それから、まあ、あ、隣とーの、敷地の交渉も、やってきたと。いうことで、要するに財産をまもってきたのは、わたしたち、こちらの、側、なん、であってですね、今の時点でそういう分けてどうしようっていうこと自身、えー、ま、実は考えられないと。でー、こちらも、おー、わたしのほう、こちらも86歳、
　　(56秒)

場面10

男1：(おすまい)はどちらで、えーと、ほんとうこの、お住まいはどちらなんですか
男2：えーと、こちらのいまの八王子の家の(いちごろ？にね)
男1：(　　　)
男2：はい、八王子のほうに住んでます、はいはい、で、ただ、あの、同じ家に住んでいるわけですけれども。行き来はほとんどないという。
((間　約5秒))
女1：(きゅうくつ？)です。
男1：はいどうぞ
女1：はい、えーと、わけたくないという、あの、そちらは、(　　　)を主張されているということですよね
男2：はい
女1：で、えー、ちょっとこちらのほうから、どうしてあのーー、分割させてくれって言う風に、ま、請求で出さしてもらったかということなんですけれども、それ以前の分ですね、ええ、まだ、あのお姉さんの、ちょっと入院されてる間に、((間))
男1：((手を挙げて))あの、ちょっと、もうちょっと。あの、……事実関係聞いていきましょう
女1：は、はい、ええー
　　(59秒)

場面9で、被告代理人は、分割をしないという前提で解決したいとの希望を述べ、財産を守ってきたのはこちらの側であるので、「いまの時点での分割は考えられない」と述べています。

　場面10では、裁判官からの住所はどこかという質問に対して、一緒に住んでいるという事実がはからずも明らかにされます。ビデオ記録によれば、裁判官は沈黙し、原告代理人の発話の間、口に手を当てるジェスチャーをしていますが、これらは、相互行為分析上、面白い素材です。また、引き続いて、夏子が入院していたという事実も出てくるので、裁判官は、発話者に対して手をあげるという常識的ジェスチャー（「ちょっとまって」という意味）とともに、論争をいったんストップさせて、事実を明確にしようとします。これは、かなりはっきりとした、手続の方向性の変更です。

　この事例での裁判官役は、かなり法律手続に習熟しています。最初に手続をコントロールすることに成功し、あらたな事実が出てくると、手続の方向を再調整することもできるのです。

　より詳細な分析を講義で行うこともあります。その場合には、発話、視線の種類・方向・対象、沈黙の秒数、発話のタイミング等を詳細に記録したものを用います。その一例は、文献（3）にあります。

4　まとめ

　さて、以上を通じて、私が示したかったことは、シミュレーションが、いくつかの独特な、教育上、有益な情報を生み出すことです。また、それらは、研究上も有益であって、実地観察、実務家へのインタビューその他の社会学的調査手法とシミュレーションを組み合わせるならば、多くの研究上の興味深い主題の追求に役立つことでしょう。

　本日、私は、模擬実習の記録が、教育と研究とに利用可能であることを、実例で示そうと試みました。私の試みは、個人的なものであり、また、法社会学という狭い枠の中で行ったものにすぎません。会話の詳細にこだわるという会話分析の方法を用いることについては、異論もあるに違いありません。私は、紛争の研究と教育にとって有益であると信じています。私

の示した例は、1つの例にすぎません。

　また、私の方法は、法的規範よりも社会的規範の作用の解明に主眼をおいているから、法科大学院においては、より実務家が必要とする能力や技能に即した見地から、何をどう教えるかについて、さらに広い視点から、ほりさげた検討が必要でしょう。

　模擬実習に技能訓練の目的しか見いだせない人がおり、しばしば、実務感覚は実務を積み重ねることからしか得られないと言います。私はそれは誤りであると思います。適切な方法論を用いることで、実技や実務のほとんどの側面は教えうるものだと考えます。少なくとも、そうであるかどうか、真剣に議論されてよいでしょう。

　模擬実習をどう教育に利用できるか、また、その方法論はどうあるべきか、また、そのような教育を支援する制度的枠組みがどうあるべきか、多くの議論するべき問題があります。これらについて、関西学院大学を中心にして、今後大いに議論が進められていくことを期待したいと思います。

※発言部分に（　）が使われていますが、（　）は、その部分が聞き取りにくいという意味で、（　）に言葉が入っているものは、聞き取りにくいがその言葉のように聞こえるというものです。録音状態が悪く聞き取りにくい部分があり、このような表記としました。

【参照文献】

（文献1）　樫村志郎「アメリカにおける新しい法学教育とその応用―調停と交渉の臨床的教育」『法学教室』91号　28-32頁（1987）

（文献2）　樫村志郎「視線と法廷」山崎敬一＝西阪仰編『語る身体・見る身体』ハーベスト社、186-207頁（1997）

（文献3）　樫村志郎「合意の観察可能性」井上治典／佐藤彰一編『現代調停の技法』判例タイムズ社、294-307頁（1999）

74　第一部　シンポジウム　模擬法律事務所はロースクールを変えるか

ロースクールにおける効果的なシミュレーション教育の構成および実施方法
―― 2年生から開始するシミュレーション教育の意義について
~テンプル大学ロースクールにおけるプログラムデザインと経験から

エレノア・W・マイヤーズ[*]
Eleanor W. Myers

[略歴]
米テンプル大学ロースクール助教授。法曹倫理、商組織法、契約法などを担当。ペンシルベニア州弁護士、アメリカ法律家協会会員、フィラデルフィア証券取引所理事。
National Judicial College や北京の清華大学ロースクールで、中国の実務家に法曹倫理やアメリカ法を教授。また、米国国際開発庁後援 Rule of Law Project では、フィリピン大学ロースクールで法曹倫理教育の指導にあたる。

　アメリカはペンシルヴェニア州、フィラデルフィアのテンプル大学ロースクールでは、法廷弁論総合講義（Integrated Trial Advocacy Program）、訴訟外交渉総合講義（Integrated Transactional Program）という2つのシミュレーション科目を1年にわたり（つまり2セメスターにわたって）提供しています。[1] 両科目は理論と実務を継ぎ目なく結合させているため、学習プロセスの中でこれらの要素は互いに強化し高め合います。また、それぞれの科目は、法廷弁論や訴訟外交渉の業務に重点を置く「本物の依頼人（live-client）」を利用した臨床法曹養成教育の体験への橋渡しとなるようデザインされています（テンプル大学では、受講を希望する各生徒に1回の臨床機会を与えています）。これらは主にロースクール2年生向けの科目ですが、3年生の受講も許可しています。この論文では、これら2科目の構成を明らかにした上で、この科目が伝統的な形式の法曹養成教育よりも優れた教育機会を提供している方法についていくつかの考えを紹介したいと思います。そして、成功するシミュレーション科目にデザ

インするためのアイデアを提案することでこの論文を締めくくりたいと思います。

シミュレーション教育：定義と例

　まず、重要なのはシミュレーションとはいかなるものかを定義することです。シミュレーション教育とは、学生に次の役目を負わせるすべての教授方法を指します。すなわち、学生は学習すべき題材に沿って積極的に取り組む、問題のアプローチ方法を自分自身で決断する、それらの決断に基づいて行動する、それらの選択の結果を経験する、という役目です。学生の立場に関して、受身的な情報の受取人または他人の決断の批評家から、積極的な役割へと視点を変えるプロセスです。従って、それは「私は、彼はこうすべきだったと思う」という三人称から、「私はこうする。私がそれをする理由と方法はこうだ」という一人称へのシフトといえます。積極的に参加し、活動を検討する機会を得ることによって、学習が強化され、実体法と法曹実務プロセスの両方へのより深い理解につながると研究は示しています[2]。

　基礎的な法律知識の強化だけでなく、シミュレーションは、独創性や問題解決、人とのコミュニケーション、説得力、倫理や道徳の発達などを含めた知性の複数の側面と結びつきます。シミュレーションには、契約書などの法文書のたった1節を起草することから、数週間にわたるロールプレイまで、さまざまな活動が含まれます[3]。

　ロールプレイは、交渉、複雑な文書の起草、戦略の立案、依頼者への助言、あるいは1つの完全な事案の模擬裁判、などから成り立っています。また、シミュレーションには、経験を積んだ法律家が模範を示すデモンストレーション・ロールプレイ、小規模のグループによる問題解決演習、チームでの共同作業なども含まれます。シミュレーションは教室内でも教室外でも行うことができ、監督者がいる場合もいない場合もあります。シミュレーションのための方法として、問題となる書面、さらに、実際の法文書（legal document）やケース・ファイル、ビデオや映画の使用、そして、インタビューなどがあります。もちろん、シミュレーションがうまくいくためには教員

からのフィードバック、および、口頭または書面による自己省察の機会が必要です。[4]

テンプル大学ロースクールにおける訴訟外交渉総合講義および法廷弁論総合講義

　テンプル大学ロースクールでは2つの包括的な総合シミュレーション科目を提供しています。1つは、インタビュー、依頼人のカウンセリング、取引のための交渉といった訴訟外交渉に関する法実務に焦点をあてた科目です。もう1つは証拠の採用や公判での証人尋問といった法廷でのスキルに焦点をあてています。コース名の「総合」は、いくつかの特性を指しています。これらの科目では、現実的な問題を解決するために実体法の学習を役立たせる機会を継続的に学生に提供することによって、スキル演習と実体法の学習を結びつけるというプロセスを重視しています。さらに、「総合」は研究者教員と実務家が協力して教授する点を表しています。そして、教室内外の演習および自己批評と教員による批評をも含めることから、「総合」があてはまるのです。

　テンプル大学ロースクールの両総合科目は次のような1つのモデルに従って構成されています。すなわち、学生は、通常48人の大人数クラスで実体法（substantive law）を学び、12人で構成されるより小さいスキルクラスにおいて、週に1回、その学習を活用するのです。大人数クラスは研究者教員が担当し、少人数のスキルクラスは主に実務家教員が担当します。訴訟外交渉総合講義は、信託および財産（家族や小規模のビジネスにおける問題）や専門職責任の教授を次のような訴訟外交渉上のスキルと結びつける講義です。訴訟外交渉上のスキルとは、具体的には、依頼人へのインタビューおよびカウンセリング、交渉、書面の起草などをいいます。そして、法廷弁論総合講義とは、証拠法および民事訴訟法の教授を次のような法廷でのスキルと結びつける講義です。法廷でのスキルとは、具体的には、証拠の採用に対する異議申立てを行う、または、異議申立てに対処するスキル、主尋問や反対尋問、証人の弾劾、書証や物的証拠の提出、証言録取書（deposition）の作成と攻防、公判前の申立ての主張と抗弁など

をいいます。各科目は最後に大規模で複雑なシミュレーションを行います。すなわち、訴訟外交渉総合科目では家業（family business）の売却に関する交渉を6週間かけて行い、総合法廷弁論科目では1つの完全な模擬陪審裁判を行います。

　総合法廷弁論講義では、学生に法廷弁護士（trial lawyer）の役割を課し、また、代理人（litigator）役の学生はさまざまな公判前または公判活動を経験した上で最後の模擬陪審裁判に至ります。秋学期は刑事裁判演習にあてられます。春学期では民事訴訟法の申立て、開示手続（discovery）、公判手続を重点的に取り扱います。実質的に、すべての演習は2つの事案の記録ファイル（民事事件1つと刑事事件1つ）に基づいています。複数の無関係な問題よりもむしろ、2件のファイルを利用することによって、学生は複雑な事実のパターンを取り扱うことができ、さらに、同じ事実を処理することによって、やがてニュアンスを正しく認識し、結論を引き出すことができるのです。少ないファイルを利用することで、学生は各個人の活動に取り組むことが求められます。例えば、証人の主尋問では、学生の行動が事案全体に影響するような特定の方法で、そしてまた、事案の他の証拠について実質的に理解した上で行うことが求められます。その結果、科目全体を通じて、学生は現実的で複雑な事実関係の中に入り込むのです。

　法廷弁論総合科目は証拠法と結びつけて教授されます。なぜなら、その2科目は非常に絡み合っているからです。事実認定者に対して1つのモデルまたはストーリーを構成するために、証拠は法廷弁護士の使う積み木（building blocks）に法廷弁論の技術を備えつけるのです。証拠法は法廷において活用するためにデザインされた1つの科目として教授されます。例えば、証拠法の授業で証人尋問のルールを学んだ後、学生が法廷弁論での証人尋問を行う機会を与えられるのです。証拠法の授業で学んだ性格証拠の提出と利用に関するルールが、のちに性格証人があるスキルクラスで証言する際に、現実化するのです。法廷弁論のセッションを開始する前に、学生は証拠ルールの実質的な基盤を築くことが必要となるため、法廷弁論スキルの授業が始まる前に、2週間で10コマ（hour block）の証拠法概論が教授されます。

春学期に提供される民事訴訟法では、学生に公判前の開示手続および公判前申立ての範囲まで経験させます。総合科目としての民事訴訟法は、実体法の内容を学ぶ授業の中で開示申立てについて議論、分析、起草する機会を提供し、そして、実践する授業場面において申立てを主張する機会を提供しています。また、学生は、証言録取書から明らかなった情報に基づいて（最終的に公判で尋問する）同一の証人に対して証言を録取するのです。

　専門職責任および倫理に関しては、総合法廷弁論科目の中の正式な授業として教授されていません。しかし、倫理やプロフェッショナリズムはすべての授業において関連する論点が生じた際に取り扱われています。

　訴訟外交渉総合講義は、（1つのプロボノの問題を除いて）1つの家族に関係する6人の現実的な依頼人のファイルを中心に行われています。これらの依頼人を扱うシミュレーション科目は次のような内容です。すなわち、共有にかかる家業の遺言による譲渡について母親へ助言する[5]、財産のうち不動産の1つを交渉し売却する[6]、家業の資産売却を交渉するなどです[7]。これらの途中で、子どもの1人が結婚し、母親は子どもに婚姻前契約（prenuptial agreement）を交渉するよう説得しようとします[8]。のちに、息子は非営利の慈善団体を設立し、その組織の活動に関する審査において内国歳入庁（Internal Revenue Service：IRS）の役人と対面しなければなりません[9]。

　プロボノの問題には、エイズによって死が間近な比較的若い母親が関係します[10]。学生は彼女に人生最後の決断について助言するのです。その決断には、彼女の娘の後見人選び、自分で意思を表明できなくなった際に医療面および経済面の判断を彼女に代わって行う代理人の選択などが含まれます。また、学生は彼女の希望に従って、次のような書類一式を起草します。遺言書やリヴィング・ウィル（living will）、恒久的代理権限、病気が進行した健康状態の管理に関する指示などです。その後、学生は作成した書類を彼女に説明し、彼女の意思を正確に反映しているか確認した上で、署名のために彼女に書類を渡します。

　訴訟外交渉総合講義は、次のような広範囲の専門職責任の問題と取り組

む機会を提供しています。すなわち、代理人と依頼人の関係における権限の配分、利益相反、守秘義務、交渉における公平性、依頼人の行為能力、代理の存在自体に特有の事柄などです。

訴訟外交渉総合講義は、特に専門職責任の教授に適した科目といえます。なぜならば、シミュレーションや本物の依頼人の体験と同様に、学生はジレンマを解決することを求められ、そして、その決断の結果を「受け入れる」ことが要求されます。加えて、この科目は、より伝統的な環境よりも優れた方法で、専門職責任に関する問題のいくつかを検討する機会を提供するのです。

とりわけ、訴訟外交渉総合講義では、専門家のジレンマの解決における判断と裁量の役割を強調しています。具体的には、次のようなことです。まず、正直で真っ向から対処しているという学生個人の評判が、他人がどのように彼らを理解し彼らと交際するかということに影響するという重要な事実を学生に経験させます。そして、たいていの代理は不確かでダイナミックな性質をもっていると学生に熟知させます（例えば、代理開始時にただの一度も利益相反の問題を解決していない人物でも、代理が進行するにつれてそれらを再検討しなければならなくなる）。さらに重要なことには、状況によって生じる圧力が専門家の判断と意思決定に対して支配的な影響力を有していることを学生に正しく認識させることができるのです。

A　判断と裁量の役割

それぞれのシミュレーションにおいて、学生は依頼人に助言し、依頼人の問題を解決するための戦略を組み立てるように求められます。また、彼らは他の学生が同じ演習を行うのを見学します。それゆえ、仲間同士の学習によって、彼らは他の学生が異なった問題解決を行うのを見、さらに、依頼人の問題に取り組む適切な方法は多様にあることを理解するのです。エイズによって死に直面している母親の助言を行うプロボノの事案において、学生は家族外の他人に医療状況を明かしたがらない依頼人と向き合うのです。子どもの将来の後見人にと考えている友人に自らの健康状態を明かすように彼女に促すべきか、学生は決断しなければなりません。そして、

もし彼女が友人に明かすとして、いつ、どのように彼女はすべきなのか、学生は決断しなければいけません。逆に、友人に話すということを依頼人に勧めないならば、依頼人は娘の保護に対する計画が実現しないかもしれないという危険を冒すのです。あるいは、家族内で、健康について気楽に話し合うことができる別の後見人を選ぶよう母親に勧める学生もいます。そして、彼女の娘の福祉および彼女自身の心の平安にとって基礎となるこれらの問題に対してどのような方向性を依頼人に促すべきか、クラス内での十分な議論が続いて行われます。多くの学生は、こうした本質的には非法律的な問題が依頼人のカウンセリングにおいて非常に重要な要素となっていることに驚きます。[11]

　加えて、この依頼人の問題は学生に死を議論することを求めるのです。多くの学生はこのトピックを非常に気詰りに感じます。死という言葉さえ出せない学生もいます。代わりに、「逝く」可能性と言ったり、「あなたに何か起こったら」と言ったりするのです。もちろん、依頼人は死を間近にしており、仮定的に話すのは幼稚であったり、彼女にとって不誠実であるかもしれません。学生は死を議論するために授業時間をまるまる費やします。彼らは自らの恐怖と不安を精査し、それから、新しい依頼人のどこに焦点をあて、現実的に共感しながらどのように彼女の困難な状況と取り組めばよいか、適切な方法を決定するのです。

B　正直で真っ向から対処しているという学生の個人的な評判

　1年におよぶ科目の最後の演習には家業の売却交渉が関係します。この交渉は、守秘義務に関する契約から始まって、売り手の1人との顧問契約の継続、（複数当事者との交渉が必要となる）事業の売却に対する従業員の異議申立て、資産取得の最終条件の交渉で終える各段階で行われるのです。シミュレーションのすべての段階において、学生はチームで交渉し、同じチームに対抗します。1つの資産のプールが存在し、両チームは顧問契約に多く費やすほど、結果としての売却に利用できるものが少なくなるということを知っています（興味深い利益相反の問題が始終存在し、学生はそれらを解決しなければなりません）。これらの交渉の方向性はしばし

ば最初の契約や2番目の契約に伴って示されます。初期の交渉がとげとげしい、または、結果が一方的である場合、それら初期の対決が交渉の最終段階に影響し、時には最後の契約がほとんど不可能になるのです。代わりに、初期の交渉が快適で、当事者たちがフェアな結果であると感じている場合、最後の交渉は非常にスムーズです。どのような結果であろうと学生は互いに交渉パターンを身につけるのです。彼らは演習の間に自ら築いた評判に対処するということを正しく認識するようになります。これらの交渉の間に発展させた関係が演習以外で影響したことを報告する学生もいます。彼らは、長期間の関係や、クラスでの活動や他人を信頼する能力に影響を及ぼしているというのです。この最後の演習の影響力はリアルで重要です。

C 法的代理の不確かさとダイナミックな性質

学生は依頼人の代理は安定していると考えがちで、一度問題を解決するともはやそのことを考える必要はないと思いがちです。しかしながら、プロの状況では、人生におけるがごとく、事情の変化や新しい展開によって以前の決断を継続的に再検討しなければなりません。そのような再検討は利益が相反する場面において特に必要になります。

我々は、特にまた別の状況において、利益相反問題に焦点をあてています。そこでは、学生が依頼人である母親から、婚約者との間に婚姻前契約を交わすべきだと彼女の息子を納得させるよう頼まれるのです（この契約によって結婚したカップルは離婚や死亡に際し互いの主張から資産を保護することが可能になります）。そして、母親は学生に息子の交渉の代理を依頼し、彼女自身をすべての進捗状況について報告を受ける立場に置くよう要求します。この代理は学生にとって守秘義務と誠実義務の両方において利益相反の問題を提起します。

息子と会う前に、この代理を引き受けることができるかどうか、または、それは相容れない利益相反なのかどうか、学生は検討することが求められます。実際、学生はその任務を引き受けることができるかどうかわからないのです。なぜなら、学生はまだ母親の提案に対して息子がどうリアクショ

ンするかわからないからです。彼のリアクションによって、彼の希望が彼女のそれと両立させられるかどうかわかるのです。授業では、息子との面談に先がけて、学生が彼の反応を推測し、さまざまなシナリオのもとでどうすべきかプランを立てます。彼と面会した後、学生は代理を進めることができるかどうか再検討し、どんな合意が必要になるか決断します。のちに、彼らは実際に息子とその婚約者との話し合いに参加し、そして、その後の進展は法律家が代理できない利益相反という結果になるかどうか、新しい合意が必要かどうか、みたび検討するのです。

　この進展するダイナミックな状況の各段階において、どのような成り行きに展開し、息子がどのように母親の計画を感じるかによって、新たな利益相反の可能性が生じます。これによって、次のような考えを学生に伝えることができるのです。すなわち、倫理的な問題に関して代理は絶えず検討されなければならない、そして、そのような問題は代理の開始から完全に解決されるものではないということです。

D　状況によって生じる条件の役割

　我々はシミュレーションによって重大な目標を成し遂げることが可能になります。それはつまり、現実の圧力や難題に富んだ状況に学生を沈めることです。実務の世界に入った際に、我々の教育が学生のプロとしての倫理的な行動に実際に影響を与えることができるという考えは、関西学院大学司法研究科が主催したここ数回のシンポジウムの目的に暗に含まれています。そのために、考慮すべき点はたくさんあります。

　研究や我々の経験は、状況による圧力や職場の組織的文化が判断を圧倒する場合があることを示しています。さらに、そのようなプレッシャーは我々が生じた問題や論点を理解する方法を決定します。時間、権威者、仲間、組織的文化によるプレッシャーは、ふるまいに重大な影響を及ぼすものであり、すばらしい教育さえものみ込んでしまうこともあるのです[12]。伝統的な授業で学生にそれらのプレッシャーの威力やリアリティーを伝えることは非常に困難です。体験型教育は学生が現実的にプレッシャーのある状況に直面する機会を提供します。そして、学生にとっては個人の認知や

判断への影響力を体験する機会となるのです。

　訴訟外交渉総合講義では、特に、非常にプレッシャーのかかる状況に学生を置き、そのプレッシャーの制限の中で活動するようデザインしたシミュレーションを提供しています。このシミュレーションでは、政府の課税に関する機関である内国歳入庁の職員とのミーティングが設定されており、非課税措置資格の承認を求めて慈善団体に代わって提出した課税控除許可申請書（Application For Recognition of Exemption）の審査を受けます。入念に練られたミーティング直前場面の筋書きでは、依頼人は学生に次のことを明かします。すなわち、申請書における説明に反して依頼人は事実上のロビー活動に従事しており、それが発覚すればおそらく申請が却下されることになるだろうということです。依頼人は学生にその情報を政府職員に明かさないよう指示します。ミーティングにおいてどのように応じるか、そして、依頼人の指示を無視して思い切ってその新しい情報を政府職員に打ち明けるのか、学生は直ちに決断しなければならない状況に直面します。学生が明かさないと選択すると、職員は依頼人に対して、ロビー活動に携わる意思を否定した記述は正確かどうか尋ねます。依頼人はあいまいで、非常に誤解を招きやすい答えを出します。そして他の面談において、職員は、申請は依然として正確かどうか、そして、追加・変更を希望する部分はあるか、と学生に直接尋ねます。

　依頼人が職員を誤解させても、多くの学生は黙っています。そして、直接質問されて答える時ですら、学生はロビー活動について職員に話しません。彼らは依頼人に対する守秘義務が最も重要であるという理由で沈黙を正当化します。演習を通じて多くの学生は、状況のプレッシャーがかかる中で、職員に対する依頼人の嘘や虚偽の陳述を正したり、申請書に誤りがあるとシグナルを送るようなことを何もしなかったと、明らかに動揺します。

　のちに、クラス全体での（任務完了後の）報告会において、非課税措置資格の要請や秘密保持の要求を危険にさらすことなく状況に対処するための方法が模索されます。さらに、簡単に問題を成り行きにまかせてしまう状況のプレッシャーに議論は集中します。考えたり他人と相談する時間の

ない現実的な状況の中で活動する困難さを学生は正しく認識します。

この話の成り行きを利用して教授してきた数年間の中で、我々は繰り返しこの演習を修正しなければなりませんでした。最初の年、各学生のチームに他のすべてのチームを見学することを許していました。しかしながら、最初のチームがミーティングで意見を述べなかったり、何らかの行動をとらなかった場合、その後のチームはどれも同じことをするのです（同調の力のあらわれ）。そこで、現在ではすべてのチームに呼ばれるまで会議室の外で待つよう指示しています（ミーティングを済ませたチームが他のチームを見学することは許可しています）。

我々は当初、学生は面談に入る前にその状況を明らかにしようとするだろうと期待し、依頼人の暴露は意味ありげなあいまいな表現を含んだものにするという筋書きを立てていました。しかしながら、そのようにうまくいかなかったのです。それよりも、あいまいな表現に直面して、学生は明快な質問を尋ねることよりもむしろ、詳細を尋ねないということを意識的に選択するのです（認知的不協和のあらわれ）。そのように、調査してもこれ以上何も発覚しない活動と考えることで、学生は沈黙を正当化することができたのです。それゆえ、我々はますますあいまいでなく、明確な暴露となるようにしてきました。その結果、学生がプレッシャーから楽になるために誤った前提を引き出したり、正当化する余地がより少なくなるのです。

最後に、我々は、学生はミーティングの中で政府職員によって出された質問や依頼人の暴露を正確に記憶できないということを発見しました。報告会において、どのように沈黙を正当化するのか学生に尋ねると、多くの学生は、依頼人が実際に学生に対してロビー活動の詳細を話したということ、そして、内国歳入庁の職員が書類の正確性について学生に直接的に質問したことを信じようとしませんでした。この記憶の誤りに対応するため、我々は現在、依頼人の暴露や政府職員によって出されたキーとなる質問の記録を書面化し、のちの授業において学生にその記録を与えています。

これらの変化はシミュレーションを大いに向上させてきました。今では学生はシチュエーションと現実的に取り組んでおり、そこから重要な教訓

を得ているようです。おそらく、最も重要な教訓は、時間的なプレッシャーはよい判断を行う能力にどのように影響しているかということでしょう。多くの学生は、時間的プレッシャーが彼らを圧倒するだろう将来の状況を認識するよう努力していると報告しています。

成功するシミュレーション開発に対する視点

テンプル大学ロースクールにおける総合科目は、問題解決（訴訟外交渉講義）とプロフェッショナリズム（法廷弁論講義）のカリキュラムデザインにおいてそれぞれ賞を授与されました。いずれのコースも学生に人気があります。それらは、成功するシミュレーション科目のデザインにとって重要であると私が考える特徴を共に有しています。

まず、よいシミュレーションは現実的であるべきです。人為的な問題では、現実では起こりえないこととして片付けてしまい、学生は「仮定として取り組む」か、問題に取り組まないようにする便利な手段を発見するようになります。第二に、シミュレーションは機能していなければなりません。何をいいたいかというと、シミュレーションはいかなる誤りもあってはならないし、重要な事実を省いてはいけないし、演習の目標の手前で学生を立ち止まらせてしまい、かえって遠回りをさせることになってはいけないのです。成功する演習の第三の要素は、これは私の考えですが、演習内容は比較的明解でなければなりませんが、同時に過度に複雑であってはなりません。この考えについては議論のあるところです。現実的で複雑な演習に学生を沈めるほうが効果的であると経験から述べる教員もいます。しかし、私の個人的な経験はこれとは異なります。学生に複雑な法的または事実的な問題を教授することが第一の目的でない限り、その複雑性をマスターするために時間が費やされ、通常、その結果として演習の他の目標を達成できなくなります。具体的には、他の目標には判断力の育成、技能の涵養、プロとしてのスタイルの確立などが含まれます。さらに、その複雑性によって、問題解決に対して学生の受けた助言や彼らの立てた戦略の確信が揺らぐのです。学生は倫理的想像力やその学習の基礎を自らの経験におく必要があります。そのような理由によって、個人的な経験と結びつ

かない状況の中で複雑な問題解決を行うよう学生に求めることで、学生はクリエイティブな解決法を想像し、説得のための類似点を引き出すことができなくなります。さらに、それ以上複雑になるとシミュレーション後の議論を脱線させる危険性が生じます。その議論では、学生の実際のパフォーマンスではなく、演習の技術的な細かい問題点を解決することにのみ焦点が絞られてしまうのです。

これまで説明してきました各科目の源は現実に由来しています。具体的にいえば、新聞、映画、文学、法曹実務などが情報源です。総合科目は現実的な事例あるいは依頼人のファイルをもとに、実際の法曹実務のシチュエーションを借りています。これらの科目は共同でデザインしたものです。これらの科目は教員と実際に活動している法律家を含めたチームによって教授されており、教員と実務家は教育および実務の経験から得られた見識を持ち寄り、共有しています。

また、私は実務家の諮問委員会と共に教材開発にも携わっています。彼らは問題作成の分野について提案をし、初期の草稿にフィードバックを与えることができ、シミュレーションを充実させるために現実的な問題を提供してくれます。

端的にいえば、よい教材をデザインするには、問題に対する複数の視点とさらなる創造性を獲得するためにグループで行うのが一番です。さらに、はじめからシミュレーションを作り上げる理由はありません。効果的なシミュレーションについて説明している学識は多くあり、初めてシミュレーションを採用する人々が利用できるような本や出版物はたくさんあります。そして、教員はしばしば効果的なシミュレーションに関するアイデアを交換し、自由に教材を共有しています。

今回別の論文において詳細が紹介されているウィリアム＆メアリー大学ロースクールのジェームス・モリテルノ（James Moliterno）教授による科目デザインとテンプル大学の総合科目には重要な重複部分があります。これらの科目はすべて、学生の継続的な体験を重視し、現実的な背景を学習に与え、理論と実務を統合し、すべてのセクションを調和させることで一貫性ある教育を達成しています。その結果、学生はおおよそ同じような

体験を得ています。我々の提供する科目がこれらの性質を同じように有しているのは偶然の一致ではなく、一般的に成功するシミュレーション教育の発展にそれらが重要であるからだと思います。

シミュレーションの構築および教育は非常に労力を要するものではありますが、教育から得られる満足はその苦労に十分に報いるものです。このような教育プログラムを始められた関西学院大学の取組みに対して祝意を表しますとともに、今後貴校の成功に学べることを楽しみにさせていただきたいと存じます。

【注】

* Associate Professor of Beasley School of Law, Temple University, Philadelphia, Pennsylvania, United States. この論文は、2006年2月18日に大阪で行われた関西学院大学法科大学院主催の法曹養成教育に関する国際シンポジウムでの私のスピーチ原稿をもとにしている。会議のオーガナイザーである丸田隆教授、および形成支援委員会の丁寧なお招きと非常に寛大で温かいおもてなしに深謝する。

1 Integrated Transactional Programに関する詳細な記述については、Eleanor W. Myers, *Teaching Good and Teaching Well: Integrating Values With Theory and Practice*, 47 J.LEG.ED.401 (1997)を参照のこと。

2 Gray L. Blasi, *What Lawyers Know: Lawyering Expertise, Cognitive Science, and the Functions of Theory*, 45 J.LEG.ED.313 (1995)、Daniel J. Givelber, Brook K. Baker, John Mc Devitt, and Robyn Miliano, *Learning Through Work: An Empirical Study of Legal Internship*, 45 J.LEG.ED.1 (1995)。

3 Paul Brest, *The Responsibility of Law Schools: Educating Lawyers as Counselors and Problem Solvers*, 58 LAW AND CONTEMPORARY PROBLEMS 5 (Summer/Autumn,1995)。

4 Jay M. Feinman, *An Introduction*, 45 J.LEG.ED.469 (1995)。専門職責任の教授に重点を置いたシミュレーション教育の技術に関する最近の概観について、Marjorie L. Girth, *Facing Ethical Issues with Law Students in an Adversarial Context*, 21 GA.ST. LAW.REV.593 (2005)。体験から学んだことの考察およびフィードバックの重要性に関する議論について、Stacy Caplow, *A Year in Practice: The Journal of a Reflective Clinician*, 3 CLINICAL LAW REVIEW (1996),fns9-10。

5 Nancy J. Knauer, THE FIELDS FAMILY: ESTATE PLANNING (Transactional Practice) (NITA, 1998) (以後、THE FIELDS FAMILYと引用する)。
6 *Ibid.*
7 Nancy J. Knauer, QUALITY PAPER PRODUCTS (Transactional Practice) (NITA, 1998).
8 THE FIELDS FAMILY, *supra,* note 4.
9 Nancy J. Knauer, A FRIEND IN NEED: FORMING NON-PROFIT CORPORATIONS (Transactional Practice) (NITA, 1998).
10 Nancy J. Knauer, SUZANNE T. CARSON: PLANNING FOR INCAPACITY (NITA, 1998).
11 シミュレーションによって学生はABAのモデル・ルール2.1の重要性を正しく理解する。ABAモデル・ルール2.1「依頼人の代理において、法律家は独立した判断を行い、公平な助言を与えるものとする。助言を与える場合、法律家は、法だけでなく、依頼人の状況に関連する経済的、社会的、政治的要素など、その他考慮すべき事項をも言及するものとする」。
12 Eleanor W. Myers, *"Simple Truths" About Moral Education,* 45 AM.U.L.REV.823 (1966), Paul R. Tremblay, *Shared Norms, Bad Lawyers, and the Virtues of Casuistry,* 36 U.S.F.L.REV.659 (2002).

中西貴子 訳
(関西学院大学大学院法学研究科博士課程後期課程在学中)

〈原題〉
How to Organize and Implement Effective Simulation Education in Law School : The Meaning of Simulation Education Starting from the Second Year Law Student
―― Program Design and Experience at Temple Law School

体験型シミュレーション技能プログラムによる法曹倫理教育
―― なぜ１年生なのか?

ジェームス・E・モリテルノ*
James E. Moliterno

[略歴]

米ウィリアム＆メアリー大学ロースクール教授。Legal Skills Program（ABA Gambrell Professional Award 受賞）および Clinical Programs ディレクター。アメリカ法律家協会会員。ABA Clinical and Skills Education 委員会委員。

米国国際開発庁後援 Serbia Rule of Law Project では、セルビアにおけるロースクールのコース・デザインや教材開発、運営管理や方針策定などの指導にあたる。

パネリスト報告 2

　法曹教育が技術と倫理を兼ね備えた法律家を育成できず、法曹実務と司法制度の問題に強く結びつけることができていないのではないかという懸念は、長きにわたり存在してきました。このような懸念は近年増大し、注目に値する、然るべき批判を生み出したのです。

　ウィリアム＆メアリー大学では、1988年に理論と実務の橋渡しとなる教育プログラムを導入しました。この教育プログラムは、総合的な体験型学習に倫理教育を盛り込んだものです。我々は、当校で学生に行っていることが他校でも行われるような影響を与えることを期待しておりました。

　専門家としての規範や倫理は、実際にその職についている時の方がより確実に学習できます。このシンプルな事実がウィリアム＆メアリー大学ロースクールにおける法曹技能プログラムの基本的前提となっています。18年間の運営の中でプログラムのデザイン、実施、修正を導いてきたその他付随するすべての方針は、この基本的前提に由来するものです。

　1988年以降、ウィリアム＆メアリー大学ロースクールの学生は全員、

法曹技能プログラムを受講してきました。4セメスターにわたって行われるこのプログラムは、総合的技能および倫理の発達を目的としています。そして、このプログラムでは、学生は12の小規模な模擬法律事務所（約16名）の一員になります。模擬法律事務所は、シニアパートナー（常勤または非常勤の教員）とジュニアパートナー（選考によって選ばれた3年生であり、彼らには給与が支払われる）によって率いられます。

このプログラムは1991年にABAのE・スミス・ギャンブレル・プロフェッショナリズム・アワード（E. Smythe Gambrell Professionalism Award）創設時の最優秀賞を受賞しました。当校ではそれ以来、独自のプロフェッショナリズム・アワードを毎年学生に授与することにより、ギャンブレル・アワードの精神を継承しております。我が校のプロフェッショナリズム・アワードは、プログラムにおいて次に述べる点で素晴らしい成果をあげた学生を12の模擬法律事務所より各1名選出し、表彰しています。すなわち、プロフェッショナリズム、社会奉仕、廉潔性、法実務技能の向上に対する弛みない努力、そして、実際に法実務技能の向上を遂げていること、という点です。

学生は、次のような科目に含まれる題材を文献講読や授業を通して学習します。具体的には、調査・文書作成、インタビュー、交渉、法文書起案、基礎裁判実務などを含む幅広い専門技能科目と専門職責任に関する科目です。法律家の行動を制限し指針となるような倫理的かつ法律的な原則と、法曹実務の教育を組み合わせることによって、関係するすべての題材、とりわけ専門的倫理規範にかかわる題材について、より深い有意義な学習をすることが可能になります。

教室での学習に従事する一方で、学生は一連の精巧なシミュレーションの中の法律家役を与えられます。法律家と依頼人の関係の始まりから、その論理的な帰結まで、各学生は依頼人役の人物の代理人となります。紛争の交渉による解決や交渉による取引という帰結もあれば、訴訟手続きの終了という帰結もあります。すべての事例において、監督役の法律家や反対当事者の法律家、同じチームの法律家、場合によっては裁判所職員との関係をコントロールしながら、学生は法律家と依頼人の関係を終始うまく対

処することが可能になる結末になります。これらのシミュレーションを通して学生は法実務の活動の練習を積むことになりますが、より重要なことは近い将来に身を置くことになる専門家としての人間関係に順応する力を培うことです。

　ガイド役として思慮深い教員と共に従事することが優れた行動を学習する最善の方法です。これは、実務修習（apprentice）制度の最大の特徴です。実務修習制度は、幸いにも、他に多くの欠点があったため衰退しました。それにもかかわらず、このように役割体験を基礎とする専門職概論を採用し、それを当校の方針にすることによって、他の教育プログラムでは期待できない方法で法曹界に入る者の専門家としての価値観を高めることができるのです。

　我々がプログラムを開始した数年後、マクレイト・レポート（MacCrate Report）とのちに呼ばれるようになったものにおいて、莫大な影響を与えた一連の改革への関心が述べられました。AALS（アメリカ法科大学院協会）、ABAのロースクール生部門（Law Student Division）、ABAの若手法律家部門（Young Lawyers Division）、ABAの法曹養成教育および法曹認可部門（Section on Legal Education and Admissions to the Bar）、全米司法試験官会議（National Conference of Bar Examiners）の代表など、さまざまな人物からなるグループによってこれらの提言がなされました。そのグループの5つの希望または提言のうち4つは、以前から我々のプログラムの使命を活かしてきた原則から容易に引き出すことができるでしょう。

　最初の提言は、「革新的な教育技術の利用も含めて、…倫理およびプロフェッショナリズムに関する教育の形式・内容を注意しつづける」ことを学校に促すものでした。法曹技能プログラムにおいてはシミュレーションにおける依頼人の代理場面に倫理教育を取り入れる戦略を用いており、できるだけ実務家が経験するような状況で学生は倫理問題の発見・対処を経験します。

　第2の提言では、「裁判外紛争解決策を…認識させる機会を学生に提供する」よう学校に促すものでした。裁判外紛争解決のスキルとトピックに

ついてはプログラムが明確に取り組んでいるものです。ウィリアム＆メアリー大学の各学生は、それなりに交渉と調停の両方に取り組んできているでしょうし、シミュレーションの状況下で利用できる紛争解決手段の選択について「依頼人」に助言を与える機会を得てきているでしょう。

　第3の提言では、「学生が法曹に触れるのはロースクールでの経験が初めてとなることを理由の一部として、最高基準の倫理とプロフェッショナリズムを備えた模範となる」責任を教員に課しています。プログラムでは、（約16名からなる）学生の小規模な「模擬法律事務所」のシニアパートナー役を教員が担います。プログラムにおいてシニアパートナー役も兼ねながら教鞭をとっている教員は、非常に幅広い法曹経験を経て職務に就いています。彼らの経歴には次のようなものがあります。小・中・大規模な法律事務所での実務経験、個人事務所、司法省やその他政府での実務経験、リーガルサービス、公共機関の代理人、検察官・弁護人・裁判官役を含む軍事裁判の経験者、ロースクールでの臨床経験などです。教員が実際に実務家の役を割り当てられるので、実際のロール・モデルとしての役立つ可能性が非常に高まります。

　第4の提言では、「弁護士行動準則模範規定（Model Rules of Professional Conducts）に基づくような、学生の行動規定を採用する…」よう学校に促しています。技能プログラムでは、シミュレーションを通して専門家としての倫理規定に従った行動を継続する責任を生徒に課しています。主にABAの弁護士懲戒および欠格手続基準（Standards for Lawyer Discipline and Disability Proceedings）に類似した懲戒処分が採用されてきました。

　プログラムを実施して現在18年目になります。この論文では、プログラムの運営・これまでの経緯・将来性について、とりわけ倫理教育手段としての効果に焦点をあてながら報告したいと考えています。さらに、なぜ我々がこの教育を1年生からの開始することが重要であると考えるかについても説明致します。

ウィリアム＆メアリー大学の法曹技能プログラムの詳細について

　法曹技能プログラムは9単位の科目です。この科目は法律および法律学習に関する概論の1週間のオリエンテーションから始まり、以後、4セメスターにわたって行われます。プログラムは絡み合った多数のトピックを厳密に提示することを目指しています。法曹技能プログラムは能力と倫理観を兼ね備えた法律家の育成手段となるよう努めています。プログラムの三大目標は、おおまかに述べると次のようになります。

1. 必要とされる法曹技能の教授および発達の援助
2. 法律家として直面するであろう倫理問題について学生の意識を高める
3. 伝統的な研究方法の補充・多様化

　プログラムは、多彩な題材および教育方法の利用によりこれらの目標を達成するよう努めています。このプログラムはロースクールの1・2年生を通じたカリキュラムですが、全く異なる学問的体験として他の授業内容から切り離されている訳ではありません。むしろ、このプログラムの主要な目標は他の科目の重要性を高めることです。

　その反面、おそらく最近の法曹養成教育に対する批判により密接に関連していると思われますが、プログラムでは多数の長年にわたる問題に焦点をあてるようデザインされています。それはすなわち、（教育）範囲への不満、ロースクールの人材への不満、正確なリーガルリサーチおよび書面作成に関するプログラムの欠如への不満。技能プログラムや臨床プログラムによって育成される学生が少数であることへの懸念。倫理観や専門職責任が、他の教科や「実社会」とかけ離れた「科目」として教授されているという深刻な懸念。多くのロースクール生がロースクールの入学時に感じている孤立感。そして、ロースクールが学生に提供する、チームの一員として法律に関する研究課題に参加するという機会が不十分であること、といったことです。

　法曹技能プログラムは、以下の項目を包含する責任を負っています。

- 法曹の歴史と構造
- 専門家としての倫理観
- リーガルリサーチ
- 法文書作成
- 法文書起案
- インタビュー
- 交渉
- カウンセリング
- 裁判外紛争解決策
- 申立ておよび開示手続を含む公判前実務
- 公判実務概論
- 上訴審実務概論

　2年にわたるプログラムの中で、こうしたトピックは何度となく扱われます。多くのトピックと技能は相互に関連しており、必要性を伴っています。例えば、学生がこの科目の核となる模擬依頼人の代理を事実上開始する以前に、彼らは専門家倫理の基本（とりわけ法律家と依頼人の関係にあてはまるようなもの）に接していなければなりません。さらに、学生はインタビュー技能を実践するためにその基礎を有していなければなりません。オリエンテーションの1週間は、1年生に科目を教授するにあたって非常に重要です。オリエンテーションの1週間に約20時間の集中講座がなければ、依頼人の代理活動はおそらく少なくとも第1セメスターの中頃まで待たなければならないでしょう。同様に、公判実務概論は本来上訴審実務概論に先立ち、模擬事件の1つが公判段階に発展するまで両講義が行われることはありません。

　法曹技能教育は、教室での授業と模擬依頼人の代理という同時に存在する2本の「レール」で行われます。依頼人のための代理活動はプログラムの中核的な方法であるため、プログラム全体は模擬法律事務所と効率的で法律上十分かつ倫理的なサービスを提供する必要性を中心に構成されています。

学生が体験するプログラムの構成

プログラムに参加するスタッフと学生は、「模擬法律事務所」、「ワーキンググループ」、「チーム」に編成されます。それぞれのクラスを12の「模擬法律事務所」に分割し、それぞれの「模擬法律事務所」は、一般的に学生約16名（アソシエイト役）、教員1名（シニアパートナー役）、3年生のティーチング・アシスタント1名（ジュニアパートナー役）で構成されます。各「模擬法律事務所」のアソシエイトは、およそ4名からなる4つの「ワーキンググループ」に分割され、その4名が更に2名ずつの2つの「チーム」に分けられます。

プログラムの中核は模擬依頼業務です。2年間にわたる科目の中で、アソシエイトは4人の模擬依頼人のために活動します。その4つの依頼のうち、2件は彼らが1年生の時から始まります。1年生時の2件のうち1件はその年のうちに完了し、他の依頼は2年生まで継続します。わかりやすくする為に、依頼人はA、B、C、Eと呼ばれます（プログラム開始時に依頼人Dは存在しましたが、その後管理上の理由によって断念されました）。すなわち、プログラム1年目の終わりにはアソシエイトは依頼人Aと会い、その事例を完了させますが、依頼人Bについては依頼に着手し、継続した状態で、依頼人CおよびEとはまだ面識がない状態です。

各依頼段階において、1つの事務所内の各4つのワーキンググループはそれぞれ異なった模擬依頼人の代理をするよう選任されます。結果として、それぞれの模擬法律事務所は4件の依頼人Aの事例、4件の依頼人Bの事例等々を代理することになります。そして、別の模擬法律事務所の4つのワーキンググループが、4件の（対立している）依頼人Aの事例、4件の依頼人Bの事例等々を代理するのです。それぞれの依頼人の段階は幅広い技能とトピックの教授を促進するよう意図されています。特定の依頼人のために行われる任務としてのサービスはワーキンググループの各個人が同時に行うこともあれば、ワーキンググループで共同して行うことも、各ワーキンググループの2名のアソシエイトがチームとして行うこともあります。後者の場合、ワーキンググループ内で任務に携わっていないメンバーは、プログラムのスタッフと共に参加しているメンバーの仕事ぶりを

批評する責任があります。我々はシミュレーションに高度なリアリズムを求めていますが、プログラムにおいて最も重要な教育目標はリアリティとシミュレーションをぴたりと一致させることで満たされるとは限りません。そこで、我々はできるだけ教育目標を損なわない程度にリアリズムを追求しています。

4人の依頼人の段階
依頼人A

依頼人Aの段階では、訴訟によらず、交渉による和解で解決することができる問題がアソシエイトに与えられます。ここ数年、依頼人Aは以下の問題の当事者です。すなわち、商業用不動産貸主・借主の争い、事業譲渡の契約違反として争っている個人、通行地役の紛争に関する実業家です。例えば、最初の依頼人Aは、法律家と連絡をとる以前に商業目的地の賃貸について交渉していました。この交渉の間に、当事者によっていくつかの限定的な書類が作成されていました。おそらく予測できなかった出来事によって将来の借主は商業目的の土地の見積り額を引き下げました。こうして、当事者は書類が詐欺防止法の要件を満たす強制力のある契約書になるよう作られていたかを分析し、議論する状況となりました。しかし、最終的に当事者が土地の賃貸借に依然として合意しているかどうかは未解決のままになっていました。学生は第1セメスターの初期に依頼人Aのために活動しはじめ、第1セメスター後半に終えます。学生は依頼人Aの段階で以下のことを行います。

- 依頼人Aのインタビューおよび記録用のメモランダムの作成
- 依頼人Aについて起こりうる利益相反の問題を分析した短い覚書の作成
- 事例における法律問題を法的に分析した非公開の覚書の作成
- 覚書を法的に分析した内容を記載した依頼人のための正式な意見書の作成
- 起こりうる交渉の準備のための再度のインタビューとカウンセリ

ングおよび記録用覚書の作成
- 相手方弁護人との交渉および記録用覚書の作成
- 交渉にもとづく仮合意書や合意提案書の起草
- 依頼人への合意書の提示

依頼人B

依頼人Bの事件は事実の争いと法的争いの両方が関係する民事事件です。依頼人Bの事件では、誘引的ニューサンス（attractive nuisance）や子どもの監護に関する不法行為事例や、パートナーシップの契約の違反事例、不動産取引の不告知による詐欺のおそれのある事例、任意雇用の解雇、さらに弁護過誤の事例などもあります。ロールプレイヤーに振り分けられる依頼人Bの事実は公判がほぼ確実であるようにデザインされています。学生は第1セメスターのほとんど最後の頃に依頼人Bの事案を開始し、第4セメスターのほぼ終わりの頃に任務を完了します。1年生の終わりまでに、学生は依頼人Bの最初の訴答書面を起草します。そして、2年生の最後までに学生は公判および上訴審段階を経験しています。学生は、依頼人Bの段階で以下のことを行います。

- 依頼人のインタビューおよび記録用覚書の作成
- 相手方弁護人との面会および記録用覚書の作成
- 裁判外紛争処理策および依頼人のニーズに対処するために利用できるさまざまな方法についての依頼人との協議
- 論争に対し一方当事者から提示される可能性のあるさまざまな主張を法的に分析した広範囲の公開用覚書の作成
- 特定の事例に関する訴答書面の起草（訴状・答弁書・反対訴答）
- 証人のインタビューおよび記録用覚書の作成
- 質問書の起草
- 相手方当事者の質問書に対する回答
- 申立ての提起または抗弁
- 公判準備

- 裁判所での事件審理
- 上訴人・被上訴人の一方として上訴の準備書面の作成
- 上訴審での口頭弁論

依頼人C

依頼人Cは刑事事件です。依頼人Cのために24件の刑事事件が作られており、プログラム全体で2つのワーキンググループが類似した模擬依頼人Cを代理することはありません。依頼人Cに関して、各ワーキンググループは1つの刑事事件の訴追または弁護を命ぜられます。各事例は公判の可能性がある重要な事実問題を少なくとも1つ有しています。学生は第3セメスターの最初に依頼人Cの事例に取りかかり、第4セメスターのほとんど終わり頃にこの事例を完了します。依頼人Cの事例では全ての学生が取引(bargaining)に参加します。取引に成功し決着がつくのは少数で、残りの事例（および決着した学生への交替事例）は公判と上訴の段階を経ます。依頼人Cの代理のためにアソシエイトは以下のことを行います。

- 依頼人・告訴人・検察側の主要な証人のインタビューおよび事件の着手
- 訴追側主張の適用罰条を法的に分析した覚書の作成
- 答弁取引に関する反対当事者相手側弁護士との会合
- 裁判所での事実審理
- 上訴人・被上訴人の一方として上訴の準備書面の作成
- 上訴審での口頭弁論

依頼人E

依頼人Eとは、プログラムの最後のセメスターで顔を合わすことになります。ある程度、依頼人Eは学習科目の仕上げということができます。第4セメスターの終わりに行われる倫理学の最終試験に備えて、授業が倫理的な規範および要件を復習すると同時に、依頼人Eはアソシエイトに重要でかつ倫理的な課題を与えます。依頼人Eは学生に法令の構造や行

政法の題材を慎重に分析するよう求めます。

依頼人Eは、それまでに法曹技能プログラムで扱われた多くの要素の一部を統合することが必要となる非常にやりがいのある問題を学生に提示します。例えば、アソシエイトは州の福祉局から支援を断られた依頼人を担当することもあり、この場合、連邦福祉規則を分析することが求められます。また、証券問題や税金問題、RICO法（Racketeer Influenced and Corrupt Organizations Statute）問題などを担当するアソシエイトもいます。依頼人Eの事例では、代理の過程において仮差止命令の請求や、時間的に切迫している取引を含めた緊急を要する問題の対処のいずれかが求められます。

ロースクールの関係者でないロールプレイヤーの活用によって、依頼人Eの段階のリアリティが増します。我々は大変恵まれており、新聞社の社員に新聞社の社員役を、病院の理事に病院理事役を、医者に医者役、実業家に実業家の役を演じてもらってきました。これまでの依頼人Eの結果は注目に値します。両親の同意を得ずに中絶を希望している10代の妊婦に代理を依頼されて悩んだアソシエイトが、代理から免れるために感情に訴える主張をしました。また、我々の「裁判官」は夜遅く仮差止命令の請求の電話を受けたことがあります。第三者が法律家と依頼人の関係に干渉したこともあります。そして、依頼人のニーズを軽視しすぎると法律家を叱った依頼人もいました。これらの徴候はすべて、依頼人Eの体験は学生にとって非常に現実に近いものであったことを示しています。

教育

プログラムの教育には多様な形式があります。すなわち、文献講読、さまざまなクラスミーティング、批評会（activity critique）、書面による批評、パネル・ディスカッション、1・2年生アソシエイトの交流会などです。正式な教育はオリエンテーション週間から開始されます。

オリエンテーション週間

法曹技能プログラムは、2・3年生が学校に戻ってくるよりも1週間早

く始まります。その1週間で新入生は感動的で刺激的な歓迎の挨拶を受け、さらに、司法制度、判例、判例分析および報告書作成（briefing）を取り扱う集中講義と、専門家と依頼人へのサービスに関する概論の授業を受けます。アソシエイトは初めての模擬法律事務所での活動で事務所のパートナーやその他の参加者と対面します。法律事務所での活動には、依頼人へのインタビューや、事務所のメンバーが依頼人のインタビューで集めた情報をもとに非公開の覚書を準備することなどがあります。オリエンテーション週間では学生に法曹技能やその他の1年生の授業に向けた準備をさせるだけでなく、法律事務所という概念に社会的で専門的な枠組みを作るよう構成されています。

　オリエンテーションでは、その他の科目に先立って約20時間の集中講義が行われます。この期間中に学生は他の科目の法的分析に備えるための授業を受けます。また、学生は図書館の利用方法を学び、法と実務の性質と専門家について学びます。そして、法律家と依頼人の関係とインタビュー技能を教えられ、初めての法文書を作成します。オリエンテーション週間に続いて、学生が大規模な批評を行います。彼らの意見からはオリエンテーションの1週間に対する並外れた満足感が伺えます。そのような学生のコメントをいくつか紹介しましょう。

- 〇　オリエンテーション週間のお陰で自信がつき、ロースクールへの恐怖感が軽減しました。ウィリアム＆メアリー大学は、学生一人ひとりがロースクールにとって重要な存在であるとして、個々の学生を非常に大事にしていると感じました。
- 〇　オリエンテーションの間、先生方の溢れんばかりの温かさ、熱心さ、そして思いやりは、明らかに学生を落ち着かせる効果がありました。先生方の高い教育目標への献身に、私個人は感動し、刺激を受けました。
- 〇　私は倫理と法に総合的に重点が置かれていることに大いに満足しています。倫理規則を状況に取り入れて考えることは、私の実際の法律学習を支えてくれます。

○　オリエンテーション週間はロースクールへの移り変わりを円滑にしてくれました。法学に対する未知の意識が和らぎました。
○　先生方の様子から、ロースクールとは冷酷な場所というイメージが和らぎ、より人情的な場所であると感じました。

文献講読

　法曹技能プログラムの内容が非常に多岐にわたっているため、文献講読も多様な情報源から選ばれ、さまざまな題材に焦点を当てています。それらは、購入した教科書や、図書館に所蔵されている資料、オリジナルの資料から選ばれています。例えば、アソシエイトに交渉について教授する際には、技能と倫理の統合という我々の目標を心におき、文献講読は技術を教える題材で、かつ、交渉場面で生じる関連する倫理問題を論じている題材から選ばれます。

クラスミーティング

　法曹技能プログラムには多岐にわたる目標があるため、クラスミーティングにも多様な形式があります。標準のクラスミーティングは、およそ16名のアソシエイトで行う模擬法律事務所のミーティングです。教室での授業のほとんどはこの少人数のグループ形態を利用して行われており、綿密な議論をしやすくするためにより少人数のグループが用いられることもあります。いくつかのトピックは、およそ80～110名の大規模なグループミーティングの中で取り組まれています。その他にも、いわゆる「合同事業体」ミーティングと呼ばれる、3つの模擬法律事務所の学生が合同で行うというミーティング形式もあります。次のようなトピックについては大規模なグループで取り扱われます。すなわち、書面作成技能、覚書や文書の起草などに関する一般的な議論と、交渉、カウンセリング、口頭による弁論、刑事法実務の本質などに関する初歩的な議論、そして、リサーチ、法廷実務、倫理的な法曹などのトピックに関する議論などです。

　より大人数のグループで議論するトピックは、以下の3つの要因によって決定されます。第1に、非常に一般的な本質を持つトピックである場合。

大規模なグループ講義形式は、特定の活動に取りかかるまでにアソシエイトが有していなければならない情報の本質をより効果的に伝えることができます。第2に、限られた法曹技能プログラム教員、場合によっては客員講師（invited speaker）、が有する特別な専門知識の範囲にトピックが含まれる場合。このような場合、我々はクラス全体のために専門知識を提供してもらいます。第3に、我々は時々授業時間を利用してある特定の活動を実演しています。これらの実演のうち、いくつか（例えば、申立てに関する議論）は数回のみ行われますが、本質的には大規模グループに対しても同様の効果をもたらすものです。

　法曹技能プログラムの教員はプログラムが実施される 52 週の各週について、クラスごとに授業ノートを用意します。授業ノートには、クラスにとって重要であると思われるポイントだけでなく、追加的に提案されたポイントや題材が含まれます。このノートは、個々の模擬法律事務所のミーティング間において高度な画一性をもたらすように、しかし、取り扱う題材に対する各教員の独創性を損なうほど束縛しないように、明確にデザインされています。

　さらに、法曹技能プログラムは、1 年を通じて、法曹の多様性に関するパネル・ディスカッションやプレゼンテーションをキャリアセンター（Career Planning and Placement）と共催しています。このようなプレゼンテーションは、当校のシミュレーションが最も顕著に表現している法律事務所という選択肢以外の、法律に携わる職業に学生が接する 1 つの方法です。そして、法曹技能プログラムは法律家の薬物濫用や、さまざまな時事問題に関する講演会を共催しています。

批評

　アソシエイトはプログラムで行った多くの活動についてスタッフから批評を受けます。活動に関する批評は一般的に、活動後直ちに口頭でなされます。また、アソシエイトはお互いの仕事ぶりを批評するよう指示されます。それは時に文書で行われます。ビデオや DVD の録画装置によって、より大きな効果をアソシエイトに与える、詳細かつわかりやすい批評を提

供することが可能になりました。さらに、それによりアソシエイトも自らの活動を客観的に見ることが可能になりました。

アソシエイトは、プログラム中に数多く提出したレポート（writing assignment）についてスタッフから批評を受けます。初めから完成した書面として提出するものもあれば、草案として提出し、スタッフから批評を受けた後に、最終的な書面として再度提出するものもあります。アソシエイトとの個人ミーティングはしばしば行われます。このミーティングは計画的に行われる場合もあれば、予定外の場合もありますが、その状況において重要な指導や批評が行われます。

スタッフ（Staffing）

プログラムのスタッフは、教員、ティーチング・アシスタント（以下TA）、司法司書（law librarians）、プログラムにおける裁判所書記官（clerk of court）役も務める秘書（secretary）1名、そして、ライティング・コンサルタント（writing consultant：書面作成の相談役——訳者注）1名で構成されています。

教員

プログラムは、常勤と非常勤の教員を配置しています。いくつかの例外を除いて、各教員は約16名のアソシエイトからなる1つの模擬法律事務所を担当します。プログラムの教員は次のような職務の責任を負っています。すなわち、授業、アソシエイトのさまざまな活動の監督・批評、アソシエイトの作成した文書の批評、個々の学生の成績評価、アソシエイトとの個人ミーティング、TAの業務の監督、そして、プログラム全体の運営への関与です。

当校の非常勤講師は幅広い実務経験と豊富な人生経験を経ています。小・中規模の法律事務所の出身であったり、検察官など政府の役所の出身者です。大規模な法律事務や企業弁護士としての実務経験があり、現在は常勤の職にない、子どもを持つ主婦もいます。また、ニューヨークや他の大都市での豊富な実務経験を持つ引退した法律家もいます。

ティーチング・アシスタント（TA）

プログラムには、14名のTAがスタッフとして参加しています。2名を除いて全員が3年生です。約16名のアソシエイトが1つの模擬法律事務所を構成しますが、3年生のTAは全員、1年生の模擬法律事務所1つと2年生の模擬法律事務所1つを受け持ちます。残り2名の2年生のTAは新1年生のアソシエイトの監督と管理義務を負います。TAとして2年生を少数選ぶことによって、TAが培ってきた知識を翌年へ継承することができます。

プログラムにおけるTAの職務責任は教員と同等のものです。TAはアソシエイトのさまざまな活動の監督・批評、学生の作成した文書の批評、プログラム全体の管理や方針決定への関与を行います。そして、模擬法律事務所によっては授業も行います。

司法司書

それぞれの模擬法律事務所では、J.D.（Juris Doctor：ロースクール卒業者に贈られる学位—訳者注）やM.S.L.（Master of Studies in Law：法学修士—訳者注）の資格を持つローライブラリーのスタッフ1名が法律事務所の資料係として参加しています。リサーチに関するトピックに費やされた授業時間数は計り知れないという点で、司法司書の参加はリサーチに関する指導の強化につながります。アソシエイトは所属する模擬法律事務所の資料係に指定された司書に援助を求めるよう最初に促されますが、勤務しているどの司書に対しても調査課題についての援助を求めることが許されています。アソシエイトは、所属している模擬法律事務所の資料係は事務所が現在取り組んでいる事案について精通していると考えており、それゆえ、司法司書からより的確な援助が得られるだろうと期待しているようです。

ライティング・コンサルタント

ライティング・コンサルタントは非常勤でプログラムに参加しています。その役割は、スタッフの訓練、学生の勉強会の実施、そして、個々の学生

と約束して現在学生が取り組んでいる文書作成の課題について助言を与えることです。

成績評価の方針

法曹技能プログラムは9履修単位（semester-hour）の科目です。この内の1単位は、プログラムの最後に実施される法曹および倫理に関する試験の結果に基づいて一般的な ABC 評価システムで成績をつけます。その他の8単位は優・可・不可で評価されます。法曹技能プログラムの1単位を落とした学生は、その落とした単位を無事取得するまでプログラムを継続履修することができません。そのため、学生は法曹技能プログラムに「参加できなく」なります。法曹技能プログラムを無事修了することが、卒業の必須要件になっています。

学生のモチベーションはまさに予想されているほど高いものですが、ABC 評価によって学生がさらにやる気を起こすかもしれないという意見があります。ABC 評価を行うことで学生のモチベーションを上げるという利益は、逆に、現在教員が学生の活動に非威圧的な評価を喜んで与えている同僚的な関係や世話人としての能力を犠牲にします。シニアパートナー役の教員から推薦状を得ることで当プログラムについての雇用主の意識が高まってきました。教員との同僚的な関係に弊害をもたらすことなく学生のモチベーションを高めるために必要だとされるものを提供することによって、こうした成果は ABC 評価の代用として用いられてきました。

運営 (governance)

法曹技能プログラムの規模ゆえに、ある形式の組織的な協調や意思決定機関が必要です。各教員は完全な学問の自由を保持しており、成績付与の責任を有しています。その上に、プログラムの運営自体はある程度模擬法律事務所の構造に影響を受けています。法曹技能プログラムのスタッフは全体としてプログラムに影響する主要な方針決定を行います。通常、プログラムのスタッフは毎月会議を開いて、重要な問題に関して適切な議論と決定を行っています。しかし、（常勤教員、非常勤教員、学生から構成さ

れる）27名が一堂に会する困難さから、時折、会議の間隔が開くこともありました。その間、重要事項は手の空いた教員と協議の上でディレクター（Director）によって決定されます。必然的に方針決定の要求を伴うような事項を含め、日々の運営はディレクターとアシスタント・ディレクター（Assistant Director）によって管理されています。実質的には、主要な決定はすべて合意によって行われてきました。基本的な協調体制が大いに成功していることはわかっています。運営本部による一般的な学生に関する諸問題の決定は、『法曹技能プログラムの方針・手続・規則（Legal Skills Policies, Procedures and Rules）』において発表されています。

倫理教育に関連するウィリアム＆メアリー大学の法曹技能プログラムの重要な特徴

　数々の特徴、とりわけ倫理および法曹に関する教育という点で、当校のプログラムは法律事務所の構成を模した他の技能向上プログラムと異なります。

　重要なことには、ウィリアム＆メアリー大学における法曹技能プログラムとは倫理・専門職責任を学ぶ科目です。つまり、倫理とは時間が許す範囲内でのみ取り扱うような副次的なトピックではないのです。むしろ、我々のプログラムの日々の指導は倫理教育の要求に基づいているのです。倫理への配慮は2年間にわたるプログラム運営の各段階に行き渡っており、幅広く多様な観点からアプローチされています。次にこうした多くの観点や特徴について述べます。

倫理に触れる体験をさせる

　プログラムは倫理問題について、ある一定水準の体験学習を学生に提供しています。シミュレーションの状況の中で倫理に取り組むことにより、その擬似体験は単なるゲーム以上のものになるのです。本物の依頼人と向き合う体験から得る感情に対するインパクトの大きさは、シミュレーションにおける依頼人の代理体験のインパクトを上回ることについて疑う余地もありません。しかし、倫理教育を取り入れながら実際のロールプレイヤー

(live role player) を利用することによって、シミュレーションを単なる競争ゲームから、より真実味があり、現実感のある依頼人への代理活動へと変化させました。例えば、交渉の戦術の教授と共に、交渉の中に含まれる真実を述べるという倫理観を力説することによって、単に敵を「打ち負かす」のではなく、それを越えた本格的な依頼人と法律家の目標への配慮を行き届かせた交渉体験にすることが可能になります。法曹技能プログラムのこの一面は、多くの実務技能プログラムに含まれているゲーム性についての学術的批判に対するものです。私は、この論文において説明している総合プログラムの指揮をとる以前に、法文書作成科目や模擬クリニック、本物の依頼人によるクリニック、裁判外紛争解決科目、法曹倫理科目などを教えてきました。学生が実践活動において活用する戦略や戦術を考えるのと少なくとも同じぐらい、その活動において直面するであろう道徳的・倫理的ジレンマを考慮しながら、その実践活動に従事する計画を注意深く立てている姿を見ると、嬉しく思うと同時に、倫理教育を技能教育から切り離す危険性を確信するのです。

文献

倫理に関する文献はさまざまな情報源から選ばれています。弁護士行動準則模範規定に関するテキストに加え、学生は次の文献を読んでいます。我々がプログラムのために開発した出版物。これは現在いくつかの学校においても利用されています。そして、利害関係の問題を提起する最新の新聞や雑誌の記事です。

クラスでの議論

教室での体験は、ほぼ常に倫理的な要素が含まれています。ほぼ毎週行われる模擬法律事務所のミーティングは、しばしば学生にとって倫理的な側面を有しています。ミーティングでは、例えば、まもなく終了する、または最近終了した、交渉、インタビュー、申立ての審理、公判などについて話し合います。いろいろなクラスがあります。割り当てられた文献や仮説事例についての伝統的な議論を行うクラスもあれば、特定の活動をデモ

ンストレーションするクラスもあります。また、特定の技能や活動を学生に実行させるクラスや、最近のトピックやさまざまな問題について模擬法律事務所内で議論させるクラスもあります。各模擬法律事務所におけるプロボノに関する方針を立てるため、ある特別なミーティングが開かれます。これらのミーティングでは、独立した法曹科目の中で同じトピックを議論するよりも、非常に活発でより現実的な議論が行われていることがわかっています。この方針は模擬法律事務所でのシミュレーションに適用するためだけに必要なものですが、たいていの事務所は、ミーティングでの議論の結果として、実際に公的活動（public service）にある程度従事しています。

　また、倫理・法曹の問題に関して比較的伝統的な大規模グループの授業が行われています（約18時間）。大規模なグループでの教育の大部分はプログラムの第4セメスターに行われています。我々はこれらの授業を次のようなことのために利用しています。すなわち、独立した法曹科目で扱われてきたと思われるすべてのトピックを、我々がこれまでに間違いなく取り扱ってきたか確認するためです。そして、2年間の在学中に模擬依頼人との体験でアソシエイトが接したトピックについて、学問的に議論する更なる機会を提供するためです。

文書作成

　2年間、模擬法律事務所のパートナーの要請により学生は多数の倫理問題に関する短い文書を作成します。学生は初めて訴答書面の草案を準備する際に、不真面目な主張や連邦民事訴訟規則（FRCP）11の問題に取り組みます。すなわち、最初の依頼人の代理によって提起される利益相反の可能性に取り組みます。そして、多数の計画書（審理計画に関するメモランダムなど）には倫理問題が関連する議論が含まれています。さらに、学生は倫理に関連する短いレポートを作成します。その課題は法曹界に加わるための学識をアソシエイトに提供しています。

模範となる多くの教員との接触

シミュレーションの状況下で、学生はシニアパートナーの教員のもとで活動します。さらに、学生は他の模擬法律事務所のシニアパートナーの仕事ぶりも目にします。ABAのプロフェッショナリズムに関する特別調整委員会（ABA Special Coordinating Committee on Professionalism）が提言するように、我々はプロとの最初の決定的な接触を学生に提供しており、さらに重要なことは、模範となる実務家のふるまいを提供しているのです。

懲戒手続

プログラムには弁護士行動準則模範規定の違反行為に関する申立てに対処する懲戒手続があります。プロフェッショナリズムに関する委員会が提言するように、学生は早い時期にプロとしての行動に高い水準を維持する厳しさに触れることになります。シミュレーションのリアリズムが倫理問題への細やかな視点を形成することを、この特徴が高めると考えられてきました。

依頼人役を演じる効果

長期間、特定の依頼人役を演じることにより学生が得る利益は我々の予想をはるかに上回っていました。多くの学生は依頼人役によってそれまで以上に依頼人のニーズに対して敏感になり、そのような依頼人役から実務での貴重な観点を得たと報告しています。さらに、数名の学生は、依頼人という役から、とりわけ法律家によって提供されたサービスが期待していたほどではなかった場合に、はっきりとした無力感を報告しています。

総合シミュレーション

プログラムの題材や、アソシエイトが行う模擬依頼人へのサービスは総合的です。このシミュレーションは、論理的な始点（最初のインタビュー）から論理的な帰結（和解交渉と付随する合意書の起草、または、調停による合意、上訴手続による終局など）までアソシエイトが依頼人を代理することが可能であるという点で総合的です。アソシエイトは自らが行った各

活動の結果を知ることができるため、その特定の活動についてより深く学んでいます。そのような総合性という明確な技能教育の利益に加えて、倫理教育の観点からもその利益はドラマティックです。交渉やインタビューの演習のような、始まってはすぐ終わってしまうような単発的な活動における倫理教育とは違って、学生は依頼人、反対当事者、反対当事者の弁護人、同僚の弁護人、裁判所職員などの役割についた人々と、事例の最初から最後まで、最長2年間付き合っていきます。例えば、不十分な関係になった場合には関係を修復しなければならないし、法曹の同僚の非倫理的なふるまいは適切な状況下で報告しなければならない。そして、法律家の行いの結果は現実化するのです。学生の活動期間が通常1セメスターを越えることはなく、特定の依頼人と学生の関係が短くて不十分な、本物の依頼人を利用したクリニックでさえ学生が自らの活動の結果を認識する機会はほとんどないのです。それらは法律家と依頼人の関係に関連しているためです。しかし、このプログラムでは最初から最後まで依頼人に関わることによって、長期にわたる日々の法律家の活動や関係の経験を通じてのみ沸き起こる、究極の法律家の倫理問題について考えるすばらしい機会を学生は得るのです。つまり、「私はいったい何者で、法律家として、人間としてどうなりたいのか？」ということです。

1年生から始める理由

アメリカの法曹養成教育における1年生は特別です。教育のスタイル、教授する科目、厳密さなど、すべてが1年生を法曹養成教育のその他の残余と区別しています。ロースクールは何が最も重要であるかを1年生のカリキュラムの中に込めて学生に伝えます。さらに、ロースクールは何が基礎となるのかを1年生のカリキュラムの中に込めて伝えます。

1年生の伝統的な授業科目とは、明らかに、のちにカリキュラムに登場するもののための積み木です。不法行為法、財産法、契約法はどこででも同じですが、たいていのロースクールは民事訴訟法、憲法、刑法も含めて、これらを基礎とみなしています。つまり、それらはカリキュラムの後半部分で他の科目をその上に築くための概念を提供していると考えられて

いるのです。弁護士の役を通じて得る弁護士倫理もまた、そのような基礎です。カリキュラムにおけるその他全ての科目は、依頼人の問題のプランを立て、司法制度の内外で争いを解決する点で法律家が果たす役割から提供されているものなのです。確かに、その他の各科目は依頼人のために法律を使うことによって法律家が代理で経験する法律の主要な部分に関するものです。それとは対照的に、法律家を管理する法律とは、どのような状況においてもすべての法律家に対して、法律家のふるまいを管理する法律なのです。

　1年生のうちに学生に法律家の役割を経験させる科目によって、学生がより明確な状況の中でその他の科目を正しく理解することが可能になります。当校の多くの学生から、特に文献講読の授業において、どのように事案が生じ、どのように法律家は活動し、どのように紛争が裁判のシステムに到達したかという知識を得ることによって他の科目への洞察力が身についたと思うという報告を受けています。プログラムが採用される数年前と比べて、プログラム開始後では学生は科目で取り扱う題材により迅速に、より自信を持って取り組むことができるようになったとプログラムを始めた1年目に報告しています。

　ロースクールカリキュラムの後半において、学生に本物の依頼人を利用したクリニックというより高度な体験型学習に従事する機会を与えるべきです。精巧なシミュレーション、つまり法律家の役割を学習するという科目がのちの実際の実践経験の基礎を築くのです。

　法曹養成教育は、その教育の初めにもっとも重要で、最も基礎となる題材を提示するべきです。法学教育のプロフェッショナル・スクールにとって法律家の役割ほど基本的なものはありません。法曹養成教育は間違えようのない方法でこの重要性を学生に伝えるべきです。従って、この種の授業は1年生から開始すべきなのです。

まとめ

　ウィリアム＆メアリー大学ロースクールの法曹技能プログラムは、倫理教育について、一般的かつ具体的に目覚しい結果をもたらしました。

プログラムは極めて高く評価されており、その功績も記録されてきました。プログラムに関する好意的な言及が、ABA ジャーナル（The ABA Journal）、プロフェッショナル・ロイヤー（The professional Lawyer）、ウォールストリート・ジャーナル（The Wall Street Journal）、US ニューズ＆ワールドレポート（U.S. News and World Report）などを含めた多数の出版物でなされました。さらに、ソル・リノウィッツ(Sol Linowitz)といった作家の方々からも、このプログラムに対して称賛の言葉をいただきました。そして、たくさんの法律雑誌掲載論文の著者からもお褒めの言葉を頂きました。

おそらく、さらに重要なことは、経験的なデータが次のような主張を支持していることです。すなわち、我々のプログラムはロースクール卒業生にプロとしての生活の備準をさせており、とりわけ、実務で直面する倫理問題の認識と解決にむけて訓練したということです。"Law & Contemporary Problems" 1995 年 58 巻 3・4 号 259 ページ以降の『専門家としての準備——専門家倫理問題に対するロースクール卒業生の認知度に関する比較研究（Professional Preparedness：A Comparative study of law Graduates' Perceived Readiness for Professional Ethics Issues)』において収集されたデータの一部が述べられています。とりわけ、実務における倫理問題の認識と解決に対するロースクールでの訓練に関して、卒業後 2 〜 5 年経ったロースクール卒業生の意見を評価した調査があります。ランク、学校規模がウィリアム＆メアリー大学と類似している 3 校と当校をあわせた 4 校の卒業生がこの調査に参加しました。法曹技能プログラムを経験者しているウィリアム＆メアリー大学の卒業生は、伝統的な専門職責任科目および技能カリキュラムを経験した他の 3 校の卒業生よりも、実務準備についてはっきりと評価しています。これらの結果についてはその論文の中でより詳しく述べてられています。

さらに、法曹技能プログラムの卒業生は、他校で本物の依頼人によるクリニックに参加した生徒よりも倫理問題に対する準備について非常に高く評価しています。たとえ、本物の依頼人を利用したクリニックにおいて同様の結果が得られるとしても、法曹技能プログラムのトレーニングは 1 校

のロースクールに在籍する全学生に提供されます。それに対し、本物の依頼人を利用したクリニックは、比較的わずかな数の学生に提供されるものです。

同様に、法曹技能プログラムの卒業生は他の調査回答者よりも実務で感じたストレスレベルが低いと報告しています。長期にわたるシミュレーションにおける実践経験によって、学生は実務の要求に親しみを増すことができるように思われます。それによって、学生はより楽に実務への移行ができるのです。同様に、ストレスレベルが低いということは、言い換えるとより実りの多い専門家的関係をもたらす結果なると考えられるのです。

模擬法律事務所構想

我々は、模擬法律事務所モデルは教育目的に非常に有用であるという信念を堅持していますが、そのモデルが誤解を招くこともなければ、限定的でもないことを懸念しています。将来就くことが可能な法律関連の職業の多様性を学生に確実に認識させることが重要です。プログラムを通じて、法律事務所での生活以外の可能性に学生を触れさせることが望ましいという議論はほとんどないように思われます。困難な点は、現在のプログラムの構成でその接触を実現させることです。現在のプログラム構成（特にプログラムで取り扱う題材の包括性）では、プログラム全体を通じて、または、一定の時間、法曹技能プログラムにおける模擬法律事務所を法律事務所以外の統一体にさせることを妨げています。

我々は、一年を通じて、法律関連の職業に関するパネル・ディスカッションを共催することで、学生にその他可能性に触れさせる努力をしています。そのパネル・ディスカッションでは、学生は刑事法実務や調停に触れることになります。しかし、もし次のようなことが実行可能であるならば、学生がより多くのことをなしうるであろうという一般的な了解があります。すなわち、学生がプログラムの一部に、特殊な法律事務所（例えば、企業弁護士や政府機関の代理人として行為をする）を選択するということです。プログラムを通じて学生が他の法律関連の職業により触れる機

会を提供するといったこの運営上の難題に対するクリエイティブな解決策を、我々は必ずや探求していかなければならないのです。

分権化と実験

プログラムが始動してから、運営本部による管理を通じて必要なレベルの一貫性を維持する一方で、我々はプログラム内で各模擬法律事務所に十分な自治を認めるという正しい道のりを歩むよう努力してきました。そうしていく中で、プログラムの軸となる規則が目標と、課題を達成するための手続のアウトラインを定めてきましたが、個々の模擬法律事務所にはその課題の実行についてそれなりの決定権を委ねてきました。我々は、過度に統制的な管理によって各模擬法律事務所のパートナーの創造性を妨げることになり、その一方で、あまりに統制にかける管理によってアソシエイトの経験が一貫性を失うことを恐れています。

ロースクールへのインパクト

倫理的で有能な法律家がどのようなものであるかを教えるというシンプルかつ教育的な使命はさておき、このプログラムはロースクールに多大な影響を及ぼしました。プログラムによってロースクールの文化は良い方向に変わりました。小人数グループの科目では、成績は関係なく、グループワークと責任に重点を置くことによってプログラムはコミュニティ意識を育み、意識を向上させることがわかってきました。新入生に向けてプログラムを開始する際に、我々は毎年このインパクトを強めています。3年間のプログラムとして、ロースクールは毎年かなりの在籍者が入れ替わり、コミュニティにかなりの数の新しいグループが加わります。たとえ1年や2年であっても、ロースクールの文化を無視することは学校のエトス（ethos）を変える恐れがあるのです。当校には1年生の小人数のグループと各グループに付いているジュニアパートナーの3年生が行うプログラム、および、1年生の授業開始前に行われる1週間のオリエンテーションがあります。これらによって学生は、我々のロースクールの礼儀、コミュニティの意識、奉仕の精神に対して心を一つにし、これを実現してきまし

た。TA の最初の1週間の主な職務は、入学した学生に、助け合いの精神を持った礼儀正しいコミュニティの貴重なメンバーの一員であるということ確実に感じさせることです。すなわち、「あなたはとても重要なメンバーです。あなたにここにいてほしいのです」と伝えることです。こうしたコミュニティ精神とそこに占めるプログラムの位置が我々のロースクール文化の維持にとって重要です。

　ご想像の通り、これほど意欲的なプログラムは、その発展が決して止むことはないでしょう。それどころか、常に「進化し続けて」います。特に倫理教育の手段としては、その分野における教授はさまざまな目標に対して実に柔軟であることがわかってきました。我々は、大量の資料を用いて効率よく教えるために大教室を利用したり、実例を用いて教えたり、法律家の役割を体験させ、その役割について熟考する時間を与えたりすることなどが可能です。倫理における重要なことの多くは、事例や規則の中にあるのではなく、その法律家の生き方の中にあるのです。多くの学生が日々の実務活動と倫理への理解が深まっていく様子を目の当たりにすることができ、非常に嬉しく思います。独立した授業での体験よりもこの環境のもとで学生はよりよい法実務を身につけやすいという事がデータによって明らかにされました。

結語

　20世紀の間、アメリカの法曹養成教育制度は、実務修習制度に基づいたまったく実務的なシステムからまったく学問的なシステムへ（もちろん、コモン・ローに基づいているが、その他の点では世界の他の国々の学部教育システムと違う）、さらに、プロフェッショナル・スクールに基礎を置いたシステムへと移り変わりました。そのような努力の中で、学問的なシステムは、非常に珍しい理論と実務のすばらしい関係の構築という、学問と実務の混合に発展しました。日本において起こったことは実務方向への移行を要求したものであって、理論の放棄を求めるものではありません。我々のプログラムはこれまで常にその2つに敬意を表し、それらを融合させるために行ってきました。関西学院大学ロースクールが取り組まれてい

る「模擬法律事務所構想」を称えたいと思います。この構想もまた、学生や教育機関、そして法曹にとって可能な限り最高な形で理論と実務との結合を求めているのですから。

【注】

＊　この論文は、2006年2月18日に大阪国際会議場で行われた関西学院大学法科大学院主催の国際シンポジウムにおける報告をもとにしている。

中西貴子 訳
（関西学院大学大学院法学研究科博士課程後期課程在学中）

〈原題〉
Teaching Legal Ethics in an Experiential, Simulated Skills Program :
Why the First Year?

パネリスト報告 3

関西学院大学におけるシミュレーション教育と模擬法律事務所の試み

池田直樹[*]

[略歴]
関西学院大学大学院司法研究科教授。弁護士（大阪弁護士会）。東京大学法学部卒業後、米ミシガン大学ロースクール卒業（LL.M）。
米ミシガン州弁護士資格所持。大阪弁護士会公害環境委員会副委員長、日本環境法律家連盟理事。
本研究科では、ローヤリング、環境法、現代損害賠償法実務、民事裁判実務Iなどを担当。

1 関西学院大学ロースクールの取組み

　関西学院大学ロースクールは、2004年度から2006年度までの文部科学省の「法科大学院等専門職大学院形成支援プログラム」のもと、日本のロースクールの中でシミュレーション教育に最も力を入れている大学の一つです。専任教員の半数を実務家が占めるという特徴を持つ本学では、司法制度改革審議会意見書が指し示す「社会生活上の医師」[1]と評価しうる高い学識、技能、倫理を有した法曹を組織的に生み出していくために、教育メソッドとしてシミュレーション教育が有効であることが教員間に幅広く共有されているからです。
　我々は、まずシミュレーション教育を法曹養成課程に導入する目的とその効果を確認するため、「正義は教えられるか」というテーマのもと、2005年3月に国際シンポジウムを開催しました。このシンポジウムでは、専門教育を受ける年齢層の学生にあっても、教育に携わる先輩から「あるべき像」を示されることにより、生涯にわたる専門家としての良き仕事（Good Work）につながる倫理観を習得することができることを確認しました。そして、その職業像やエートスを伝達していく手法としてのシミュ

レーション教育や臨床教育の有効性を欧米の事例から学ぶことができました[2]。

　次いで、2005年10月に開催した「変わる専門職教育——シミュレーション教育の有効性」と題した国内シンポジウムでは、国内の医学部、ビジネススクール、社会福祉系大学院や他のロースクールにおけるシミュレーション教育の実態調査に基づき、高度専門職教育におけるシミュレーション教育の広がりというトレンドを確認するとともに、職域を超えた共通性と職域に応じた差異について情報交換しました[3]。

　他方、この2年間、後述する「ローヤリング」のみならず、「民事裁判実務Ⅰ」「現代損害賠償法実務」「労働法」のほか、「刑事裁判実務」や「刑事模擬裁判」などで何人かの教員がシミュレーション授業を実験、実践してきました。

　今回の国際シンポジウムは、そのような理念と実践の上に立って、英国、米国および関西学院大学で実践されている具体的なシミュレーション教育に焦点をあて、当学院が目標としている模擬法律事務所構想のさらなる具体化と汎用化を図ろうとするものです。

2　シミュレーション教育の意義

　シミュレーション教育は、知識の点では、学生自らが法の運用主体（弁護士）となって法規範を具体的事実に適用し応用してみることによって、実体法や手続法について、より理解を深めることができるという利点を持ちます。

　次に、技能の点では、疑似的な社会関係の中で、法的なコミュニケーション能力を高める場面を提供することができます。

　そして倫理の面では、自らが法の運用主体として、倫理的に困難な問題に直面し、人間的な判断を迫られるという疑似体験を通じて、机上の学習だけでは血肉となりにくい基本的な倫理をより深く学ぶことができます。

　他方、教育を行う側からすれば、第一に、教育効果に配慮した教材を多数の学生に同一条件のもとで与えて、教育の質を均一化することができ、

第二に、限られた時間の中で、事実や手続をコントロールすることができ、第三に、学生が失敗しても依頼者に対する責任が生じず、全員の学生に主体的に課題を取り組ませることができる点で優位性があります。

3　模擬法律事務所構想

　我々は、欧米の法曹教育の歴史的変遷を概観する中で、近年、臨床教育やシミュレーション教育が重視される流れがあり、我が国における法曹教育はその歴史に学ぶ必要があることを理解しました。さらに、近年、アメリカのロースクールにおいて「バーチャルローファーム」というプログラムが実践されていることも知り、2005年にはその現地調査を行いました。

　振りかえれば、我が国における法律教育においても、刑事模擬裁判の伝統はあります。また、近年、シミュレーション型の法律相談などが司法研修所教育でも取り入れられるに至っています。とすれば、民事の分野におけるひとつの授業において、班分けした学生に裁判外の法律相談、交渉、調停などの手続を実践させるという構想自体はさほど難しいことではありません。

　ただし、そのようなプログラムを一つの授業での試みにとどめず、関西学院大学ロースクールの主として実務系科目のカリキュラムの統合と再編に生かしていくとともに、基礎科目についても簡易なシミュレーション教育を一部導入していくことは容易ではありません。そのためには、まずシミュレーション教育の特定の授業内での実践を通じて実績をあげたうえで、その手法を他の授業にも広げていくプロセスが必要です。そこで、2004年から2006年にかけて、亀井尚也教授と私が担当している「ローヤリング」を中心に、模擬法律事務所構想を意識したシミュレーション教育の実践を行うこととなりました。

4　ローヤリングとは

　ローヤリングは、法曹としての基本的技能を実践を通じて身につけさせ

る科目です。基本的技能として、①事実や証拠の収集能力（例：依頼者との面談技能や調査）、②事実に基づく法的分析能力（例：予測される結果のフローチャートの作成）、③専門職としての役割や法曹倫理の理解（例：依頼者への説明義務や利益相反問題への対応）、④紛争解決能力（例：依頼者の説得、相手方との交渉、手続の選択、Win-Win 型解決案の提案など）の習得が目標とされます。

5　2004年度の実践と反省

　2004年度後期のローヤリング（週1コマ、90分、2単位、14回）の内容は表1（148ページ参照）のとおりです。受講者は各クラス10名から14名（合計4クラス）であったため、各クラスで2班ずつ作り、教室を2つ確保しました（相手方と完全に別れて打ち合わせや議論を行うため）。

　2004年度に行った交渉および調停を通じた授業の概要と反省点については、既に「模擬法律事務所への調査と実践」において詳しく報告しました。

　要約すれば、交渉事案においては、①学生が事前の交渉理論の学習にもかかわらず、ゼロ・サム型交渉に傾いていたこと、②交渉決裂時の不利益を十分に検討せず、それを避けるための最善の代替案（BATNA）の準備が不十分だったこと、③同じシナリオで同じ依頼者役であっても班によって意向や納得度が変わってきたこと（紛争解決過程における各プレイヤーのあり方が結果を左右するという「化学」の面白さ）、④教育効果を高めるための即時のフィードバックの重要性、⑤弁護士に対する依頼者の対応のあり方が教育上きわめて重要であること、⑥ Win-Win 型解決を考えさせるためのシナリオ改善の必要性などがあげられます。

　調停事案を通じては、①時間不足の中で、フィードバックが疎かになり、各プレイヤーの行動の分析と批判が不十分だったこと、②特に学生弁護士の当事者との打ち合わせ時間が不足し、説明や説得が不十分だったこと、③適切な当事者役の確保が重要であることなどが浮かび上がりました。

　全体を通じて、学生のモチベーションは極めて高かったのですが、当事

者の利害調整や感情への配慮、コミュニケーション論に関心の重点が移り、前提としての法的分析が甘くなる傾向が見られました。それは学期末テストに顕著に現れました。ローヤリングという実習科目の成績評価のあり方は一つの論点でありますが、医学部のような実習テストが開発されていないため、①事案を法的に分析したうえで、②当事者の利害状況や人間関係を考慮した解決案を提示する筆記問題を出しました。この試験に50点という大きな比重を置いたため、テスト結果が極端に悪い若干名について落第とせざるを得ませんでした。

6　2005年度の実践

　2005年度における変更点は表2（149・150ページ参照）のとおりです。
　まず、模擬法律事務所構想を実践するために、方針定立以後の授業は、一つのクラスで学生を5人ずつ4つの法律事務所に分けて固定し、原告側被告側の固定ペアを作りました。また各事務所で名前もつけさせました。そして、法律事務所間での情報交換は禁止し、逆に相手方の法律事務所との授業間の書面やメールでのやりとり（文書や証拠書類の要求など）はむしろ奨励しました。
　次に、職業的俳優による当事者役という設定は、長期的なロースクールの教育プログラムの設計上は難しいため、医学部における模擬患者（SP=Standardized Patient）プログラムに協力している「岡山SP研究会」と「神戸SP研究会」の全面的協力を得て、市民ボランティアによる模擬依頼者（SC=Standardized Client、またはSimulated Client）が当事者として参加することとなりました。
　第三に、実習直後の第三者（他の学生、教師およびSC）からのフィードバックを重視することとし、授業中の実習時間を相当厳格に制限し（法律相談時間を30分とするなど）、必ず授業中にフィードバックを行うこととしました。さらに、本人の振り返りを促進するために、実習後は必ず実習レポートを提出させ、実習の振り返りと反省点や気づきについてコメントさせました。

第四に、そういったフィードバックや打ち合わせ時間を確保するために、交渉と調停は一つの事案が法律相談から順次発展していくものとしました。取り扱うケースは減少しますが、一つの事案を最初から最後まで取り扱ってみる体験を重視しました。内容的にも2004年度よりもWin-Win型の解決ないし利害調整を考えやすい事例に置き換えました。

　最後に、「方針樹立」においては、新しく不動産管理のトラブル事例を入れましたが、これについてはあえて同じ事件について同じ法律事務所に原告側と被告側の双方の立場を経験させました。交渉や調停のシミュレーションを行うに先立ち、一つの事例でも視点を変えると全く違う事実や利害関係や感情の問題が浮かび上がることを理解させ、交渉や調停においては、相手方の持つ情報を入手したり、相手方の主張や利益、感情を考慮に入れた解決方針を考える必要があることを経験させる趣旨です。

7　2005年度の授業の抜粋（DVD）

　以下の事例は、兄が亡くなった弟の嫁（以下「義妹」という）に対して、

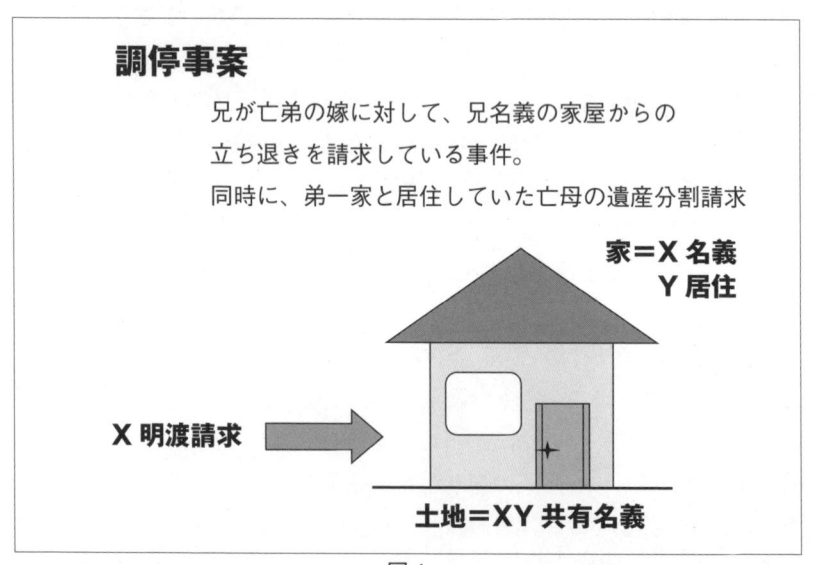

調停事案

兄が亡弟の嫁に対して、兄名義の家屋からの立ち退きを請求している事件。
同時に、弟一家と居住していた亡母の遺産分割請求

家＝X名義
Y居住

X明渡請求 →

土地＝XY共有名義

図1

弟の死後に、兄名義の家屋の明渡を請求している調停事件です。図1にあるように、土地は兄と弟の共有名義ですが、兄は実質的に弟が負担すべき代金も自分で支払ったので、土地はすべて自分の所有だと主張しています。家屋は兄の単独名義です。その意味では明け渡しに関しては、法的には兄が強いです。他方、義妹は、兄名義の家で長年夫とともに義母の面倒を看てきて最後は看取っています。家賃は支払ってきていませんが、それを上回るだけの義母の介護を行ってきたという思いがあり、義母の死、夫の死と続いた後に、出て行けと言われるとはあまりに酷いではないかという心情面、道義面での優位性があります。さらに、義母から亡夫を通じて義母の預金の相続問題があり、その点では義母と同居し、面倒を見てきた義妹側に分があります。最後に、経済的には兄に余裕があり、義妹には老後不安があります。これらの利益状況をまとめたのが下表です。

◆法的な両者の優劣関係

	家屋所有権	土地所有権	家屋使用権限	相続
X	○	△	○	×
Y	×	△	×	○

◆経済的な両者のバランス

	土地取得	家屋取得	家屋利用管理	母看護・介護
X	－（Yへ）	＋＋（母より）		
Y	＋（Xより）		＋－	－－（母へ）

◆感情的・道義的なバランス

	家への愛着	母の面倒	明渡請求	将来展望
X	幼少期から	看ず	権利意識	安定
Y	結婚から	長年苦労	被害意識	不安定

この問題の出題の意図としては、義妹が家を出るのであれば、相続その他の条件面で大幅な兄の譲歩が重要であること、他方、義妹が土地・家屋を買い取るという方向での両者の調整が可能かの検討が必要であること、その両面から調停案を考えさせるというものでした。

まず、初回の義妹側の法律相談のDVDの一場面です。なお、発言の中で「市郎」は兄、「治郎」は弟、「奈津子」は義妹、「冬彦」は義妹の息子、「イホ」は義母を指しています。

① 北野総合法律事務所（義妹側）による初回相談
義妹側代理人1：えーっと、まあ、あの、突然、あの、機嫌よく住まわれていた家を出て行けという風にまあ、お兄さんに、突然言われたということで、まあ、ご心痛お察しいたします。
あの、一つあの、事情をお伺いしたいのですが、まずあの、えっと、田島さんはどうしても出て行かなければいけないのかどうかというとこなんですが、といいますのは、場合によっては、あのー、引っ越してですね、その、お金で解決するという方向で……

義妹（SC）：私が出て行くって言うことですか？

義妹側代理人1：はい。

義妹（SC）：そんなのはないでしょう。私が住んで当然だと思いますけど……考えられません。

義妹側代理人1：ただ、あの、お気持ちは分かるんですが、お兄様の方もまあ、おそらくそれなりのことをお考えだと……

義妹（SC）：おかしいじゃないですか。

義妹側代理人2：そうですね……あの、今住まれているおうちから退去する意思はないということですね。

義妹（SC）：今更ですね、私、もう嫁いだときからずっとここに住んでいます。

義妹側代理人 2：もちろんそうだと思います。要するにもうお金で、解決ということは……

義妹（SC）：先生私の話を聞いてくださって、それで、私の相談ですよね。

義妹側代理人 1：**義妹側代理人 2**：ええ、そうです。

義妹（SC）：急にそんな出て行くっていうことを言われたら、もう私、どこへ行って相談していいか分かりません。

義妹側代理人 2：申し訳ございません。

　これは、まだ本人の意向を十分に聞き取る前に、既に得ていた情報から、いきなり依頼者に対して明け渡しという結論を前提としてその条件を聞き始めたことが、依頼者の強い不信感を招いた場面です。その後、フィードバックにおいて、率直に依頼者側からの心情の説明がありました。こういったフィードバックを通じて、学生は、法的分析以前に、依頼者のニーズや要求を十分にくみ取り、それに沿った法律構成や救済方法が考えられないかという発想で依頼者との協働関係を築いていく必要があることに気づくのです。

② 新月法律事務所（兄側）による第1回交渉前の方針説明

兄側代理人 1：まあ一応、こちらの主張としては、あの、建物も土地についても、あの、市郎さんのあくまでも単独所有やっていうことを言って、第一に言っていこうというので決まったんですけども……

兄側代理人 2：で、それで、あの、内容証明を、相手方に送りまして、それがこれになるんですけど。

兄（SC）：はあはあ、ちょっと拝見します。

　法曹倫理で弁護士の依頼者に対する説明責任や説明義務が強調されますが、法律相談を通じて依頼者と協議しながら方針を立て、弁護士が送った書面などについてきちんと説明をするというプロセスがシミュレーションの中で実践されている場面です。

③　おまかせ法律事務所（兄側）VS 上ケ原法律事務所（義妹側）による第2回交渉

義妹側代理人1：でもそうするとですね、その3万円（注：母が東京の兄に20年以上、月3万円を送金していた事実があるが、その趣旨は証拠上不明確にしてある）の性格っていうのはどういうものだったんでしょうね。

兄側代理人1：うーん、3万円っていう金額自体は、もう、まあ、金額的に多分そんなたいしたことのない金額かなと思うんで。

義妹側代理人1：まあ、月々に直せばそうですけど、でも期間がねぇ。20数年間ということになってしまうと……

兄側代理人1：これ多分ですね、あの、市郎さんが転居されて、建物に住んでいないのに、でもローンは支払ってもらっていたということですから、まあ、あの、住んでもらっているイホさんが、やっぱり、その、市郎さんはローンを支払っているのに住んでいないということもあるんで、まあちょっと、あのー助けになるかなと。まあ、そういう認識だったのかなあと思うんですけどね。

義妹側代理人1：そうするとじゃあ、市郎さんの生計の資本の一部としてイホさんが負担されていたということでしょうか。

兄側代理人1：ふんふんふん……

兄側代理人2：生計の一部までかどうかはわからないですけれどね。まったく、市郎さんの方でもどういう趣旨でお金をもらっていたのか母親に聞いたわけではなくて、もらってるというように聞いているので。

義妹側代理人1：でもやはりねえ、月々3万なりのお金が、逆に言ったら普通あの、親に対して子供が、ま、働いて親の家に住んでいた場合ですけど、入れるような性格のもんですよね、生活費、みたいな形で。でも今回の場合は建てた家、いや、住んでた家というのは、市郎さんがその当時は建てておられた。その所有権云々の話は別としても。で、えー、そこで3万円負担されていたというのも、ちょっとその性格が……市郎さんとしてわからないというのはどういうことなんでしょう。ですから、やっぱり、当初、何もなくイホさんの方から3万円ぽんと送られてくると、なんだろう。しかもそれが毎月も続いて、しかも何十年間も続いていけば、市郎さんとしても何か、そのお金の性質っていうのは考えられないですかね。何かどういう性質のものなのか。

兄側代理人1：これは、そうですね。その辺のことはちょっと市郎さんから詳しい話を聞いていないんですけれども、うーん、まあ、多分、その、住まわせてもらっている御礼みたいな感じって考えてもいいのかなと思うんですけども。生活の補助っていうよりは、まあ、御礼。うん。

義妹側代理人1：御礼……

兄側代理人1：御礼。まあ、その程度の話じゃないですか。ええ。

　この場面は学生弁護士同士の交渉場面です。兄の家に居住していた義母が長い年月にわたって東京の兄に送金を続けていたという事実の解釈をめぐってやりとりがなされています。法律的には、それが家賃の支払なのか、兄に対する生活援助なのか、それ以外なのかによって、家屋の使用権限や

相続における特別受益の問題に影響するため、特に兄側が警戒的に解答しています。解決に向かった前向きの交渉にはまだ遠いのです。

④ 新月法律事務所（兄側）VS 北野総合法律事務所（義妹側）による第1回調停（フィードバックを含む）

調停委員（教員A）：お二人の方からちょっと何か、最後、まあ、何か一言あれば。

兄（SC）：まあ、あの今も、あの、お話があったように、まあ、お袋をまあ、長く面倒看ていただいたということについてはね、まあ、これはあの、それはそれでまあ認めてはおりますが、まあ、何しろあの、ええ、今はあの、治郎のいない時代になりましたんでね（注：強調は筆者による）、その辺のまあ、私の考え方は、ご理解いただけるんじゃないかなという風に思います。

調停委員（教員A）：はい。

義妹（SC）：……（しばし沈黙）ええ、もう、今の言葉、受け止めさしていただきたいと思います。

調停委員（教員A）：……（しばし沈黙）はい。そしたらまあ、あの、長年のね、いろいろあると思いますけど、できるだけ、あの、まあ、亡くなった方々も皆さん、多分本来家族でね、みんな一緒に助け合っていこうということだった思いますので、是非、そういう方向でなんとかうまくいきますように私も少し、努力させていただきたいと思います。では、じゃあ、次回、よろしくお願いします。どうもありがとうございました。

〈フィードバック〉

義妹側代理人1：奈津子さんと市郎さんの感情面ですね、最後市郎さんは、母も看てくれたことは分かってる、でももう治郎もいないしねというのが

本音だと思うんですよ。で、奈津子さんもそれに対して、「わかりました」とおっしゃったので、あ、ま、この二人の人間関係としては根深いものがあるなというのを感じました。

教員A：鋭い感想。

義妹側代理人2：私もそんなふうに思いました。何かこう反論されるかなと思ったんですけど、ちょっと、いろいろためて「わかりました」っていうので、いろいろなことを思い出して、ああ、そういう気持ちだったんですね、と、こう、そういう風に受け止めました。

義妹側代理人3：さすが女性。僕ら何も思わなかった。

教員A：諦めも含めまして、わかりました、ということやね。

SC：SCからですけど、最初の、あのー、義妹側代理人1さんと義妹側代理人3さんの説明ですけれども、順を追って、私奈津子の心情に沿っての、なんか、お話のように思いました。で、不安に対してのフォローってすごくわかりやすかったですし、調停に立っても1人じゃないですよっていうお気持ちが伝わってきて、最後、なんか、思わず「胸がいっぱいです」という言葉が出ていました。そしてあの、調停になったら、あの、義妹側代理人4さん、かっこよかったです（一同笑）。そうです。あのー、一番印象に残った言葉は、「奈津子さんはもうとにかく今は、動く気力さえないんです」というところが、私の一番伝えたい部分だったなあという風に思いました。で、気持ちの流れとしては、買ってもらった方がいいのかなという風な心ももちろん動いて、やはり冬彦にばかり面倒かけるのはという母心もあります。最後はやはり、女性陣と池田先生がおわかりになったように、「治郎がいなくなった時代」という言葉にかちんと来たんですね。若干は悪いなと思ってくださったのかなあと思ったんですけど、あの言葉でちょっと覆されてしまった。

義妹側代理人1：明らかに家族じゃないっていう意思表示でしたね。

SC：そうでしたね。やっぱり突き放された感じがしたので、言葉が出なかった、というのが奈津子の思いでした。

　兄が義妹に長年の母の面倒を看たことへの感謝を述べつつも、「治郎もいない時代になりましたし」とポロリと述べた言葉に対して、しばしの沈黙の後、義妹が「今の言葉、受け止めさせていただきます」と述べたことをどう解釈するかというフィードバックの場面です。
　男子学生は、単に兄の感謝の言葉を義妹が感激して受け止めたと理解しました。しかし、女子学生らは、そこに義妹のあきらめとそれを前提とした決断を見てとりました。言葉の裏に秘められた真の感情をどう理解するか、人間としての観察力、洞察力が問われる場面です。上記のやりとりは、別にシナリオにあったわけではありません。模擬依頼者がその依頼者役として自由に演じる中で、それぞれ人間として自然な応対をしたのです。そして現実社会では行えない、その一連の行動や言葉の解釈を当事者を交えて振り返り、大きな気づきを得ること、それがシミュレーションにおけるフィードバックの強みなのです。

⑤　お助け庵法律事務所（兄側）VS 水落法律事務所（義妹側）による第2回調停

〈交互調停〉

兄側代理人1：ただですね、そうなると、こちらの払う金額がその土地代だけ、ということになりますが、まあ、他にですね、えーまあ、向こうはどこかにお住まいを探したりしなければいけませんので、その、探すお手伝いをしたりであったり、えー、引っ越しの費用について、えー、負担できる点については負担したい。あとは、えー、まあ、奈津子様が、前回おっしゃられたんですけども、お母様についてすごい、お世話になった部分が

ありますので、その点の、ま、感謝の気持ちを表すということで、まあ、その辺の費用を全部含めて、……50万円……

調停委員（教員B）：ふーん。……50万円。

兄側代理人1：……は、お支払いいたします。

調停委員（教員B）：さっきあの、引っ越し云々とかね、いろんなことも考えなきゃいけない。ま、実際、あれだけここに住み続けたいとおっしゃっていた奈津子さんがですね、あの、出て行っていただいて、こちらが土地の2分の1を買い取るという風なことの前提で、局面、変わってきてますよね。で、まあ、出て行っていただくという形になったときに、引っ越し料も含めて、いろんなこと込みで50万円と、こういうことなんですかね。

兄側代理人1：そうです。
　（中略）

　これは、義妹が家を出て行き、兄が義妹の土地の持分を買い上げるという基本的枠組みのもとで、義妹へのインセンティブとしての上積み条件をめぐる兄側代理人と調停委員のやりとりです。単なる上積み額の多寡以上に、お金に対する「意味づけ」が相手方当事者に対してどのようなインパクトを持ちうるのかということに対する学生弁護士の無自覚に対して、調停委員が戸惑っています。単に引っ越し代で50万というのではなく、あえて長年の労苦に対する感謝や引っ越しの費用も含めて50万という提示の仕方は、義母の面倒を看たという義妹の心情に対してはマイナスです。これもシナリオ無き流れの中で出てきたやりとりであり、フィードバックを通じて、その問題点が指摘されました。

〈同席調停〉

義妹（SC）：もう……あの、ええ、あの、兄さんからそういう言葉が聞け

るとは、思いませんでした。あの、そういう風に思っていただいて、ほんとに、よかったです。……はい。（涙）

調停委員（教員B）：そうしましたら、あのー、今日成立ということで、調書を作成をします。内容的には、遺産の、おばあさんの遺産の残っている分、預金615万余については、奈津子さんの側の取得とする、ということ。それから、土地の共有持分2分の1について、1400万でお兄さんの方が買い取る、ということ。明渡しの時期については、来年の7月末までとするということ。で、支払時期についてはそのときまでに、一括してお支払いいただくと。こういう風な中身にしましょう。

　それでね、市郎さんね、先ほどちょっと、奈津子さんに、「おばあちゃんのお骨の分骨は要りませんか」ということを問いかけたんですが、「いや、お兄さんのところにあれば、お参りにいつでも行けるので」という風なことでしたから、そのあたりは、日常的にいろんな形での、今後水に流していただいて、やっていただくということで、よろしいですか。

兄（SC）：長年、ご苦労様でした。私の方でもこれからまあ、こちらの方に帰ってくるわけですから、その辺も長男としてですね、責任を持ってきちっと守っていきたいと思います。まあ、いつでもお越しください。

調停委員（教員B）：よかったね。はい。そしたら、あの、両代理人ともご苦労様でございました。それでは、今日の調停はこれで成立ということで。ありがとうございました。

一同：ありがとうございました。
　（拍手）

義妹（SC）：ありがとうございました。……お兄さん、いい人なんじゃない。
　（一同爆笑）

シミュレーションは単なる「ごっこ」ではありません。真剣に取り組みがなされることで、実際の事件さながらの人間ドラマが生まれます。法規範を適切に用いながらも、利害や感情の調整にまで配慮した双方にとって納得のいく解決を、関係者全員の協働で作り上げたときの達成感、満足感は、自信とともに、学生にとって大きな財産になるはずです。

8　2005年度の反省と課題

　ついで、今年の実践から浮かび上がった反省点と課題について述べておきたいと思います。

(1)　模擬法律事務所の効用と課題

　学生を法律事務所として組織化することによって、授業と授業の間での学生同士の打ち合わせが自主的に促進され、学生内部での論議が白熱しました。社会人経験の有る者と無い者など、バックグランドの異なる者の意見交流が自然に行われました。ただし、組織に関する取り決めは一切行わなかったため、法律事務所内での意見や人間関係上の対立があったときに、宿題であった法律事務所としての方針案をまとめる苦労もあったようです。

　また、思った以上に、法律事務所間での実力差が浮かび上がりました。熱心な法律事務所とそうでない法律事務所とでは、依頼者や相手方に対する問い合わせの数や内容一つとっても、歴然たる差が生まれました。来年度以降、学生の組み合わせ（成績や既習・未習の組み合わせなど）に配慮する必要があるかもしれません。

　ところで、1クラス20人という編成のため、各自の主体的参加を保障する人数として1法律事務所を5人とした結果、同じ事案について、常に2組の交渉や調停が同時進行することとなりました。

　そのため、1回の授業について同時に4つの教室（小教室でよいが）を確保する必要があり、撮影についてもカメラが4台必要となりました。さらに、各法律事務所が行う打ち合わせについて全て個別指導を行うとすれ

> **２００５年度後期のローヤリング**
>
> 受講者：各クラス２０名（合計４クラス）
> 各クラスで５人ずつ４つの法律事務所（合計１６法律事務所）
>
> × ４クラス

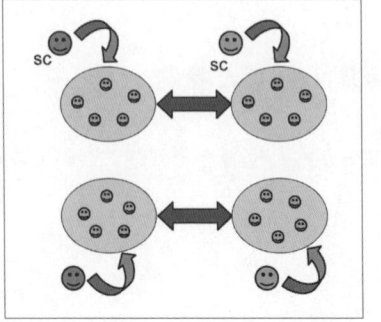

ば私以外に３人の指導者が必要となりました（実際には１人で２つ掛け持ちすることが多かったが）。また調停については、私が担当するペア以外のペアの調停を行う実務家が必ず一人必要になりました。

　こういった授業が４クラス（池田２、亀井２）で行われるため、１学年では１６の法律事務所が生まれて運営され、８組の交渉や調停が行われたことになります。つまり、交渉や調停が行われた週は、毎週、のべ１６人のＳＣが各法律事務所を訪れ、私や亀井教授を含めて８人ないし１６人の実務家が指導を行っていたことになります。

　このように、模擬法律事務所はプログラムを全体に広げれば広げるほど、指導のために多くの人的資源を必要とします。長い目で見れば、実務家教員が多いという関西学院大学の特性だけに頼ることは不可能であり、今後は、上級生によるTA制度や卒業生を軸とした若手実務家による有料ボランティアなど、指導体制について検討する必要があります。

(2) SCの効用

市民模擬依頼者(SC)は、思った以上に成功しました。模擬患者と異なり、長いシナリオを読み、主催者の意図に沿ってしかもアドリブを効かせて対応するということは、職業的俳優でない市民にとって決して容易ではありません。しかも、教育的配慮を持って学生に対してフィードバックを与えることは難しいことです。

にもかかわらず、概ね、我々が期待した効果を発揮した理由としては、何よりも、模擬患者として専門職教育にボランティアとして携わろうとする熱意と模擬患者としての経験と学習があげられます。また、岡山SP研究会のメンバーの場合、演劇の経験が活かされている面があります。

同時に、SCマニュアルの作成と事前の打ち合わせ、さらにはSCさんの熱心な予習といった地道な授業準備がありました。

逆にいえば、ある日突然、ボランティアを募集して依頼者役をお願いしても、決して狙い通りに動いていただくことは期待できません。主催者の教育的意図に沿うこと、学生には教育的配慮をもったフィードバックを行うこと、過剰な演技はしないことなど、SCにはやはりSC養成のための一定の教育プログラムが必要なのです。

また、仮に、熱意があったとしても、自らの人生経験をもとに、得々と学生を説教したり、所定の事実関係を勝手にゆがめたり、あるいは運営者側の意向（たとえば教員の意図として適度な妥協をお願いしてもそれを拒否するなど）を無視する人、あるいは紛争の本質や当事者の立場についての理解力を欠く人はSCには向きません。したがって、SC候補の中からより適性を有する人を選抜する過程も必要なのです。

したがって、今後は、関西学院の近隣地域（や卒業生）を中心に、SCボランティアを組織化するとともに、可能であれば今回SCとなっていただいた「岡山SP研究会」や「神戸SP研究会」の会員に、新たなSCの養成の指導を行っていただく「SC研究会」活動の一翼を担って頂ければと勝手ながら期待しているところです。

(3) コミュニケーション促進のための「ツール」ないし「システム」の必要性

　模擬法律事務所が稼働し始めると、授業外で、メンバー間はもちろんのこと、依頼者や相手方との連絡、交渉が活発化します。今年は、依頼者に対する問い合わせや質問や連絡については、教員である私のメールアドレスに連絡し、私がそれに回答等を行うとともに、学生の質問等に応じて、SCに対して意思決定の方針を示すようにしていました。

　しかしながら、事案は同じとはいえ、一人で8つの法律事務所の4組の交渉や調停の進行を混乱せずに管理することは不可能です。同じ事実設定とはいえ、法律事務所ごとのパフォーマンスに応じて、集められる情報には差が出ますし（要求がなされなければ出さない資料もありうる）、依頼者の納得度合も異なってきます。

　このように自由な発展がありうるドラマを同時進行させるとき、情報が混乱せず、かつ間に立った教師の負担を減らして、依頼者役との直接のやりとりをより活性化し、他方で、各法律事務所内と依頼者間では情報が共有されますが、相手方に対しては秘密が守られるような情報共有交換システムが必要です。

(4) フィードバックの重要性

　ローヤリングは実習科目です。実習の核心は、計画し、実践し、反省し、学ぶという経験値の深化のプロセスにあります。

　今年度のプログラムは、昨年の反省のうえに立ち、フィードバックの時間を確保し、さらに実習レポートの提出を義務づけました。長くなりますが、彼らが何を感じ、何を学習したのかを理解していただくために、学生のコメントをそのまま紹介します。

〈第1回の紛争解決ロールプレイについて〉

○　「よくありそうな事例」を通じて、紛争解決の解決規範としては、必ずしも法が機能するわけではないことを再確認することとなった。法は一つの「判断基準」となるものの、全てを仕切る規範たりえず、むしろ、条理、慣習、「部分社会の法理」的ローカルルール等の規範

が機能することが多いということをあらためて体感できた。また紛争解決には「適用規範の共通化あるいは共有化」が不可欠であることが理解できた。
○ 法律相談を受けた私たちがなすべきことは「紛争解決」という（両者共通の）目的に依頼者を導くことである。ここで「導く」といっても、単に、法律的解決策を提示し、従わすという事ではない。依頼者との対話から背景事情をよく聞き、当該紛争にあった解決策を複数用意し、どの解決策がよいか依頼者と一緒に考えることである。その際、解決策として、法律による解決策を羅列するだけでなく、依頼者との対話、相手方との対話から、紛争の原因、背景事情をよく吟味し様々な角度から解決策を出すことが求められる。法律家として求められる技能として「聞くこと」と「説得すること」はその一つであると考えられる。

〈はじめての法律相談ロールプレイについて〉
○ （相談者役）弁護士は、相談内容ははじめてであるからメモを取ることは必要だ。しかし、あまり相談者の顔を見ないのは、相談者としても不安になる。ここでは、法律家と一般人というのではなく、むしろ人間対人間のレベルでの自分が今まで形成してきたコミュニケーション力の一つとして、相手を受け止めるという能力が最も問われているのではないかと思う。
○ 司法試験のために法を学んでいる者が陥りやすいのは、法律要件と効果、そして趣旨は覚えているものの、これを生の事実にあてはめることができない、ということである。この欠点は法律相談において致命的になる。……事実は変動しうるもの、つまり一側面のみではなく、相手方の話も聞かなければ確定できない、相手の出方によって「事実」が異なっていくということである。
○ （前職の）コーチの仕事は、メンバーが試合に勝つという明確な結果を常に求められるわけではない。メンバーが楽しみ、抽象的な満足感を与えれば済む場合も多い。これに対し、法律家はそのアドバイス

が100％間違っているということがありうる。今回、「最低でも〇〇円はもらえますよ」と（間違った）答えをした自分を忘れることは出来ないだろう。これは事前準備を怠らない法律家を目指すきっかけとなるに違いない。

〈不動産管理事案での依頼者への方針説明について〉
○　メインとして相談を受けたが、紛争の起きた原因を解明するための質問を自分たちが考えたものを中心に話をしてしまったように思う。これは、結局、現時点での客観的解決策を探す作業にしかならない。ここで重要なものは、依頼者の一番守りたいもの、つまり「大口の顧客であるオーナーとの信頼関係の維持」である。この依頼者の目的をもっとも反映した解決策を提示することが関学アセットの弁護士としての役割であると思う。また、依頼者がこの目的を見失い他の利益を重視してしまうこともある。そのときに依頼者の主張を全部取り入れて反映させるのではなく、もっとも重要な目的が前提にあることを指摘して、依頼者を説得することも弁護士としての役割であると思う。
○　事前の法律構成としては、司法試験論文としてはそれなりに書けているような内容だったと思う。しかしながら、肝心な点をすっかり見落としていた。それは「当事者意思」である。相手が生身の人間であり、紛争を解決するためには、彼らの気持ち・意向を汲みながら、まずは裁判外紛争を想定し、解決案を複数提示する必要があったのである。まったく、自分の偏った視点にはあきれてしまう。
○　今回の紛争を司法試験の論文試験のように、法律上の問題点を拾い上げて、それについて淡々と論じるだけで解決することができるはずがありません。紛争には、さまざまな「人」が関係し、それらの「人」の思いや感情が交錯するものだと実感しました。弁護士が直接に向き合っていくのは、「事件」より一歩手前の「人」であると痛感しました。
○　面談が後半になって、相談者の真意、意向について、私たちが想定していたのとは違った面が明らかになったため、あらかじめ用意していた方針案とは違う方針案を急遽提案せざるをえなくなった。「事実

は動く、依頼者の気持ちも変わる」をまさに地で行く展開となった。相談者にとって、自己の保証債務履行義務が軽くなることだけでは、何ら終局的解決にならない、という状況が判明したが、法律論を離れて一般的な「親が子を思う心情」に思いを馳せれば、全くの想定外とはいえない事情といえる。今後は、より多面的に、「一般社会通念」「社会常識」「一般人の心理」というものを決して忘れないようにしていきたい。

〈交渉について〉
○　見通しの中心というものがなく、流動的であったため、相手の出方をうかがう交渉（お見合い型交渉）になってしまった。次回の交渉では、歩み寄りのための交渉として、お互いの主張をぶつけた上で、譲歩できる部分を模索していくようにしたい。また、依頼者に対する明確な見通しを示して依頼人の了承を得るという作業ができていないために、和解に必要な授権の範囲を明確に知ることができていない状態だった。そのため、依頼者の意思に反することをしてはならないと思い、消極的な交渉となってしまった。譲歩の部分について明確な依頼者の承諾のない段階では、交渉をしても弁護士の勝手な行動になり、後々依頼人からの信頼関係も破壊されてしまいかねない。今後、交渉の際には、依頼者との事前相談で、想定される最悪の状況を的確に説明し、理解を十分得ることが必要不可欠であると思う。
○　フィードバックでは依頼者から「親身になって自分の悩みを聞いてもらえてよかった」という趣旨のコメントをいただけた。やはり依頼者にまず信頼してもらうためには、何よりも依頼者とまっすぐに向かい合い依頼者の心の叫びに耳を傾けることであると思った。
○　交渉では、お互いに自分の正当性を述べ合うに留まり、和解案を提示することもできなかった。いくら正当性を述べても、第三者が判断してくれるわけではないので、仕方ないということがわかった。紛争当事者同士だけで交渉する場合は、相手の気持ちを動かす提案をなさねばならないと感じた。

○ 学んだ点として「仮に」と付言し、話を進めていくという手法である。限られた交渉時間の中では、お互いの主張を排斥しあうだけでは話が進まない。そこで仮に相手の主張を認め、話を進めるという手法が多用されており大変勉強になった。
○ 依頼者は、自分が持っている情報の全てを明かさないものだと気づいた。なぜか。問題は、自己に不利益な事情を話すことが自己に不利益な解決につながるのではと危惧し、あえて話さないときと自身で都合のよい解釈をして、事情を明かさない場合である。これへの対応は、自身にとって不利益な事情は、相手にとって有利な事情で、必ず相手から主張される。であるなら、事前にそれへの対応策を考えることが有益であることを、あらかじめ依頼者に説明することと、弁護士は依頼者のために全ての事情に基づいて、最善の解決を勝ち取るべく最善の努力をするものであることを示し、依頼者との信頼関係を早期に築くことであろう。

〈調停について〉
○ 母の世話という苦労や奈津子の今後の生活を考えると、市郎側が多少多めに支払うことがむしろ公平なのではないかと思いました。市郎側の弁護士でありながら、奈津子に同情的な気持ちがあったことは確かです。しかし、相手方に対する敵対心が消えていない状況で、依頼者にこのような事情をもって説得する方法は有効とは思えなかったので、訴訟になったときの金銭や時間の負担、現時点でかなえられる明渡という要求さえかなわなくなるリスクがあることを説明しました。その結果、依頼者も納得してくれて、一件落着となりましたが、市郎にとっては金額の点では奈津子に請求されるがままになってしまったなという思いが残ったのではないかと思います。依頼者の意思の尊重という点からは、もっと金銭を払わなくてもいいように強く出るべきだったのでしょうか。依頼者の意思を尊重しながら、専門家としての視点で紛争を解決していくことの難しさ、大切さを学びました。
○ 調停が無事終了したときは、シミュレーションながら、「ああよかっ

た」という安堵感とちょっとした達成感を感じた。と同時に、今回の結果は、市郎がかなり物分りがよく譲歩をしてくれた点に負う面が大きく、実際にはこううまくはいかないだろうことも感じた。やはり弁護士にとって、最大の説得すべき難敵は依頼人であることを忘れてはならないと思った。

○ （依頼者の）主張が通るとはとうてい思えないが、依頼者からかかる要望を引き出さないまま交渉を進めてしまったのは、依頼者満足の点からは不十分だった。結果として主張が通らないことと、主張を受け止めてもらえないのでは、依頼者の満足度合いが大きく異なると考えられるからである。

○ 調停等交渉によって紛争を解決しようと思うのであれば、自己の依頼人を説得しなければならない、裏返せば、相手方弁護士もこれに尽力しなければならないということである。両者にとって納得のいく解決を求めるのであれば、これは欠かせないだろうし、弁護士は法的紛争をサポートする職能集団であるのだから、お互いに相手が尽力しているであろうことへの信頼を裏切ってはいけないのではないだろうか。あくまで弁護士は依頼人のために職務を行うと同時に、客観的な立場にいることを忘れてはならない、と思う。ここでの客観的な立場からの説得とは、弁護士という職業から導かれる説得、紛争解決のための説得及び社会秩序維持からの説得を意味するが、客観的な立場からの説得には、依頼人の主観と離れ、最終的には依頼人の利益のために行う説得も含まれるものと考えられる。

○ 弁護士は依頼者に何ができるのか。本当に依頼者にとって紛争を解決するとは何なのだろうか。弁護士はどこまで踏み込んでいいのか。自分の仕事のみ機械的に行っていればいいのか。少なくとも私は、弁護士が溢れている紛争を処理していかなければならないことを理由にして職務を機械的に行うことが求められているとは考えられない。弁護士が何もしないことによって依頼人を精神的に追い込むこともある。せめて、権威主義的、高圧的な態度をとらずに気を配らなければならないと思う。まず、相手を理解し、尊重することが大切だろう。

○ 最後に解決に至ることができ、弁護士の仕事の一番良い部分を体験できたと感じています。争いがあって、それを解決することがこれほどうれしいことだとは思いませんでした。そのうれしさも、勝負に勝ったうれしさではなく、争いが終わったといううれしさです。奈津子さんの「お兄さん、本当は優しいんじゃないですか！」という言葉にも救われました。あの瞬間、紛争の解決だけでなく、田島家の将来の良い人間関係までが目に浮かび、今回の調停では過去の清算とともに将来の人間の幸せまで作り出したのだと実感しました。

○ （最後に上積みした）差額が法的限界と妥当な紛争解決という実質との溝を埋めたものと考える。市郎も、奈津子が永年にわたり母の面倒を看てきたことに感謝の意を示す意味で、十分に納得したうえで加算額を支払うことに合意し、奈津子も、市郎の気持ちを汲んでわだかまりを解き、両者が納得したことで解決に至ったといえ、納得することの困難さ、重要さを認識した。

○ 相手方のその言葉の裏に隠された真の要望を発見することが、紛争解決に必要不可欠であると考える。

(5) 実習の質の確保について

　シミュレーション型実習において、学生が行う紛争解決のプロセスや結果についての水準の確保をどう行うべきでしょうか。失敗が許されることがシミュレーション教育の利点であるとしても、「法的な判断の正確さ」や「社会的な利益配分の妥当性」や「依頼者の持つ感情への配慮」といった物差しを示して、学生のパフォーマンスに対して、適宜、介入しすぎない範囲でフィードバックを行い、一定のコントロールを及ぼすことは教育上必要です。最終的な成績評価とともに、実習が進行中の実習の水準のコントロールのあり方（その多くは教材のあり方に左右されるが、それだけには尽きない）はシミュレーション教育における重要な論点です。

8　まとめ

　わが国の伝統的な法の学習は、抽象的な法的概念を教科書や講義で体系的に学び、その社会への具体的応用（適用）例として、判例のエッセンスを副教材や演習で学ぶという方法が主流でした。そういった学習を経て、司法試験を通過した少数者だけが、司法修習生として実務に触れ、法曹が生の事実を前にして具体的にどのように法を使っているかを目の当たりにし、その後、実務の中のオンザジョブトレーニングを通じて、法曹としての知識や技能や倫理を身に付けてきました。それでもそういった法曹養成制度がまがりなりにも機能してきたのは、一つには、法学が要求する抽象的思考力と、難関の試験に他の人生の可能性を犠牲にしてでも挑戦するという志や意欲を強く持った学生が一定の時間をかけて知識を積み上げたうえで、特権的に2年間（現在は1年半）という比較的ゆったりとした修習期間を通じた先輩法曹との濃密な交流時間を与えられ、その人格的な影響を受けながら、法曹の良き伝統を承継してきた面もあるのではないでしょうか。

　しかし、大量合格者時代を迎えて実務教育は期間短縮を重ね、修習生は課題の消化に追われ、修習担当の実務家も間断なく訪れる修習生の指導に疲弊している現実があります。そのような中、法曹としての基礎的な素養や倫理観の涵養についてロースクールが果たすべき役割はますます増大しています。同時に、一方では社会人や理系出身者などの多様な人材がロースクールに流入している積極面はあるものの、他方で社会的経験（読書経験も含めてもよいかもしれない）の浅さや社会問題への無理解あるいは技術（マニュアル）志向の強さから、そもそもなぜ特定の法制度が存在するのか、社会の紛争の実態とその原因はどこにあるのか、といった「問題の所在」を理解していない学生も目につきはしないでしょうか。[9]

　とすれば、日本における専門職過程でのシミュレーション教育は、先輩法曹や法学者の指導のもと、専門家としての「常識」や「マナー」を培うため必要な最低限の擬似体験の場を提供するという現代的意義も持つのかもしれません。そうであるとするならば、法曹養成課程におけるシミュレー

ション教育は、コンピュータの仮想世界の意味で「バーチャル」なものであってはなりません。逆説的でありますが、それは可能な限り、専門家が経験する実世界に近い「リアル」なものであり、人と人とが衝突し、競争し、和解しあうようなストレスフルな刺激に満ちたものでなければなりません。模擬法律事務所構想は、その意味で、単なる一授業における教育メソッドを越えて、ロースクールの学生の日常生活に一定程度浸透し、その学校生活の文化を彩るような教育システムとして構築されていく必要があるのではないでしょうか。

【注】

* この論文は、2006年2月18日に大阪国際会議場で行われた関西学院大学法科大学院主催の国際シンポジウムにおける報告をもとにしている。
1 「司法改革審議会意見書」(2001年6月12日)は「司法部門が政治部門とともに「公共性の空間」を支え、法の支配の貫徹する潤いのある自己責任社会を築いていくには、司法の運営に直接携わるプロフェッションとしての法曹の役割が格段と大きくなることは必定である。……国民がその健康を保持する上で医師の存在が不可欠であるように、法曹はいわば「国民の社会生活上の医師」の役割を果たすべき存在である」と述べている。
2 このシンポにおける発表と関連する論文をまとめたものとして、『正義は教えられるか——法律家の社会的責任とロースクール教育』(関西学院大学出版会、2006年)という報告書が公刊されている。
3 当日配付した報告集として「模擬法律事務所への調査と実践」がある。本報告集は、『変わる専門職教育——シミュレーション教育の有効性』(関西学院大学出版会、2006年)に再録。
4 以上について細川歓子「専門職教育とシミュレーション」、注3掲載の報告書所収。
5 シミュレーション教育の実践に力を入れている学校として米NYUや米William&Mary大学などのほか、いくつかの大学院で臨床教育プログラム等を見学した。
6 日本初の当科目用教科書として名古屋ロイヤリング研究会編『実務ロイヤリング講義——弁護士の法律相談・調査・交渉ADR活用等の基礎的技能』(民事法研究会、2004年)。
7 亀井尚也「ローヤリングにおける試み(1)〈模擬交渉ロールプレイを振り返って〉」池田直樹「ローヤリングにおける試み(2)〈模擬調停ロールプレイを振り返って〉」、注3掲載の報告書所収。

8　ローヤリング技能を測定するためのパフォーマンステストは既にアメリカの一部の州の司法試験で筆記試験ではあるが実施されている。細川歓子・前掲・136頁。
9　Eleanor Myers助教授による「ロースクールにおける効果的なシミュレーション教育の構成および実施方法」という今シンポジウム用の報告にも「自分の経験と結びつけることができない複雑な問題解決を学生に求めても、クリエイティブな問題解決につながりません」として、法曹教育における学生の「経験」レベルにあわせた教材開発の重要性を述べている(本書86-87頁)。
10　James Moliterno教授の「体験型・シミュレーション技能プログラムにおける法曹倫理教育」という今シンポジウム用報告によれば、William&Mary大学ロースクールにおける模擬法律事務所プログラムは、「学校の文化風土を良き方向に変えてきた」としている(本書116頁)。やもすると、新司法試験対策に汲々とする予備校的な文化にロースクールが染まりそうなわが国の現状からすれば、学生同士が授業の課題はもちろん、社会に現実に生起している諸問題について闊達に議論するような学内「装置」が必要だろう。そして、そこでより興味関心を持った者は、実務家教員や研究者教員とともにクリニックなどの臨床教育を通じて、現実の問題にも取り組み、新しい解決策を問題提起するような、そういった文化と教育プログラムを創り出すことが理想である。

表1 2004年度後期のローヤリング

回	テーマ	目的	事案	手法
1	①法曹のモデル論 ②紛争解決学	①弁護士と依頼者との協働関係の理解、②紛争解決の多様性の理解	1つの土地の所有を争うきょうだいの事例(オレンジを奪い合う姉妹の事案の変形)	グループによる解決案の発表
2	法律相談とカウンセリング理論	権威主義的法律相談と依頼者援助型の法律相談の違いの理解	母に自分に不利な遺言書を遺され、妹らを疑う女性の相談者のビデオ事例	既製ビデオにおける権威主義型とカウンセリング型の事例を見て各自発表
3	法律相談の実践	実際に法律相談を実施し、理論の実践の難しさを知る	①2の相続事例の続き ②貸金事例	①全学生のロールプレイ ②代表による俳優との面談
4	法律相談の実践と事実の発見	法律相談における当事者からの事実収集と相手方の主張する事実との違いの理解	①3の②の承前、②簡単な貸金事例で借り手の言い分が異なるパターン	3②の学生の実習ビデオのフィードバックと既製ビデオの事例を見て各自発表
5	事案の法的分析と方針の立案	法律相談から受任に至る際の事実整理と法的分析と事実関係が不透明な段階での方針の立案のあり方を考える	所有者(共有)による家屋の明け渡し事例、ただし共有者間に考えと利害の不一致がある	時系列表と法的分析メモの作成とグループでの内容証明作成
6	方針の依頼者への説明	専門家として依頼者に十分な説明をし、説得することと、弁護士倫理(利益相反)	同上	俳優(2人)との面談交渉(2人が仲が悪い)
7	交渉理論	交渉理論を学ぶ	相続をめぐる教科書の事例(Win-Win型)	グループ討論
8〜10	交渉プランニングと交渉	実際に申立人と相手方代理人に別れて班ごとに交渉を実施する	不動産仲介業者とその客(市民)との仲介手数料の支払義務をめぐる紛争	X側とY側とで法律事務所を分け、守秘義務を課して交渉計画から交渉、依頼者との打ち合わせを行う。依頼者として俳優が1名ずつ各班に配置される
11	調停総論	ADRの役割を学ぶ	最終提案仲裁(ベースボール型仲裁)	交渉のフィードバックと双方の最終提案のうち仲裁委員が合理的な案を選択するという仲裁の実施
12〜13	調停の実施	実際に申立人と相手方の代理人に別れ、教師を調停委員として離婚調停を行う	生活能力のない夫と家計を支えてきた妻との熟年離婚	X側とY側とで法律事務所を分け、守秘義務を課して依頼者との打ち合わせや調停を行う。依頼者として俳優が1名ずつ各班に配置される
14	筆記テスト	事実整理と法的分析に基づく事案の見通しと解決能力を筆記試験で試す	相続と家屋の明け渡しの複合的事案	1番は不動産の所有占有の分析、2番は相続の分析、3番は不動産と相続を組み合わせた解決案の方向性の提示

表2　2005年度変更点

回	テーマ	目的	事案	手法
1	①法曹のモデル論 ②紛争解決学	①弁護士と依頼者との協働関係の理解 ②紛争解決の多様性の理解	1つの父の形見の時計を争うきょうだいの事例（オレンジを奪い合う姉妹の事案の変形）	①全学生参加のロールプレイ（きょうだい役）と②グループによる解決案の発表
2	法律相談とカウンセリング理論	権威主義的法律相談と依頼者援助型の法律相談の違いの理解	母に自分に不利な遺言書を遺され、妹らを疑う女性の相談者のビデオ事例	既製ビデオにおける権威主義型とカウンセリング型の事例を見て各自発表
3	法律相談の実践	実際に法律相談を実施し、理論の実践の難しさを知る	①2の相続事例の続き ②貸金事例	①全学生のロールプレイ ②代表による依頼者役（教師）との面談
4	法律相談の実践と事実の発見	法律相談における当事者からの事実収集と相手方の主張する事実との違いの理解	①3の②の承前、②簡単な貸金事例で借り手の言い分が異なるパターン	3②の学生の実習ビデオのフィードバックと既製ビデオの事例を見て各自発表
5	事案の法的分析と方針の立案と説明	法律相談から受任に至る際の事実整理と法的分析と事実関係が不透明な段階での方針の立案のあり方と説明を考える。利益相反の問題も入れる	賃借人からの賃料回収を怠った不動産管理会社社員からの法律相談	各法律事務所での事案分析と方針案の議論、SCとの打ち合わせと方針説明、その後にフィードバック
6	同上	同じ法律相談事案を立場を逆にして、相手方の視点で考える（事実の相対性の理解、相手方の立場への理解）	同じ事案の賃借人の保証人からの法律相談（前回の相談はなかったこととして反対当事者の法律相談を聞く）	同上
7	交渉理論・ADR	交渉理論やADR論を学ぶ	相続と家屋の明け渡しの複合的事案での法律相談と方針立案	予習課題の交渉総論の講義と昨年の学生の交渉ビデオを見て注意点を学ぶ
8〜10	交渉と打ち合わせ再交渉	実際に申立人と相手方代理人に別れて事務所ごとに交渉と打ち合わせを実施する	同上	兄と義妹側とで担当法律事務所を分け、SC（依頼者）が相談をし、事務所としての方針を決め、説明した後に受任。その後にフィードバック。8回後に内容証明を交換しておく。9回で交渉プランを立てSCに説明。その後に第1回交渉。第10回に第2回交渉（SCなし）。フィードバック

11〜12	①調停打ち合わせ ②調停実施（2回）	実際に申立人事務所が申立を行い、相手方事務所が答弁書を出したうえで、調停を行う	交渉事案の続き	10回後に調停申立と答弁書提出。実務家教員が調停委員となり、学生がSCと打ち合わせをしつつ、調停（2回）を進行させる。実務家教員が各チームを指導する
13	調停条項の作成と全体の反省	調停条項の作成、全体の振り返りと反省	同上	調停条項を作成する。学生のビデオ（相手方の打ち合わせシーンも初めて見る）を全体で見てフィードバック。紛争解決における調停の役割を総括（SCはなし）
14	筆記テスト	事実整理と法的分析に基づく事案の見通しと解決能力を筆記試験で試す	借家の建て替え事案（家主）における借家人との紛争	出て行く意思のある者とない者または不明な者、建てかえ後の住居に入る経済的余裕のある者とない者、契約違反のある者とない者など、借家人の状況と大家側の状況を分析したうえで、適正な方針案を提示させるもの

パネルディスカッション
Q&A セッション

パネリスト　　　ロイ・T・スタッキー（米サウス・キャロライナ大学ロースクール教授）
　　　　　　　　　樫村志郎（神戸大学大学院法学研究科教授）
　　　　　　　　　ジェームス・E・モリテルノ（米ウィリアム＆メアリー大学ロースクール教授）
　　　　　　　　　エレノア・W・マイヤーズ（米テンプル大学ロースクール助教授）
　　　　　　　　　池田直樹（関西学院大学大学院司法研究科教授・弁護士）
コーディネーター　丸田　隆（関西学院大学大学院司法研究科教授）

2006年2月18日（土）15：05～16：40
於：大阪国際会議場 12F　特別会議場

議論の柱

第一の柱：　ロースクールにおけるシミュレーション教育の現段階における効果と評価
　　　　　　　──具体的にどのような効果が出ているか
第二の柱：　シミュレーション教育のありかた
　　　　　　　──運用上の課題、克服すべき阻害要因など
第三の柱：　シミュレーション教育の開始時
　　　　　　　──1年生からか2年生からか？カリキュラムとの関連

丸田　では、パネルディスカッションおよびQ＆Aセッションを始めたく思います。

　まず、午前中の基調報告者の方から、午後のパネリストの報告に対するコメントを短くいただきたいと思います。最初に、スタッキー先生からお

願いいたします。

スタッキー　私からは二点あります。第一ですが、シミュレーションはどんな授業にも使えますが、全てに応用しようと思ってはいけません。他の方法では効果的、効率的に教えることのできない内容にだけシミュレーションを使う、これが非常に重要です。ですから、まず問うべきは、教育の目標は何かということです。シミュレーションによって学生に何を学んでほしいのか？　モリテルノ先生とマイヤーズ先生の論文には、その点に関して様々なすばらしいアイディアが含まれています。私が強調したいのは、他の方法では教えることができないことにのみシミュレーションを使うということです。

　二つ目は、マイヤーズ先生がおっしゃった、シミュレーションをあまり複雑にすべきではないという点についてです。学生たちがシミュレーションで求められた課題をこなせるということが非常に重要です。日本語でこれに該当する用語があるかどうかわかりませんが、「自己有効性」（セルフ・エフィカシー、self-efficacy）というキーワードがあります。これは、学生が与えられた課題に対して自信を持つという意味です。弁護士になる訓練を受けている過程において、自分に与えられた課題をこなせるという確信を持つことが非常に重要です。自信がつくにつれ、学んでいくにつれ、学生により多くのことを期待できるようになるのです。そのため、あまりに難しすぎる課題、あるいはできないような課題、まだ準備ができていないような課題を与えて、早すぎる段階で彼らの自信をくじくことがないよう注意することが非常に重要です。よって私は、先ほどマイヤーズ先生がおっしゃった点を強調したいのです。

丸田　ありがとうございました。では、引き続き、樫村先生、お願いします。

リアリスティックなシミュレーション
樫村　私は二つ、質問したいこと、コメントしたいことがございます。

一番目は、マイヤーズ先生とモリテルノ先生のどちらも取り上げられた点です。マイヤーズ先生は、シミュレーションはリアリスティックでなければならない、という点を強調されました。非常に重要な点だろうと思います。私の経験でも、シミュレーションをリアリスティックにするということが大変難しいと思っています。模擬法律事務所や統合的なスキル・トレーニング・コースというアイディアは、このリアリスティックなシミュレーションを実現するための重要な方法であるという感想を持ちました。シミュレーションのアンリアリスティックな特徴とは、私の経験からしますと、三つか四つの原因や症状がございますが、一つはシミュレーションが単一の授業時間の中で行われる場合には、それ自体の持続時間が短いということです。30分や40分、あるいは1時間、1時間半程度の交渉で解決ができるのでしょうか。自分としては、そういう疑問を持ってやってきました。これはマイヤーズ先生やモリテルノ先生のやっておられる形、あるいは関西学院でやってこられた形で克服できるかなと思いました。二つ目は演技の真実味であります。私のビデオの中ではときどき学生が笑ったりしておりまして、不真面目な奴だなどと思われたと思います。けれども、あれは自然なことでして、なかなか作られた役柄の中に、学生自身が自分を埋没させることは難しいと思います。関西学院でもプロの俳優を使われたり、いろいろご苦労されているというお話でした。その点、シミュレーテッド・クライアントというやり方は、やはり日常的な人々の知識というものをシミュレーションの中に持ち込むことで、リアルな演技を可能にするものと思いました。三つ目のリアリティの欠如の原因は、私の見るところでは、今日聞いたお話でもうまくいくかどうかというところであります。それは疑似的に構成されたクライアントの間の継続的な社会関係というものを、いかにリアルに表現するかということです。例えば、お兄さんと弟の奥さん、この間の数十年にわたる社会関係というものを、どんなふうにしてプロの俳優やボランティアの人々が表現できるかということです。社会経験のある人であっても地域からのボランティアの人が、そういうことをうまく表現できないのではないか、ということがあります。クライアントの持っている歴史的背景、あるいは社会的背景というものをどうやった

らリアルなものにできるのか、何かヒントがありましたら、教えていただきたいと思います。これがリアリティに関する私の質問です。

　質問のもう一つは、価値と倫理に関わる問題です。私はモリテルノ先生のお話を聞いて、倫理というものは、やはり1年から教えるのは当然であろうと、全く説得されてしまいました。早めに倫理を教えて学生に法律家という役割に興味を持たせるという理由からしても、早めに倫理というもの、ベーシック・ルールというものを教えるのは大変良いことだというふうに思います。一方、私のように割と細かいことに注目する人間とりましては、様々なシミュレーションを見たり聞いたりしたときに、教師はどの程度エバリュエイティブであるべきか、どの程度教師はクリティカルなスタンスを取るべきか、学生をどこまで批判してよいかという問題があるように思います。数カ月前に私は、デンマークで行われた、医学教育における総合行為分析の利用可能性という会議に出てまいりました。そこでもやはり医学学生のパフォーマンスを、教師はどのぐらいクリティカルに批判できるかという問題が出ていました。そこでの支配的なトーンは、どんどん批判しなさいというものでした。しかし、法律の場面においては次のような疑問が出てきます。私が学生を批判するとき、それは私の価値観に基づいて批判してしまっているのではないだろうか。クライアントの価値観にも一つの存立理由があるでしょうし、学生が学生として持っている価値観にも一つの存立理由があるでしょう。私の価値観というものを押し付けることになってはいけないだろうと思います。そこで教師はある程度、自分の価値観というものを抑えて教育者にならなければならないのではないかと思いますが、自分の価値観というものをどんなふうに抑制したらいいのか。そんなことは、お前、分かっていなければいけないと言われるかもしれませんが、これが2番目の質問です。

丸田　かなり多様な論点が出されましたが、パネリストの先生方からも、順番に意見をいただきたいと思います。マイヤーズ先生からどうぞ。

学生に対するフィードバック

マイヤーズ 大変意義深いコメントを有難うございます。私は特に樫村先生の最後のご指摘点、学生に対する批評、フィードバックについてお答えして、シミュレーションのリアリズムに関する点は、できれば後のモリテルノ先生にお任せしたいと思います。

倫理問題をシミュレーションに組み込む場合、まあ、組み込まないのはほとんど不可能だと思いますが、私のロースクールの学生はプロとして行動しているため、倫理的判断について学生を批評すると学生が大変傷つくだろうということについては、私も同じように感じています。ですから、学生の行動などについては話し合ってもいいのですが、学生の価値観と区別するように、ここは細心の注意を払うべきで、価値観については批評すべきではないと思います。

フィードバックの仕方については私たちが使用している方式があります。これは法廷弁論に関する国立研究所（National Institute of Trial Advocacy）が作成したものを手本としたもので、私たちの取引手続実務プログラム（Transactional Program）でも使用することができます。これは四つのパートから構成されていますので、それを手短かに説明いたします。最初の部分は「ヘッドライン」と呼ばれており、フィードバックするトピックです。クライアントがこう言ったときの君の対応について検討します、ということをここにヘッドラインとして示します。その次に「プレイバック」します。「君はこう言った」というように学生が言った言葉を示します。それから、なぜその答えが最良の答えではないかを簡単に「分析」します。そして最後により優れた答え方を「モデル」として示します。このように4段階に分けることで、パフォーマンス全体を取り上げて批評するのではなく、一つか二つの項目を取り上げて、このように非常に構造化されたフィードバックを行っています。こうすることによる効果としてはまず、私たちが批評する際に自制することができますし、さらに次に、学生の対応の仕方を、批評を避けようとしているその学生自身あるいはその価値観と切り離すことができるという効果があります。それから、なぜ批評するのかという分析を行い、最後により良い対応の仕方をモデルとし

て示すことができます。対応の仕方というより、より良いテクニックと言ったほうがいいでしょう。これはフィードバックを与えるのに大変に効果的な方法だと考えております。実際の弁護士でもある教授陣もフィードバックを行うにあたってこのような注意深く構成された様式があることを非常に喜んでいます。

シミュレーションのリアリズム

モリテルノ　私はいくつか違った面を取り上げることにいたします。マイヤーズ先生から、樫村先生が先に指摘されたリアリズムの問題について触れるようにとの後押しもありましたので、いくつかの点について触れてみたいと思います。樫村先生が学生たちは必ずしも演技がうまい訳ではないと指摘されたのは、その通りです。そのため、学生を使う前提でシミュレーションのシナリオを作るにあたり、他に選択肢がない場合、つまり役を演じる地元の人たちがいないため、学生を使わなければならない場合、そういう場合には学生が経験したことのないような事実が含まれないシナリオにするよう気をつけなければいけません。共通の経験があるような事実にして、学生が演じられないようなこと、例えば、学生が23歳の男性なのに、86歳の女性の役を演じるようなシナリオにしないことです。学生がうまく演じられるような可能性がある役を割り当てるようにすると、彼らはかなりうまく演じることができ、シナリオ自体もかなりうまく運びます。

　ご指摘があった二点目については、私もまったく同感です。学生たちに30分である活動をやらせる場合、「この紛争を解決しなさい。なお、持ち時間は30分です」というような指示が出されることがあります。私たちのプログラムのシミュレーションでは、長期にわたって活動することで、学生は始まりから終わりまで一貫して関わることになります。この点を私は非常に重要視しています。短期でシミュレーションをするのは、空から落ちてきた水滴がすぐに消えてなくなるようなものです。ある程度限定的な価値がある場合もありますので、まったく価値がないとは言いませんが、学生が自分で演じた結果を見届けて進歩することができる、これに価

値があると思うのです。例えば、学生にクライアントとのインタビューをシミュレーションさせる場合、可能ならば、学生にその代理人の活動を続けさせ、交渉あるいは証人とのインタビュー、あるいは必要な書類作成とその役を続けさせることがベストなのです。3週間後、交渉がどう進んだかということから、学生は往々にしてクライアントとのインタビューがどうであったかについて大いに学ぶことができるということです。と言うのは、学生はクライアントとのインタビューで足りなかったところ、拙なかったところをその後の交渉から気づくことができるからです。ですから、重要なのはシミュレーションを少なくとも複数のステップを含むものにすることで、シミュレーションにより現実味が増し、より効果的な、より優れた学習ツールとなることができるのです。

　シミュレーションにおけるリアリズムという面で私が申し上げたい三つ目は、完全に現実的なものである必要はないということです。学生たちが取り組んで、その活動から何かを学び取ることができる程度に現実的なものでなければなりませんが、あまりに現実的すぎるとそのいくつかの要素が実際には学習目標の質を落としてしまう場合があるということに気づきました。例えば、1年目の学生には時間を記録して、クライアントに請求書を送るということはさせていません。1年目の学生の場合、一つの作業に対して本物の開業弁護士の20倍もの時間を費やすことがあります。しかし、作業方法を学ぶためには、20倍の時間をかけて欲しいと考えています。だからといって学生に記録や請求業務をやらせて、生々しい現実の要素を取り入れてしまうと、多くの誤解を招く要素も紛れ込んできます。学生はこれぐらいの作業をするにはそれが適正料金だと思い込みます。それでは問題が生じるでしょう。ですから、完全に現実的にする必要はありません。学生が取り組むのに十分なだけ現実的であればいいので、あまりに現実的すぎてかえってシミュレーションを損なうような要素には気をつけなければいけません。

　後は、シミュレーションは1年目から導入すべきという点について、樫村先生が私の発表から納得されたということですが、まったくその通りです。では、この辺でやめておきましょう。話が長くなりすぎました。

丸田　ありがとうございます。では、池田先生、どうぞ。

スキルとテクニックの違い

池田　まず、最初のコメント、教育の目標についてですが、目標を明確化することは非常に重要です。シミュレーション教育については、あまりにスキルに重点が偏っているとか、法律、すなわち実体法や手続法の方がスキルの教育より重要であるという批判があります。スキルは実地訓練で教えるべきだというのです。また、日本ではアメリカにはない司法研修所という特別な訓練機関があるからです。

　重要なのはスキルとテクニックを区別することです。英語の元々の意味は存じませんが、私の理解、あるいは日本での一般的理解では、スキルの方が価値に重点が置かれている、あるいは何らかの価値が含まれていると受け取られています。

　関西学院大学ロースクールのシミュレーション教育には、先ほどの報告でも申しましたように三つの目標があります。一つは知識です。二つ目はスキル、三つ目は倫理です。この三つの目標が組み合わされ、一体化しています。スキルは倫理と深く関連しており、さらに、弁護士に必要な知識とも綿密に関連しています。とりわけ、スタッキー先生がおっしゃったように、プロの弁護士として仕事を始める最初の日からスキル、知識、倫理が必要となります。そのため関西学院大学では、この三つの要素を明確な目標として掲げています。まず、単なる「技術訓練」ではない、より統合的教育が目指されている点を強調したいと思います。

　第二点は、市民あるいはプロの役者の参加についての樫村教授のコメントに関してです。亀井先生が最初のシナリオを作成し、そのシナリオと指示事項を依頼者役の「市郎さん」や、「奈津子さん」を演じる人たちに渡しました。そこで彼らは少し困惑したのです。内容自体や「奈津子」という役については分かるが、「奈津子」の性格やそれまでの経緯が分からなかったからです。私たちは脚本家ではありせんので、要件事実、つまり必要なことしか書かず、シナリオには演じる人にとっては十分な情報が含ま

れていなかったのです。それで、私たちは、当事者間の 30 年間にわたる経緯、それに、「奈津子さん」や「市郎さん」、その他の人たちの基本的な性格を説明すると、彼らは「これで奈津子さんの役をよりうまく演じることができる」と言ったのです。ですので、樫村先生がおっしゃったように、現実味を出すためにこのような法律以外の情報を与えることも重要です。しかし、もちろん、限界があり、すべての情報を与えることはできません。ある程度は演じる人の想像と創造に委ねざるを得ません。私が言いたいのは、できる範囲で、できるだけのことをするということです。

丸田　教師の関与のあり方という質問についてはどうでしょうか？　教師の関わりと評価ということですが。

評価の基準と価値観
池田　これは非常に難しい質問で、私の最後の点はこの問題に密接に関連しています。学生のパフォーマンスをどのように評価するかについて基準を設けることが必要と指摘しました。今、まだ、どうすればよいかを考えている最中で、答えは出ていません。多分、亀井先生は違った考えをお持ちかもわかりませんが。教師自身の価値観に基づいた批判や助言という点では、当分、私としては少し柄にもなく控えめにしています。本当はもう少し積極的なところがあるのですが、ほんの少しそこを抑えています。それは学生たちが伸び伸びと演じることができるようにとの配慮からです。学生たちは失敗するのを恐れる傾向があります。間違ってもいい、失敗してもいいと学生に伝えたいのです。ただし、間違った場合はそれを見直し、次に活かせるようにしなければなりません。間違いから学んでいくのです。まずは学生が間違いをすることができるよう、現時点では私は少し自分を抑えて学生のパフォーマンスへの批判を控えているのです。

丸田　どうもありがとうございました。このセッションを進めるにあたって、ここで論ずべきではないかと考えた論点を三つ用意いたしました。第一の柱は、ロースクールにおけるシミュレーション教育の現段階に

おける効果と評価、具体的にどのような効果がこのシミュレーション教育によって出ているかということです。これについてはパネリストの意見の中から幾つか伺うことができました。それから、第2の柱はシミュレーション教育をどういうふうにするかです。シミュレーション教育のあり方ですけれども、運用上の課題や克服すべき難しい問題点があると思うのですが、そういった阻害要因をどういうふうに克服していくかという問題です。第3の柱はシミュレーション教育をいつ始めたらいいか。ウィリアム＆メアリー大学のように1年生からするべきか、あるいはテンプル大学のように2年生からすべきか、そのとき、他のカリキュラムとの関係はどうかということです。これらについて質問される場合には、誰に聞きたいかということを先に言っていただけるとありがたいと思います。

　では、第一の論点、ロースクールにおけるシミュレーション教育の現段階における効果と評価ということで、具体的にどのような効果が出ているかに関しまして、亀井尚也先生から質問が出ています。

シミュレーション教育の現段階における効果と評価

亀井尚也（関西学院大学ロースクール教授・弁護士）　関西学院大学の亀井です。私は質問を2点、スタッキー教授に用意しておりますけれども、その前に、今、やりとりをされていたことの中で、1点だけ私のコメントをしてみたいと思いました。それは最後に池田教授が触れていました、学生に対するフィードバックを通じた批評に関してのことです。確かに樫村教授が言われましたように、学生の価値観を批判するものであってはいけないということは、私も全く賛成です。そうすると、何を批評するのかということになってくるわけです。私はあまり抽象的な原理・原則を学生にいくら批評しても、それは一つの説教にしかならないのではないかというふうに思っておりますので、基本的にはロールプレーをした直後に、学生の発言、あるいは依頼者の反応、あるいは依頼者の言動、それを見てできるだけ具体的に批評すること、すなわち具体的であることが非常に大切であると思っております。誰のどういう言葉がここの流れにどういう意味をもたらしたかについてのコメントをできるだけしようと心掛けております。そ

ういうふうにフィードバックをしますと、学生は必ずそこで大きなインパクトを受けると感じています。どういうことがこの事案の大事な点だったのか、また、どういうふうに今後、考えていけばいいのかということに、必ず学生はそこでピンと来るものがある。それで教員の役割としては十分なのではないかと思います。そこから先は、学生自身が感じ取ることであると、そういうふうに感じております。

　以上が、若干コメントしたかった点ですが、次は、スタッキー教授への質問です。今まではシミュレーション教育の効果的なやり方というかなり具体的なテーマであったように思いますが、私が質問したいのは、アメリカのロースクールにおける、シミュレーション教育をはじめとした実務的な教育の現状についてです。私自身はこれまでアメリカの各地のロースクールでクリニカル・プログラム、あるいはシミュレーション教育について、いろいろ見たり聞いたりして参りました。その中でアメリカにおいては臨床的な教育が広く、かつ、支配的に行われているという認識を持っておりました。ところが、今日のスタッキー教授の報告を聞きますと、アメリカにおけるプログラムの改革には大変困難があるということ、あるいは実務的な教育はそれほど支配的とは言えないというニュアンスのことが述べられたように感じました。私自身は少なからずショックを受けた感じでありました。

　そこで第一の質問ですが、本日来ていただきました講師の先生方の大学でありますテンプル大学、あるいはウィリアム＆メアリー大学、さらに私たちは昨年ニューヨーク大学（NYU）のプログラムなど、非常に先進的なプログラムも見たりいたしましたが、このような先進的な試みはアメリカのロースクールでは少数であって、大部分のロースクールではこのような試みはあまり行われていないということなのでしょうか。

　第二に、スタッキー教授の講演の中で、ABAの、2005年に取り入れられた新しい基準について言及されましたが、ABAの中で改革を妨げるような議論があるとすれば、具体的にどのようにあるのでしょうか。その辺の具体的な議論状況について、もう少しコメントをしていただきたいというのが第二点目の質問です。

スタッキー　最初の質問ですが、その通りです。ウィリアム＆メアリー大学、テンプル大学、NYU のような進んだプログラムを行っているところはアメリカでは少数派です。しかし、どのロースクールでもシミュレーション教育で何らかの興味深いプログラムを実施していると言えるでしょう。学外実習を含む客観的実習でどういうことが行われているかを知ることは非常に困難です。というのはそれぞれのロースクールでどういうことを行っているかを定期的に情報交換しているわけではないからです。会議に行き、報告を聴いて、そこでどのようなことが実施されているのかはある程度分かりますが、きちんとした調査を行っているわけではありません。でも、おっしゃる通り、そのようなプログラムを持ったロースクールは少数です。

　もう一つの質問はたいへん興味深い質問です。認定基準を大幅に変更するにあたっては、それに関し全国規模の議論があったと普通は考えるでしょう。そこで、ABA のプロセスについて簡単に説明します。ABA（米国法曹協会）の法曹教育部会に評議会があり、そこに基準検討を行う基準検討委員会があります。基準検討委員会は基準を定期的に検討し、新しい基準を提案します。ですので、ご指摘の提案は基準検討委員会から出たものです。提案は評議会に送られ、評議会は新しい基準の採用を考慮するにあたり、すべてのロースクールにこういう内容が提案されていると通知し、ロースクールからのコメントを求めます。ここでロースクールと言った場合、実際にはロースクールの学部長を指しているということをご理解下さい。ですから、このような基準に関する提案があった場合、それについて知っているのは学部長だけということが往々にしてあるのです。ABA は公聴会も行い、提案された新基準についての意見を人々に求めます。このような公聴会の通知はロースクールの学部長に送られます。ですので、ロースクールの教職員らのほとんどは新しい基準が提案されたことをまったく知らないのです。

　しかし、私が所属する臨床法学教育の教授陣は、そのような新しい動きに注意を払っています。臨床法学教育協会（Clinical Legal Education

Association)という団体がありますが、新しい基準の提案に関して、その協会は口頭と書面で意見を寄せています。その他多くの個人も口頭と書面で意見を寄せており、実際に提案された基準が繰り返し修正され、意見が闘わされています。しかし、すべてはABA内部で行われているのです。ある時点で、基準検討委員会が最終提案を発表し、ABAの評議会がそれを検討し、承認するかどうかを決定します。このような状況です。

　ところで、学部長たちは新しい基準には反対でした。少し背景の事情をお話しますと、1921年、ABAはロースクールの認定基準づくりを始めましたが、アメリカ法科大学院協会（Association of American Law Schools）はこれを歓迎しませんでした。アメリカ法科大学院協会とは、ロースクールとその教授陣を代表しています。当時のABAは弁護士が実権を握っており、認定のプロセスも弁護士が支配していました。1921年、教授陣がABA法曹教育部会の会議に押しかけ、その部会の実権を握ったのです。こうして教授陣が力を持つようになったのです。そして当時から少し前まで、間接的、直接的に、認定プロセスはロースクールの学部長が支配しており、この学部長たちは変化をよしとしないのです。しかし、ここ10年の間に、学部長の支配力は弱まってきています。弁護士と裁判官が力を増し、ロースクールが変化を嫌がることに彼らはうんざりし、苛立っています。こうした状況が、新たな提案を生んだと私は考えます。新たな提案が何を目的としているかは不明です。依然として、「インプット」について「内容のある授業を行う」という表現がされているだけで、「アウトプット」、すなわち「実務に優れた法曹を世に送り出す」ことは触れられていないのです。ABAがどの程度強力にこの新基準を推し進めるのか、何を狙いとしているのか定かではありません。曖昧で、正確性に欠けています。とにかく何か新しいことが起こり、おそらく良いことのようですが、本当のところは誰にも分からないのです。

丸田　　モリテルノ先生。

価値観をもってコメントする場合

モリテルノ 亀井先生のご発言の最初の部分に返答をさせていただいてよろしいでしょうか。この部分は質問ではなく、樫村先生が価値観についておっしゃったこと、学生の価値観に関わる批評をするという点についてのコメントだったと思います。これは、今まで考えられてきたよりもずっと難しい質問です。私の価値観を学生に押し付けたくない、価値観の共有、例えば、政治的価値観やそういった性質のものの共有を学生に要求したくない、影響力を行使しようとしているというふうに見えるだけでも好ましくない、という点は私も全く同感ですが、学生に対し、コメントをすることに私が全く躊躇しない価値観もあるという事を申し上げておきます。

例をあげるなら、私が教える学生の一人がシミュレーション、あるいは、実際の依頼者を相手にしたクリニックでクライアントに対し失礼な態度をとった場合や配慮が足りなかった場合、または自分が属する事務所のスタッフや裁判所書記官を不当に扱った場合、私が取れる選択肢は二つですね。その学生に対して、「もっと丁寧に接する必要がありますね」と言うか、あるいはクライアントが絡むことでしたら「あなたがこれこれの対応をした直後から、クライアントはそれ以前と比べて率直ではなくなったのに気づきましたか？」と言うかも知れません。その後続けて「あなたの態度はクライアントのためにならないのではないですか。思いやりを持って接すれば口を開くはずのクライアントも、今のような接し方では自分の問題にも口を閉ざして、あなたとコミュニケーションをとらなくなってしまいますよ」というかも知れません。学生やおかれた状況、その他、私がその学生について知っていることなど、諸々の状況によって、言い方を選ぶ必要があります。ある学生に対しては、「もうちょっとマシな対応をする必要がありますね」としか言わないかもしれませんし、別の言い方をするかもしれません。いずれにしても、こうした判断は私の価値観と切り離すことができません。少なくとも、私はこうしたことを学生に言うことにいささかの躊躇もないことを認めます。

スタッキー 私たちの責務は専門職価値観を教えることでありますが、

時として個人的な価値観に踏み込んでしまう可能性がある領域というのがあります。他の法律家に対して、あるいは法廷に対して不誠実な学生がいる場合には、我々がその学生と話をせねばならない事があるかも知れません。これは専門職価値観の問題でありつつ、個人的価値観の問題でも有り得ます。ですから、介入したくはないけれども、価値観に関わる要素がある事を教えていかなければならない事も数多くある、というモリテルノ教授のご意見に賛成です。

マイヤーズ　これは非常に重要な議論だと思いますし、おっしゃった事に賛成です。専門職価値観の中の特定の価値観、例えば事前準備や、完全な理解などについて「十分準備をしていないようですね」とか「法律を間違って理解しているようですね」などと言う事には私も何の躊躇もありません。しかし、私たちから見れば無礼なやり方、配慮に欠けると思える学生たちの行動についてコメントをする時には、学生たちが良き人間ではないようなことを言っていると学生たちに暗示してしまうリスクがあると考えます。学生たちは単に情報に自信がない、職務に慣れていない、自分たちのやり方がどのように見えるのかを自覚していない、要するに認識が欠如しているという理由によるものかも知れないからです。ですから、ほとんどの場合、モリテルノ教授の2番目の選択肢、そうしたやり方では最善の効果を生まない事を暗示する、という選択肢か、適切であれば、クライアントまたは交渉の相手方に、その学生がそう言った時にどのように感じたか、どのように反応したかを話してもらいます。大体において彼らの方が私よりうまく伝えてくれます。しかし本当に細心の注意を払うべきだと思いますし、これは樫村教授の最初の部分の論点だったと思いますが、学生の行動より性格を批評しているように見えないように気を配る必要があります。性格の批判は逆効果であるのみならず、ある意味において私たちの踏み込むべき領域ではありません。

丸田　ありがとうございました。既に2番目の問題に入っていると思いますので、この2番目の柱の方に行きたいと思います。シミュレーション

教育のあり方についてですが、一橋大学ロースクールの村岡啓一先生から質問を頂いています。村岡先生、お願いします。

シミュレーション教育のあり方

村岡啓一（一橋大学ロースクール教授） 　一橋大学のロースクールで法曹倫理を教えております村岡です。今日のお二人の先生の報告を聞きまして、シミュレーション教育が法曹倫理教育に最も適しているという点については私も同意いたします。ただ、アメリカの場合、先生方の非常にソフィスティケイテッドなプログラムが実現できている背景には、恐らく法曹倫理科目といったものが必ずしも必修科目とはされていないことがあるのではないか、つまり、必修ではないがゆえに工夫の余地があったのではないかと思います。しかし日本のロースクールでは、文科省の設置基準の下で、必ず法曹倫理という科目を独立して持つように指示されており、現に、日本のロースクールはすべて法曹倫理という独立の科目を持っております。

　そこで私の質問ですが、今日の池田先生のご報告により、ローヤリングの講座では法曹倫理といったものを重視していることがよく分かりました。しかし、一方で、固有の独立した法曹倫理という必修科目があるので、その必修科目との間ではどういう関係になるのか、もっと端的にいえば、リエゾン＝提携関係みたいなものがあるのかどうか、もしそれがあるのであればどういうふうにされているのかをお伺いしたいと思います。

　それから、マイヤーズ先生とモリテルノ先生には、先生方が実践されているような統合プログラム、インテグレイテッドメソッドと言いましょうか、その方法論につきどのようにしてロースクール全体の合意を得ることができたのか、そのノウハウを知りたいと思います。といいますのは、私は一橋大学ロースクールの法曹倫理教育にスタンフォード大学のDeborah Rhode教授の提唱するPervasive Method（科目横断的法曹倫理教育）といった方法論を採用できないかと考えております。また、そのPervasive Methodを1年次から取り入れることができないかといったことも考えております。ただ、そのためには全ロースクールの教員の同意を得ることが必要になりますが、これは大変難しいことです。それで、先生方が立派

なインテグレイテッドコースを立ち上げるにあたってどういうノウハウを持っていたのかを、是非、教えていただきたいと思います。

丸田　では、池田先生から。

ローヤリングと法曹倫理

池田　まず、法曹倫理の科目とローヤリングの間でリエゾンがあるのかという質問ですが、ありません。関西学院大学では豊川先生、小山先生、そして田中先生が法曹倫理の科目をお持ちです。もちろん、情報交換は個人的にしておりますが、システムとしてのリエゾン、あるいは、そこで統合的に、インテグレイテッドという言葉がありましたけれども、そういう形で科目間を調整するということは一切行われておりません。バーチャル・ローファームには三つのステップがあって、第1ステップは、ローヤリングという授業の中にそういったグループ、バーチャル・ローファームというものを導入すること。第2ステップがシミュレーション教育を他の授業にも入れていくこと。そして、第3ステップでは、カリキュラムの再編成を、他の科目との調整・統合ということも含めて行うこと。こういうふうに考えております。

　以上のような意味では、第2ステップでシミュレーション教育を行う場合には、例えば、法曹倫理の中にプチシミュレーションを導入するということが可能ではないかと思います。そういう意味では樫村先生がおっしゃったような、長い歴史的な背景があるというような事件ではなくて、より簡易な事例の中でシミュレーションを行って、意識的にそういった問題を入れていくということになります。最終的には当然ローヤリングなどとダブりますので、それを統合していくようにできないかなとは思っておりますが、これは課題です。

　ちなみに、今期のローヤリングで取り入れた具体的な法曹倫理というものですが、一つは模擬法律事務所の弁護士として全学生に守秘義務を課しました。学期中、この守秘義務に違反したことが判明した場合は、成績はD評価になり得るという形で、守秘義務を厳格に守るということを最初の

授業で言って、徹底したつもりです。

　その他に、利害相反、Conflict of interests の問題ですね。これについては、例えばこういうシミュレーションをやりました。ある不動産会社の担当者、マネージャーですが、その人が担当している部下が不動産の管理でミスをしたと。具体的には、家賃を集めるのをずっとさぼって、そういう意味では不良債権が増えてしまった。こういう事案で、会社としての方針を今後どうするかということを弁護士に相談に来たときに、わざとそのクライアントに「ところで私はこれで会社を首にされるでしょうか。私の雇用上の身の上はどうなるでしょうか」ということを「ちなみ」にという形で相談の途中で入れてもらうというふうなことをやってもらいました。会社の立場で相談に来ていた人間が、突然、個人の立場で弁護士に相談をすると、こういうふうに切り替わったときに、さあ、そこで、学生の弁護士がどう振舞うかというふうなことを実際にやってもらいました。この場合、ほとんどの学生がすらすらと「それは大丈夫でしょう」とか、あるいは「危ないかもしれません。ただ、普通は解雇というのはそんなに簡単にはできませんから」という形で答え始めるわけです。そこでは、やはり、法曹倫理で習ったはずの利益相反ということが具体的な場面で結びついていないわけで、瞬間的に危険信号というか、黄色信号を感じて、ある程度以上は入っていかない、ある線以上の相談には応じないという態度をとれるかどうか。こういった小さないろんな落とし穴、ピットフォールに引っ掛けられたと彼らは言ってましたけれども、そういうのをいろいろなところにはめ込むようには、ローヤリングでは工夫しております。

　ただ、法曹倫理の個別論点を越えた、紛争解決における法曹の役割、つまり自分の依頼者の利益を守る最大限の努力を真摯に行いつつも、相手方の言い分にも耳を傾け、正義はどこにあるのかを考えながら紛争解決のために努力するという法曹の役割を、具体的な一連の経験の中で理解することが、シミュレーション教育の最大の効果だと考えています。

豊川義明（関西学院大学ロースクール教授・弁護士）　　専門職責任を担当しております豊川でございます。田中先生と小山先生と私とで、専門職責任を

1セメスターやっております。私の意見としては、ロースクールの設置が一応完成する3年間の後に専門職責任の一定の部分がシミュレーションの中に統合的に工夫されてビルトインされるだろうというふうに考えております。

　昨年の第1回国際シンポジウムで議論された「グッドワーク」、良き仕事、そしてそこにおける正義や真実、誠実さと法律家の義務といった、我々法律家にとって一番エッセンシャルな部分については、現在私の授業では設例の中で取り扱っているわけです。今後は、もっとシミュレーションの中で、お話がありましたような圧力とか、ジレンマとか、そういう状況の中での法律家の倫理、そして「ねばならない」ではなくて「こうあるべきだ」という方向性の中で、この問題をやはり生かすことができる。そして、その中でこそ問題解決能力、スキルというものが上達するという、この点について私自身はこのシンポジウムを通して確信を持つことができたと考えております。

シミュレーション教育をどのように運用してゆくか

丸田　ありがとうございました。では、シミュレーション教育を導入するにあたって、どのように他の教授会メンバーの合意を得たのかということに関して、マイヤーズ先生、それからモリテルノ先生、お願い致します。

マイヤーズ　アメリカでも倫理は必修です。ABAの基準のひとつとして、全ての大学が専門職責任コースを設置する事が求められています。テンプル大学の学生たちが履修要件を満たすには二つの方法があります。一つは、私が実施している総合取引手続実務プログラム（Integrated Transactional Practice）を選択することです。残念ながら、これは1年に48名程度しか履修できません。残りの300名程度の学生は、実習科目と統合されていない専門職責任コースを選択します。総合手続実務コースの長所としては、一貫した背景があることです。その背景とは、いつも州法の信託制度から生じる同じ問題を抱えた同一問題群があり、その結果、倫理問題についても一貫した法的背景があるということです。

私は、総合コース以外の独立したコースでもシミュレーションを多用しています。クラスを受講する人数は増えますので総合コースほど優れいるとは言えません。しかし、ビデオを使用することで、倫理問題を扱う素晴らしいテレビ番組もあり、こうしたテレビ番組や映画は若い学生たちに直接訴えかける力があるので、学生たちはここで提起される問題にすぐに反応します。その他、クラス外で短期、単独のプロジェクトをやってもらい、その後それについての議論を授業で行います。ですから、総合度が低いやり方でもシミュレーションを組み入れることは可能であり、むしろ倫理の授業においては、何らかの方法でシミュレーションを組み込むことが必須だと思っています。プレッシャーを経験したり、現実味のある実践なしでは、余りにも抽象的だからです。私がよく言うのは「自動車の運転について、運転マニュアルを読んで学習することは可能だが、実際にハンドルを握るまでどうしたら良いのかは分からない」ということです。私にとっては、シミュレーションはこれと同じことなのです。ですから価値がないことだとは思いません。

　テンプル大学では教授陣に対して、総合コースを教える許可をくれるように説得することはそれほどの問題はありませんでした。既にそのコースを担当していた教授陣が、総合コースを作って教えようとしていたからです。残りの教授陣は自分たちがそのコースを担当しなくていいならそれで良かったのです。池田教授からのご指摘通り、これは大変な仕事で、調整が大変ですが、もっと小規模なやり方でも実施できると思います。まずは、適度な範囲で実施されるようにお勧めしたいと思います。学校全体で取り組まねばならないというものではありませんし、学生たちが先生方の授業を気に入って、高い評価をするようなら、他の教授陣も、自分たちの授業より先生方の授業が選ばれることにちょっと羨ましい感覚をお持ちになるかもしれません。現実に学生から好評であれば、他の教授陣が自分たちの担当する授業の質を高めようと努力をされて、もっとシミュレーションが活用されるようになるかもしれないのです。

丸田　ありがとうございました。同じ質問をモリテルノ先生にさせて頂

きたいと思います。お願いします。

モリテルノ　マイヤーズ先生がたった今おっしゃったことを繰り返すのはやめましょう。私もマイヤーズ先生と全く同意見だからです。マイヤーズ先生が自動車の運転と運転マニュアルの例を使われたように、私はいつも野球を例に挙げます。つまり野球のルールブックを読んでも野球ができるようにはならないということです。実際にプレーしてみるしかないのです。同様に、法曹倫理について本を読むだけでは私には不十分に思えます。運転マニュアルを読んだだけでは車を運転したことにならないのと同じで、実際に法律家としてプレーしてみなければ、理解することはできないのです。

　私もよく存じ上げておりますが、マイヤーズ先生がおっしゃいましたように、テンプル大学では、少人数の学生が洗練されたシミュレーション・コースで学んでいます。これに対して私のウィリアム＆メアリー大学では、全ての学生にシミュレーションが課されていますので、全ての学生がこのコースを修了できるやり方にしました。この方式を講評したABAは、「本学の方式は、専門職倫理コースの認定要件を十分満たしている」と言ってくれています。事実、私どもの実践内容については非常に満足して頂きました。

　専門職倫理は入念に準備されたシミュレーション・コースを通じて教えるのが最善の道であると私が考えているのは自明のことですが、敢えて言わせていただくと、テンプル大学や我々のウィリアム＆メアリー大学、その他若干の大学で行われているような洗練された包括的なシミュレーション・コースがない場合に、一貫性も統合性もなく他の科目との関連性もない中途半端なシミュレーションをロースクールでの倫理教育に取り入れるのは賢明でもないし、おすすめできないと思います。裁判実務コースや依頼者面談コース、あるいは交渉コースがあるとして、学生たちがそれらのコースをすべて履修するわけではない場合には、私自身は、バラバラで相互の関連を欠くコース群を通して専門職倫理を教えるのはそんなに賢明なこととは思いません。私も独立した専門職倫理コースを教えてきまし

たし、素晴らしいコースだとは思いますが、シミュレーションを使ってやるコースほど優れてはいないのです。以前、別の学校で教えたときには、マイヤーズ先生と同様、独立したコースにも小規模なシミュレーションやそれに近いものを導入してみたのですが、とても満足のいくものとは言えませんでした。

　質問をされた方はスタンフォード大学の名前を挙げられたと思うのですが、少なくとも過去に、スタンフォードでは彼らのいうところの浸透的方法（pervasive method）というものを使っていました。この手法では、全ての教授陣が専門職倫理を自分の教える科目分野に関連付けて教えることが義務付けられていました。たとえば、契約法が専門の先生は契約法に関連した倫理教育を行わねばならないし、不法行為を教える先生はそれに関係する形で、などという具合です。しかし、スタンフォード大学の人間ですら、これがうまく行ったとは言わないだろうと思います。うまく行かなかったのは、コースが一貫性を欠き調整されたものではなく、さらに個々の教授が専門職倫理について十分な知識があるのかどうか、実際に教えるべき事を教えたのかどうかを知る手立てがなかったからです。こうしたシステムでは一人一人の教員に一つの大きな専門職倫理コースの一部を教えることを要求するわけですが、導入した学校のほとんどで、調整がうまくいかずに崩壊してしまいました。素晴らしいアイディアで、魅力もありましたが、実践ではうまく行ったとは思えません。

　最後に申し上げたいのは、マイヤーズ先生がおっしゃったように、私たちがシミュレーション教育を実施することに同僚の賛同を得られたのは、勿論、一部にはこれが素晴らしい考えで学生に役立つとの確信を持って貰ったことによるものです。そして実際18年も経てば、自分たちが正しかったという確信が持てているでしょうし、プログラムが始まって数年後でも、学生に有益である、つまりは自分たちのロースクールのためになる、学生のためになることをしているという確信は持っていました。しかし、最初にプログラムを始めることができたのは、大体において他の誰にも負担をかけなかったからであるというのも事実です。プログラムが導入されても、少なくともその当初は教授陣の仕事のやり方は変わりませんでした

し、長い年月を経た後でも、時の流れのなかでプログラムに関わりたくなった教授陣のやり方を変えただけでした。誰にもなにも強制しませんでした。ですからプログラムを実施するように皆を説得できたのは、マイヤーズ先生がおっしゃった通り、他の誰かにさせるのではなく、私たちがプログラムの実施をしたからです。非常に幸運なことにこうして18年前に私どもはこれを実行できましたが、再度同じような幸運に恵まれるかどうかは分かりません。

丸田 どうもありがとうございます。第2点に関して、龍谷大学ロースクールの平野哲郎先生から質問が出ています。平野先生、お願いします。

平野哲郎（龍谷大学ロースクール助教授） 龍谷大学の平野哲郎と申します。私もロースクールで再来年度から民事実務総合演習という科目を担当しますので、大変興味深く伺いました。質問はもっぱら池田先生にさせていただきたいと思います。先ほど、関西学院大学ロースクールのパンフレットを拝見しましたところ、科目紹介の中でクリニックAという科目があり、そこでは法科大学院校内のクリニックにおいて教員の指導の下に、学生に実際の法律相談などを行わせるという科目紹介がありました。そして、池田先生もこの科目をご担当されているという紹介がありましたので、この模擬法律事務所と、模擬ではない実際のクリニックAというものとの関係はどのようになっているのかという点が、まず第1点目の質問でございます。

　それから、もう一つの形成支援プログラムのパンフレットを拝見しましたところ、教員だけではなくて3年生が2年生に対して、ピア・ラーニング（peer learning）という形で指導するということも促す、というふうに紹介されていました。ということは、2年生でこの模擬法律事務所の授業を取った学生が、引き続き3年生でもこの科目を取って、自分たちの後輩に指導するということが想定されているように読めるんですが、実際にそういう形を取られていらっしゃるのかどうか、それがうまくいっているのかどうかという点をご紹介いただければと思います。よろしくお願いしま

す。

池田 まず第1点目、クリニックとローヤリングという、このシミュレーション科目との関係についてです。これは調整・統合されておりません。要するに、学生はクリニックを取ってもいいし、シミュレーション型のローヤリングを取ってもいいし、それともエクスターンシップという法律事務所に実際に2週間ほど行く、そのどれを取ってもいいという選択です。カリキュラムの本当の再編成というのができて理想的に考えれば、シミュレーション授業をできるだけ沢山の人が受けた上で、さらにクリニックで試してみたい、実際にそういう法律相談をやってみたいという人がクリニックAまたはBを取る。Aは学内での法律相談です。これは地域の人がやって来る無料法律相談です。クリニックBは、例えば環境法、労働法、あるいは女性の権利といったような、人権とかそういったプロボノ活動、あるいは専門分野についてです。関学で一つ特徴的なコースは、税務訴訟で、その専門家がおられるので、そのクリニックがありますが、それは専門分野をある程度やってから実務に就きたいという人のための非常に少人数のためのものです。クリニックAも10人程度までということですので、非常に人数が限られています。今のカリキュラムは、皆さんも大体お分かりだと思いますが、カリキュラムを作るときに臨床科目について、できるだけ沢山の選択肢を広げようという形で導入しておりまして、科目間での整合性、あるいは段階を追っていくとかいう発想があまりありませんでした。そういう意味で、その辺をもう少し整理したいなという気持ちは持っておりますが、それをしようとすると、先ほどのモリテルノ先生とかマイヤーズ先生のお話からしますと、私がやりますと言わないと、他の人との関係で調整が難しいという現実があるように思います。私では全部できませんので、やっぱりそこは全学的に議論をしないと進まないのではないかというふうに思っております。

2番目、模擬法律事務所で3年生が2年生を指導するということですが、これはモリテルノ先生のウィリアム&メアリー大学を見に行って、その真似をしようとしているのです。それをヒントにして、そういうふうにでき

たらいいなという、そういう構想です。実際にはティーチング・アシスタント（TA）制度。これはすでに関学でも導入していますが、若干のアルバイト料を払って、自分が授業を取ってない時間に法律事務所の先輩として授業外で指導するということをメインに考えています。もちろん、時間などが合えば授業の中で指導をするということも、最終的にあればいいなとは思うのですが……。ただ、日本の場合、一番難しいのは、3年生は司法試験の準備ということで、恐らくなかなかそういう方向には気持ちが向かない。関学のカリキュラムの場合で言えば、特に3年の後期がそこに当たりますので、よほど司法試験に直結するとか、そういうことがない限り、なかなか難しいのではないかというふうに思っております。従って、これはあくまでもプランでして、アメリカの制度を日本になんとかうまく応用したいなと思うのですが、現実はなかなか厳しいのではなかろうかというふうに思っております。ただ、一応、そういう制度設計も考えているというレベルです。

丸田　はい、ありがとうございました。フロアからもう少し質問をいただきたいのですが、時間が迫ってまいりました。パネリストの中で、とくに発言されたい方がおられましたらお願いします。

結び
マイヤーズ　このシンポジウムの準備をする中で、偶然にも2006年1月の、ノース・カロライナ州のデューク大学工学部の教育について書かれた新聞記事を目にしました。グローバルな世界で競合していくには技術工学スキルだけでは不十分だという話でした。学部長は、「雇用は最高の教育を受けた労働者にもたらされる。厳しい技術教育だけではグローバル社会で勝ち抜くには不十分である。技術面にのみ注力する事は、幅広い教育へのアプローチにより得られる非常に重要なヒューマンスキルと才能を無視するものである」と述べておられました。

池田教授が、学生がシミュレーション教育で人間関係を理解する重要性についてお話をされるのを伺っていて、心に触れるものがありました。何

度も何度も事例、理論を使って教育をするわけですが、学生たちは、より大きな背景があること、こうした問題の後ろには人間がいること、クライアント、相手方弁護士、相手方と関係を築いていくことの重要性がなかなか分からないのです。日米両国ともに、競争力があり異文化を理解できるよく教育された弁護士を輩出していけるとするならば、私たちが議論してきたシミュレーション教育のようなものが、その実現には最も望みを託せるものではないかと思います。

　また、昨日関西学院が実施してくださったワークショップにおける大変素晴らしい異文化間の親権調停の課題は、私どもの学生にとっても関西学院の学生にとっても非常に良い経験になったと思います。参加した学生の何人かは今日ここに来ています。私どもの実践するシミュレーション教育の進歩につれ、異文化間体験がその一端を担うことになることを願っております。ありがとうございました。

モリテルノ　皆様にこれを申し上げねばならないと言うことではないのですが、日本の大学院での法学教育における相当激しい動きは、劇的な変化をもたらします。長年にわたり、アメリカの法学教育を革新する試みに関わってきた者として、血が熱く騒ぎます。と言うのも、皆様のこれからの活躍が日本の法律専門職の未来に本当の違いを生む、まさにこの特別な時期に皆様が当事者として立ち会われる興奮が想像に難くないからです。疑問の余地はありません。日本における新しい大学院法学教育がどのようなものになるか、皆さんが今なされようとしている選択が、日本で法律専門職が果たすであろう機能を変えるのです。

　スタッキー先生、マイヤーズ先生、そして私は、アメリカの法学教育の改革に関わってきました。私はスタッキー先生とマイヤーズ先生の代表者として話すつもりはないのですが、私たちのうち誰も、今の日本のこのような時期を経験したことはありません。皆さんは、日本の法律専門職の未来をその手中に握っておられます。これは歴史的機会であり、「日本の法律専門職はどのように変貌すべきか」「日本の法律専門職には何が欠けていて、それをどのようにすべきなのか」と自問自答する時期なのです。そ

して新しい法学教育システムをそうした変化に貢献するように構想することができます。皆さんの現在の立場になることを想像するだけでも私の胸は躍り、皆様を羨ましく思っております。一生に何度もない機会です。私には一生に一度もないかも知れないような機会ですが、皆さんにはこの機会があるわけです。ですから皆様のご幸運をお祈りしております。この機会を皆様にフルに生かしていただきたいと願っております。この機会の喜び、わくわく感、胸の高鳴りを少しでも逃さないようにして頂きたいと祈念します。そして皆さん自身の未来の法曹のために、今この「時」にできることを必ず全うしてして頂きたいと願っています。この機会は、皆様が今立ち会っているこの劇的な変化ならびにこの一瞬一瞬によってもたらされているのです。皆様の成功をお祈りしています。

まとめ

丸田 どうもありがとうございました。非常にすばらしい、陪審に語りかけるような「結び」をいただきました。先生の心の琴線に触れるような結びの言葉の後に私が続ける言葉はないのですが、最後に、コーディネーターとして、少しまとめと課題を簡単に提示したいと思います。今日は沢山のことを学ぶことができました。最初に申しあげませんでしたが、ウィリアム＆メアリー大学やテンプル大学のロースクールにおけるシミュレーション教育というのは、アメリカで沢山の賞を取った非常に有名なプログラムです。私たちのロースクール経験はたったの2年ですが、アメリカのこういった貴重な経験を知ることができたということは、非常にありがたいことだというふうに思っています。それから、スタッキー先生のように、常にクリニカル・プログラムの流れというものをしっかり把握された人から、今、アメリカの教育がどこにあるのか、イギリスはどういう方向に進んでいるのかということについて教えていただくということは、私たちの方向性を知る上でも重要なことだったというふうに思います。

　私ごときが簡単に総括することはできませんが、シミュレーション教育を推し進めていく上で大事な検討課題は三つあるだろうと思います。一つはやはり、ちゃんとした目標を定めて、そしてその目標に向かってどうい

うふうにプログラムを立てていくかということについて、時間と慎重な考慮を注がなければ成功しないということです。

　二つ目は、やはり学生に緊張感を持たせるということだろうと思います。その緊張感というのは選択を行うことの緊張感です。そこで価値を選ぶ、あるいは自分の意見をどういうふうに表明するかということについて、緊張感を持つということが大事だろうということです。そういう機会は今までの法学部教育にはありませんでしたし、ロースクールでも試験中心の方向にいくと、そういうことは、ややもすれば大事なことでないという評価がなされていきます。実際、発足2年目にして、はや日本のロースクールの理念はやや失われつつあるように思います。みんなが予備校のようになっていくことをおかしいと思わない状況が出てくる中で、関西学院大学ロースクールの設立時の理念に忠実なあり方というのは評価されていいだろうというふうに思っています。

　関西学院大学ロースクールの取組みは、今年で終わるわけではなくて、来年の3年目のシンポジウムに向けて、さまざまなことを積み残しています。ディスカッションにもありましたように、文部科学省あるいは法務省のコントロールの下に単位制の制約が非常に厳しい中で、シミュレーション教育といった枠を越えた教育をどういうふうに単位認定していくかということは、具体的に科目間の調整、評価のあり方ということについて難しい問題を残すだろうと思います。

　現在、成績評価の厳格化ということを言われているわけですけれども、日本でパス・オア・フェイル、合格か不合格かを単位認定で導入することができるのかどうかということについての議論はされていません。しかし、こういったことに関しては、そういうことが前提になるだろうと思います。と申しますのは、こういったプログラムを履修する学生をどう評価するかということが、非常に難しいことになるだろうというふうに思うからです。ロースクールの科目は、具体的に言うならば、書いたものによって評価されることが中心です。そうすると、こういったシミュレーション教育で非常に良いパフォーマンスをしても、最後のレポートが書けていなければ単位を取れないというようなことになりますと、やはり問題です。そうする

とこういった科目の成績評価をどうするかということは、やはり大事なことでしょう。

そして三つ目に、最も大きなことがあります。私たちが直面している最も深刻な問題ですけれども、新司法試験の準備とのかねあいの問題が出て来ているということです。つまり新司法試験に対する準備と、こういったシミュレーション教育の実質的、構造的な関連性をどういうふうに構築するかということです。もし学生だけでなく教員からもシミュレーション教育は、司法試験に役立たないというような評価付けをされてしまうと困りますので、そうではないことを説明していく必要があります。つまり、あなたはグッドロイヤーとしてのテクニックや能力、あるいは思いやりを持っていても、新司法試験には受からないよと言われたら、そういった部分を磨くことよりも問題集を解いたり、答案練習をする方が大事だと思う風潮が生まれかねません。そこをどういうふうに融合していくかということは、まだ日本のロースクールではきちんとディスカッションされていません。これは日本固有の問題だと思いますが。

最後に、長くなりましたけれども、アメリカにおけるクリニカル・リーガル・エデュケーションのリーダーでありますスタッキー先生、それから神戸大学で早くからこのシミュレーション教育、言葉による分析、意識分析をされてきた樫村先生、それから実際にシミュレーション教育を実践され、そしてそれを私たちに伝えてくださったマイヤーズ先生、モリテルノ先生、そして関学でシミュレーション教育を実践している池田先生、亀井先生、その他の先生に今日の時間を頂いたことを感謝したいと思います。

今日は、実は全国で他に2つのロースクールで形成支援のシンポジウムがなされているんですけれども、私共のところにこんなに沢山参加していただいて、大変ありがとうございます。来年もシンポジウムがありますし、それから、まもなく昨年度のシンポジウムの『正義は教えられるか』という書物が刊行されますので、是非、それを手に取っていただきたいというふうに思います。最後に今日のシンポジウム開催にご尽力くださった方、それから同時通訳の方、ありがとうございました。そして皆さん、ありがとうございました。これにて会を閉じたいと思います。

180　第一部　シンポジウム　模擬法律事務所はロースクールを変えるか

第二部

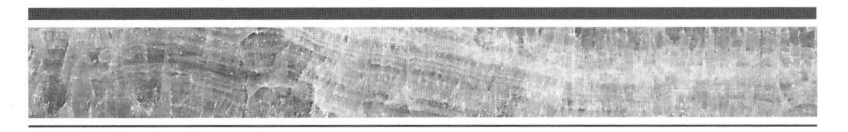

第2回国際シンポジウム　ワークショップ

International Virtual Law Firm Simulation
模擬法律事務所の国際的実践

第 2 回国際シンポジウムに併せて開催されたワークショップの目的

シルビア・G・ブラウン（関西学院大学大学院司法研究科教授）

　推進委員会は、以下の幾つかの理由により、クリニカル・シミュレーションに基づいたワークショップを一般公開の形で開催することにしました。第一に、日本の聴衆に対して、クリニカル・シミュレーション・プログラムでは、学生が具体的にどのような演習を行うのかを示すことが何よりも重要でした。第二に、日本では、法学部出身でない「未修者」を含むロースクール 1 年生にクリニカル・シミュレーション教育を行うことに関して、その実効性を疑う見方があるからです。そして第三に、ロースクールの学生に対して、国際的な文脈におけるシミュレーションを実験してみようと考えました。今後、学生たちが専門家として活躍していく間にも、弁護士としての仕事の性質は大きく変化していくと予想されますので、公開のワークショップで、関西学院大学ロースクールチーム対テンプル大学ロースクール（ペンシルバニア州フィラデルフィア市）チームの対抗という形で、全編英語による 1 日限りの調停を開催することにしました。非常に幸運なことに、テンプル大学のエレノア・マイヤーズ助教授とフィンバー・マッカーシー教授が、1 学期間テンプル大学東京校で学んでいるロースクールの学生たちをシミュレーションに参加させることに賛同してくださいました。理想的な形としては、模擬法律事務所の形式に国際性（学生が英語で、書面を作成したり、意思の疎通を図ったりする必要がある）だけでなく、日本以外の国のロースクール生が扮する弁護士と交渉する必要があるような事案が望ましいでしょう。こうした要素を、1 日で完結する、簡単な、同席交渉という形で試してみたいと考えました。

参加する学生に対する教育目標としては、かなり現実味のある国際私法紛争に関する事案に挑戦してもらうことでした。また、まったく異なる法文化を持つ相手に対して、チームがそれぞれに交渉を計画し、遂行するチャンスを与えたいと思いました。準備時間に限りがあり、アメリカ人学生は日本語を読むことができなかったため、事案はかなりシンプルなものにする必要があるだけでなく、準備段階および交渉の場で、双方にとってそれぞれ有利な点、不利な点がある形に構成することが重要でした。従って、事案の構成は次のようなものになりました。

　双方の学生チームは、日本の家庭裁判所のもとで行われる調停の準備をすることになりました。この調停は、1）アメリカ人学生のために英語で行われる点、2）調停委員の一人は日本人で、一人はアメリカ人である点、3）二人の調停委員は当事者とその代理人に個別に面談した後、両当事者とその代理人が同席する調停を執り行う点で、非現実的な面もありました。

　このように手続きはかなり奇抜でしたが、学生が取り組まなければならない基本的事実は実際的なものでした。このケースは、当時日本の裁判所で実際に争われていた訴訟に基づいています。事実は次の通りです。アメリカ人の夫と日本人の妻の婚姻関係が破綻した後、2004年1月に、フィラデルフィア市の裁判所は離婚を認め、幼い娘の親権と監護権を私立学校の教師をしている父親のみに認めました。航空会社で太平洋路線の客室乗務員をしている母親には、ある一定回数の立会人なしで子どもと会う権利が与えられました。母親は経済的問題をいくつか抱えていましたが、それらの原因は幾通りもの解釈が可能なものでした。2004年8月、母親は余命いくばくもない自分の父に会わせるために娘を連れて日本へ帰国すると申し出ました。父親は前妻を信用していなかったため、フィラデルフィア市の裁判所に、子どもを3週間以内に父親の下に帰すこと、ペンシルベニア州の管轄域以外で、親権、監護権、後見、あるいは子供との面接に関わるいかなる申立ても行わないことを条件に、娘を日本へ連れて行くことを許可するという命令を得たのです。母親は、現在5歳になった娘とそのまま日本に居残り、大阪家庭裁判所に子供の親権を申立て、その権利を認められました。その後、大阪高等裁判所も子の最善の利益を理由に家裁の判

断を支持しました。

　通常の状況であれば、父親側に有利な点が皆無であったため、我々は交渉のフィールドを経済的要素に絞りました。母親は子供の世話をするために休職中で、経済的に窮しており、前夫からの経済的援助を必要としていました。好都合なことに、最近、前夫は遺産を手にしており、そのため交渉の余地が広くなっていました。父親と娘が日米間を行き来することや、娘をインターナショナル・スクールに通わせることが可能となるからです。

　準備資料として、双方のチームに詳細な基本的事実、法例（法律の適用に関する日本の法律）、日本の民法第4編（家族法）、国際児童権利条約、国際自由権規約、子供の親権をめぐる日本の裁判所の判断に関する手引書などが与えられました（テンプル大学の学生にはその英訳版が渡されました）。こうして、どのような作戦を立てるか、とりわけ、本件において子の最善の利益という概念にいかにアプローチすべきかについて、学生は広い裁量権を与えられたのです。

　学生には数週間の準備期間が与えられました。フィンバー・マッカーシー教授が父親役を、関西学院大学法学部の山田直子助教授が母親役を演じました。この二人にはごくわずかなインストラクションしか与えられていません。より精巧なシミュレーションでは、クライアント役の演者に対して秘密のインストラクションを与え、弁護士役学生の扱いいかんで暴露されるようにするのですが、今回は時間の制約もあり、複雑化することは避けました。弁護士役学生は、調停の準備のため、クライアントと面談し、ともに作戦を立てることができました。父親は娘との面接交渉権と、彼女のバイリンガル能力およびバイカルチュラルな個性を維持するためにインターナショナル・スクールに通わせることを求めていました。母親は金銭を要求しながらも、子供が前夫と会うことは拒否しており、また、子供を「純粋な」日本人として育てたいと願っていました。

　この交渉の1つの解決策として、信託基金の設立が考えられましたが、実際、学生はそれを思いつき、調停の中で合意書のアウトラインを作成したのです。しかし、興味深いことに、双方とも、相手側の弁護士に対して固定観念を持っていたため、あやうくアウトラインの作成に失敗するとこ

ろでした。日本側はアメリカ側が攻撃的に出てくると予測し、日本側も負けじと攻撃的な姿勢をとったのです。対照的にアメリカ側は日本側が辛抱強い、控えめな姿勢で臨んでくるものと予測し、日本側が攻撃的な姿勢をとると、同じく攻撃的な態度で応戦しました。見ていて深く心を動かされたのは、自分たちのクライアントがありとあらゆる感情や立場をあげつらって相手を攻撃すればするほど、逆に双方の弁護士役学生は節度ある態度で交渉を進めようとしたことです。参加者の目には、弁護士役学生が、お互いのクライアントに受け入れられるような解決法を模索して、徐々に協力する道を見いだしていったように映りました。ここにワークショップの目標は十分に達成されたのです。

〈原題〉
The Purpose of the Workshop Held in Conjunction with the Second Annual International Symposium

ワークショップ　国際模擬調停

調停委員	ジェームス・E・モリテルノ（米ウィリアム＆メアリー大学ロースクール教授）
	池田直樹（関西学院大学ロースクール教授・弁護士）
申立人　ジェームズ・バゼロン	フィンバー・マッカーシー（米テンプル大学ロースクール教授）
申立人代理人	アンドリュー・キングスデール（米テンプル大学日本校留学生）
	リサ・ビエドゥリッキー（米テンプル大学日本校留学生）
相手方　大沢美智子	山田直子（関西学院大学法学部助教授）
相手方代理人	沼田貴範（関西学院大学ロースクール学生）
	大江めぐ（関西学院大学ロースクール学生）
	髙田　忍（関西学院大学ロースクール学生）
アメリカ側アドバイザー	エレノア・W・マイヤーズ（米テンプル大学ロースクール助教授）
日本側アドバイザー	亀井尚也（関西学院大学ロースクール教授・弁護士）

2006年2月17日（金）13：00～14：35
於：関西学院会館　光の間／風の間

※調停での使用言語は原則として英語であり、以下はその翻訳に基づいている

池田　今日、我々は国際化の時代に来ております。世界はますます狭くなってきています。そのために国際結婚も増えてきています。当然のことながら離婚も増えてきているわけです。国際結婚の離婚は、子供の親権の問題とつながってまいります。親権の問題が起きたときには、一般的な傾向として、泥沼に陥っていきます。例えば、日本とアメリカの距離の違いや文化の違いから、当事者間の争いは、非常に醜いものになる傾向がございます。

今日私たちが選びましたのは、典型的な国際的な親権と面接交渉をめぐる紛争です。学生たちがどのような問題がこの親権の問題に関連するか、よりよい弁護士になるためにはどうすればよいのかということを、この

ワークショップを通じて学ぶことになります。

今日のケースを紹介しましょう。

ジェームズと美智子は、アメリカで結婚し、さち子が生まれました。その後2004年に離婚しました。

まず、ジェームズが親権を得て、監督者としてアメリカでさち子の世話をしていたわけです。

第2点として、日本にいる父親が重病に陥ったために、孫を祖父に一目合わせたいということで、美智子は娘を日本に連れて帰ろうとしました。ジェームズは、二、三週間すれば子供をアメリカに帰すという条件で、それを許可しました。ところが、母親は、その約束を破ってアメリカに子供を戻しませんでした。さち子を自分の手元に置いてしまったのです。もちろんジェームズは腹を立て、日本で人身保護命令を求めました。しかしながら、日本の裁判所において却下されました。

第3点として、母親が親権の変更を大阪家庭裁判所に申し立て、日本で親権を得ました。ですから、日本の法律のもとでは、母親がさち子の親権を持っています。もちろん、父親は非常に失望し、決定の取り消しを求め、まだ最高裁で争われているところです。

今日のテーマは、このような流れの中で面接交渉権、つまり父が娘と会う権利をめぐっての交渉です。三つの問題をまず解決しなければなりません。まず、父親がさち子に今回の来日で会えるかということです。第2点として、将来、父親がどのようにさち子と面接できるかという点。第3点が、母親は、今、経済的問題を抱えていますので、父親から養育費を取れるかということです。両当事者は、それぞれに弁護士を立てて、バーチャルの家庭裁判所に調停を申し立て本日の審理となりました。

では、最初に、父親側の代理人からの冒頭の意見陳述、そして母親側からも冒頭の意見陳述を行います。

〈オープニングステートメント〉

申立人代理人（キングステール）　私どもは本日、共通の妥協案を見つけて、

子供の最善の利益というものを追求できればと思っております。皆さんも同意してくださると思うのですが、私どもすべての利益になると思うのです。訴訟では時間とお金がかかりますし、家族にとっても、私たち自身にとっても公の場で争うということはストレスになります。

　他方で強調したいのは、私どものクライアントであるジェームズは、さち子をあきらめる気持ちは全くないということです。さち子の世界から消えていってしまうということはありません。一人っ子ですし、非常に彼と近しい関係にあった子供です。私どもは、米国法、国際法、日本法が私どもに味方してくれると強く信じています。

　そして、ジェームズには財政的支えもあります。訴訟を遂行する用意がありますし、政府に訴えたり、メディアに訴えるなど、子供と再びコンタクトをとるためにはあらゆる手段を尽くす用意があります。

　両親が別れてしまうことは仕方がないと思います。しかし、子供の最善の利益を考える必要があるのです。過去数年の間、さち子は非常に大きなストレスを感じてきました。お母さんに略取されてしまう前は、安定した子供時代を、愛する父親と一緒に、そして父方の祖父母と一緒に送っていました。すばらしいアメリカの学校に通っていました。アメリカ人の級友がいて、英語は彼女の主要な言語でした。しかし、お母さんによって突然何の前ぶれもなく、裁判所の決定を破って、それまで住んでいたところから引き離されました。友達からも引き離され、祖父母からも引き離され、しつけをしてくれた父親とも引き離され、今まで知っていたすべての生活から引き離されてしまいました。

　お母さんはアメリカでは犯罪人です。アメリカ国内に入れば誘拐の罪で逮捕される危険もあるのです。そして無職です。しかも、クレジットカードの支払い、アメリカでの賃料や養育費の２カ月間の滞納、こういった借金問題を抱えている母親なのです。

　こうしたことに基づき、私どもとしては三つの要求をしたいと思います。さち子を精神的にも経済的にも安定させるためには、一番合理的な提案だと信じています。しかも、すばらしい利益を美智子さんにもたらす可能性すらあるわけです。そして、私どもの依頼人であるジェームズが抱いてい

る子供とまた会えるようになりたいという気持ちを満たすことができるのです。

　一つ目は、子供をインターナショナルスクールに通わせてほしいということです。子供にとっては、将来、バイリンガルとしての技能を伸ばしていくことで、すばらしい未来が拓けていくと思います。ジェームズは、このために教育費を支払う用意があります。

　二つ目は、毎年のアメリカへの訪問です。年老いていく父方の祖父母に会ってほしいということです。

　そして最後に、ジェームズは日本で子供と面接交渉をしたいと望んでおります。

　皆さんと協働して、この調停の場で和解ができると信じております。以上です。

調停委員（池田）　　では、美智子さんの代理人、冒頭陳述をお願いします。
相手方代理人（沼田）　　最初に、私どもは、ジェームズさんに面接交渉権を与えるつもりは全くありません。これは、子供の最善の利益に反するからです。さち子は、お母さんと一緒にいて大変幸せに暮らしています。法的に申しますと、親権は日本では美智子さんのものです。ジェームズ・バゼロン氏の面接交渉権は、日本では全く認められておりません。現実問題、さち子さんが父親と会うことで悪い影響があると思っております。子供を甘やかす、道徳心のない人だからです。アメリカで浮気をしましたが、これは神聖な結婚を犯すものです。さち子さんにとって、父親と再会することは、いい影響を残さないと考えます。

　美智子さんは被害者です。さち子さんが産まれたときまでは幸せでした。美智子さんは、さち子さんの世話をするために専業主婦になりたかったのですが、現実問題、それは不可能でした。にもかかわらずジェームズさんは浮気をしたわけですね。美智子さんはこれを乗り越えようとしましたが、うまくいきませんでした。そして、離婚の申し立てをしたわけです。ところが、米国の法廷は、ジェームズさんに親権を渡してしまいました。美智子さんは、働かなければならなかったので、親としての役割を余り果たせなかったと判断されたのかもしれません。

美智子さんは、自分の父親が日本で死にかけていると聞いて、アメリカにもはや住むことができないと思うようになったのです。さち子さんを置いて行けなかったので、彼女を日本に連れて帰ってきたわけで、これは略取ではありません。さち子さんは美智子さんの娘だからです。

　さて、私どもは一つだけ要求をしたいと思います。お金です。お金を欲しいと思っています。私どもは1億円、100万ドルを一括払いで要求したいと思っております。一括支払いです。バゼロン氏はさち子さんの父親で、扶養する義務があるわけです。彼は今、たくさんの遺産を受け取られ、これを支払う能力があります。バゼロン氏は浪費をしてしまう可能性がありますし、再婚する可能性もあると思います。そうなると、さち子さんのための費用を勝ち取る方法がなくなってしまいます。さち子さんの最善の利益のために、100万ドル、1億2,000万円が必要です。これが私どもの要求です。

調停委員（モリテルノ）　　双方が公の場で相手方に対して利害関係の説明をしました。私も池田先生も、個々に時間をとって内部で話し合いをするよう提案したいと思います。相手方の見方がわかったわけですから、どういうふうにここから進めていきたいか話し合って下さい。母親側はここに残って、話をしてください。父親側は別室に移って協議をした後にこの部屋に戻ってきて、私どもと話をしましょう。そして、個々のチームと会合して、お話をします。本件を和解に持っていくために話し合いをしたいと思います。現段階では、申し立ての間に非常に大きな開きがあると思いますので。

調停委員（池田）　　聴衆の皆さんはどうぞ、どちらのチームの打合せを聞いていただいても結構です。

〈妻側打合せ〉

相手方代理人（高田）　　相手方の要求に対して、三つありましたが、それについて今のお気持ちを聞かせていただければ、我々がこれから交渉する際の指針になるかと思います。

相手方（美智子）　3番目の、父親のジェームズがさち子に定期的に会いたいというのは、やはり何とか拒否することはできないでしょうか。

相手方代理人（高田）　面接交渉権は、法的に、アメリカの法律で認められていることですし、日本でも、全く否定することは、難しいのではないかと思います。

相手方代理人（沼田）　日本の裁判所でも、面接交渉権自体を認めないということはほとんどあり得ませんが、唯一例外として認められるのが、子供の福祉に反する場合ということなんです。今回の場合に、果たして本当に子供の福祉を侵害するかどうかという点がポイントになるんですが。

相手方（美智子）　でも、そうすると、2番目の要求ですが、さち子がアメリカの祖父母に会いに行くんですか。1カ月行って、帰ってくる保証はどこにもないんじゃないでしょうか。私、あの子を失うのだけが怖いんですが。

相手方代理人（大江）　そのような心配であれば、一応、アメリカの方でいろいろ手続をとってもらうなどして、必ず美智子さんのもとにお子さんが帰ってくる、もしくは、帰ってこない場合は、何らかのアクションをアメリカで起こして、必ず連れて帰れるようにというような保証をこちらで用意するようにはしますが。

相手方代理人（沼田）　定期的に、バゼロンさんがお子さんにお会いしたいと言っていることと、アメリカに連れて帰るということは、実は、似ているようで別のものです。アメリカに連れて帰るのは、やはり向こうとしてもよりハードルが高い要求だと思っていると思います。特に、美智子さんはアメリカでは刑事的にも責任があるとさっき申しておりましたから、にもかかわらずさち子さんをアメリカに寄こせというのは、要求できる最大限のところまで言ってのことだと思うんですね。

　そこで、こちら側としては、そこまでは無理としても、たとえ1年に1回なりとか、1カ月に1回なら譲歩できるかなというところから考えていく方がよろしいかと思うのですが。

相手方（美智子）　例えば、もし、さち子がアメリカに行って、その期間が過ぎても帰ってこないときに、私がアメリカに行ったら、私は誘拐罪の

犯人にされるのですか。逮捕されてしまうんですか。そしたら実質的に私はアメリカにあの子を取り戻しに行けないじゃないですか。

相手方代理人（高田）　ペンシルベニア州に入れば逮捕される恐れがあります。

相手方（美智子）　だってあの子の家はフィラデルフィアなんですよね。

相手方代理人（高田）　それで、この交渉のポイントになると思うのですが、相手方に裁判所の決定を破ったということを取り下げろというようなことを、一つ交渉の材料として使えると思うんですね。

　それからもう一つは、今、フィラデルフィアのコートでは、相手方のジェームズだけに親権があることになっていますが、美智子さんにも親権を与えるようにしろというような条件をつけることができると考えております。

相手方代理人（大江）　ジェームズさんに取り下げてもらえば、逮捕されるという心配はなくなるので、それは大丈夫です。

相手方（美智子）　大丈夫ですか。

相手方代理人（大江）　はい。

相手方（美智子）　このレギュラービジティングライツ、ジェームズがさち子に会う回数というのは、どれぐらいまで少なくできるんでしょうか。余り頻繁に会えるということだと、私はちょっと嫌です。

相手方代理人（大江）　そうですね、心配ですね。

相手方（美智子）　はい。

相手方代理人（高田）　どれぐらいだったら受け入れられますか。

相手方（美智子）　年に3回とかそのぐらいならいいですけれども。

相手方代理人（高田）　一番お困りになっているのは、お子さんが父親に会うことで、お父さんに対して非常にいいイメージを持つようになって、片や、日ごろ家庭では非常に貧しい生活もしておられて、厳しい思いをさせておられると、そういう影響の問題と、それから、子供が両親の間を何とかして、またもとの関係に戻したいというようなことを小さいお子さんに心配させることを気にかけておられるのだと思います。9歳で、小学4年生ということになりますと、1年に1回であれば、それほど影響も長く

続くようにも思えませんし、さらに、これから大きくなっていくと、だんだん自分の考えというのも出てきますから、現実を直視するようになるかと思いますしね。次に、子供さんのためと、それからお母さんのためにも、やっぱりお金をいかに確保するかということで考えていきたいのですが。これから中学校へ入れようとなると、お金かかりますよね。

相手方（美智子）　でも、確かにお金は大事ですけれども、何だか、さっきこちらの金額を申し出たときに、会場中が笑いに包まれて、私、まるでお金のことしか考えてないように向こうが思っていたら嫌だなと感じたのですが。さち子のためだというのは、きちんと向こうの方に伝えていただけるんでしょうか。まるで私だけお金欲しいみたいで、何だか嫌だわ。

相手方代理人（沼田）　それは、お金はお子様のために確保するということですので、そんなことはありませんが。

相手方（美智子）　はい。

相手方代理人（沼田）　ジェームズさんがお子さんに会うこと自体は？

相手方（美智子）　回数的に余り多いのでなければ、仕方がないかもしれないですね。

相手方代理人（高田）　もう一つ、こちら側が要求したこととして、一括払いということを言っているわけですよね。心配は、相手方が金を使い込んでしまうかもしれないと。

相手方（美智子）　そうなんです。とってもお金使いの荒い人なんですよ。

相手方代理人（高田）　でも、こちらが払う立場に立ちますとね、いきなり日本円にして1億円払ってよと言われても、ちょっとノーと言いますよね。遺産といっても現金より土地とかでしょうから。

相手方（美智子）　そうすると、どうしたらいいんでしょうか。

相手方代理人（大江）　進学とともに幾らもらうなどというように、ちょっと譲歩していく可能性は多分あると考えていただきたいと。

相手方（美智子）　はい、わかりました。

〈妻側の調停〉

調停委員（モリテルノ）　私も、私の同僚の調停人もともに認識していることですが、今回のケースは感情の絡む、大変な問題だと思います。父親と母親の間で緊張関係があるということは、それは当然のことです。

　これから私が申し上げることは、父親側にもお伝えしますけれども、調停人として望んでいることは、父親、母親の間の個人的な感情を横に置いて、とにかく子供の最善の利益を考えてほしいということです。子供は母親のものだけではなく、父親のものでもあるわけです。

　今から皆さんと少し話し合いをして、そして最終的にどういった要求をしていくのかというところを探っていきたいと思います。言いかえますと、どういったところを期待していらっしゃるのか、そして何を恐れていらっしゃるのか、そして皆さんの考えていらっしゃる動機、どういったニーズがあるのか、どういった根拠のもとにその要求を考えていらっしゃるのか、そして父親側の要求をどのように考えていらっしゃるのかお話いただきたいと思います。皆さんと少々お話をさせていただいて、そして父親側のチームともお話をさせていただいて、そして双方にお集まりいただいて、そして最終的に共通の落としどころを見つけていきたいと思います。要求のすべてが満たされるわけではないかもしれませんが、最終的に、双方の利益が満たされるようにしていきたいと思います。

　では、まず皆さん側の方から、もう少しお話をしてください。まず、なぜ面接権を拒否するのですか。

相手方代理人（大江）　大阪高裁が美智子さんに親権を与えています。その際には面接権のことは何も触れられておりません。

　私たちが恐れているのは、父親に会うようになると、限られた日数しか父親に会いませんから、子供の好きなようにさせ、いいお父さんの役を演じることができるわけですね、現実とは違って。また、さち子は父親のうわさを聞いていますが、実は悪い人ではないというふうに感じてしまうわけですね。父親は悪いことをしたわけだし、そのように簡単に許されてはならないのです。ところが、お父さんを理想化してしまう結果、なぜお母さんが、こんないい人のもとから出て行ったのかと考えるようになるわけですね。できたらもう一度、もとのさやに戻ってほしいと、感じるように

なるかもわかりません。

　将来的に、そのような気持ちを抱きますと、もし父親が再婚したときに混乱してしまいます。さち子としては、父親に対する考え方をどうしていいのかと、混乱することにもなります。

調停委員（池田）　では、お金の方は、1億円もなぜ一括払いを請求していらっしゃるんですか。

相手方代理人（大江）　1億円というと多額のように思えますが、計算してみますと、さち子は今9歳で、これから12年以上学校に行くわけです。非常に頭のいい子ですから、多分いい学校に行きたいと思うでしょう。そうするとお金がかかります。さらにいい学校にやるためにはお金がかかります。例えば塾に通ったり、また、他のおけいこごと、ピアノとか、そういうものにもお金がかかるわけですね。

　また、美智子さんが外で働いている間、子供の面倒をみてくれる人のためにもお金が必要です。

　さらに、ジェームズは、莫大な遺産をもらったということです。向こう側の弁護士によると、彼女を取り戻すためにそのお金を使うようですが、いつ心変わりをして、娘に払わないと言い出すかもわかりませんし、父親は浪費家ですから、ある一定のお金をまとめて受け取っておかなければならないわけです。

調停委員（モリテルノ）　非常に正直な意見ですね。お父さんと会うことについて、何か心配事が他にあるのでしょうか。

相手方代理人（沼田）　面接権について、我々が恐れているもう一つのことは、さち子がジェームズに会うようになると、可能性として考えられるのは、娘を戻さないということになってしまうかもしれないからです。父親はアメリカで親権を持っていますから。

調停委員（モリテルノ）　面接権について、妥協の余地はありませんか？

相手方代理人（沼田）　美智子さんは、さち子を父親に会わすことについて、余り頻繁でなければいいかなという気持ちにもなっています。

　お金を受け取ればという、交渉の余地があるということです。彼女は、自分のためにお金が欲しいのではなく、娘のためにお金が欲しいと言って

いるのです。

調停委員（モリテルノ） まるで何か、お金と娘との時間を交換条件にしているような感じを受けますけど、現実的に見てとのことでしょうね。

調停委員（池田） では、相手側の言い分を聞いてみることにしますが、お待ちいただく間、娘さんのために何が最善かということを考えていただきたいと思います。先ほども申しましたように、ストレスも多くあり、気持ち的にも美智子さんとジェームズさんの間には葛藤がある、それはわかります。しかし、ここで一番大事な問題は、子供と父親の間のきずなは切れないということです。さち子さんは彼の娘でもあること、この事実は変えられません。それを否定することはできません。ですから、そのことを心に置いて、子供のために何が一番いいのかということを考えていただきたいのです。よろしくお願いいたします。

相手方（美智子） 私がアメリカでオーダーを受けたときに、1ヵ月に2日と2晩しか一緒にいることを許されなかったんです。私はあのとき、何もひどいことをしたわけではなくて、ただただ働いて、そして夫に裏切られて、そして最後にああいうオーダーを受け取ったわけですよね。私がお金と娘と一緒に過ごす時間を交換しているというふうに言う、そういう印象を受け取られるかもしれませんけれども、それは随分ひどい言い方だと思います。私のアメリカでのあのひどい生活というのは一体何だったんでしょうか、私はそれだけ申し上げたいと思います。

調停委員（モリテルノ） 気持ちを正直に言ってくださいましたね。ありがとうございます。

<夫側の調停>

調停委員（モリテルノ） 皆様、お待たせいたしました。非常に難しい事案であるということはわかっております。このような状況の中では、双方の間で敵意が生じるのは仕方がないことです。それぞれの個人的感情は差しおいて、子供のために何が一番いいかということを考えてほしいと、母親側にも言いましたし、それは父親側に対しても同じことです。

要求はわかりましたが、なぜその要求をしているのか。なぜそれが子供のために役立つのか、どう役立つのかということを言っていただきたいと思います。双方からそれを聞けば、子供のために何が一番いいかという落としどころがわかると思います。

では、みなさんの側から、どのようなことを希望しているのか、どのようなことを心配しているのかということを伝えていただきたいと思います。

申立人代理人（ビエドゥリッキー） 　敵意はさておいて、子供のことに集中しようとまとめていただきましたね、ありがとうございます。

バゼロン氏は、責任感の強い父親で、すばらしい人です。いつもフルタイムの仕事を持っていました。娘の学校で教えておりましたので、娘と近しい間柄です。彼が勤務する学校のモットーは、道徳心の向上とコミュニティーへの献身であり、その学校の教員として、彼はすばらしい人物です。

さらには、我々の要求というのは、子供のさち子のための最善の利益を考えたものです。まず、一括払いという要求ですが、それは現実的に無理です。それははっきりしています。しかしながら、財政的な支援をしたいと思います。それをする法的責任はありませんが、かわいい娘のためですから、父親として何かしてやりたいと当然思っております。

また、娘の教育費は当然支払うつもりでおります。個人的なお金を要求されていらっしゃるようですが、何に使うのか知りたいですね。その金額の根拠を知りたいわけです。最後の方でインターナショナルスクールということが出ましたけど、その授業料も、父親は支払うつもりです。日本のインターナショナルスクールについてもリサーチしております。

美智子さんは、日本人として娘を育てたいと言っておりますが、しかしながら彼女は単なる日本人ではありません。英語の能力がありますから、それを保っていくのが子供のためです。子供のアイデンティティーを考えなければならないのです。バイリンガルということは子供にとって将来、非常に有利です。仕事を探す場合にも、英語、日本語が話せるということは子供の利益になります。

訴訟のし合いという醜い形にはしたくありませんので、話し合いで何と

かまとめたいと思っております。

　法的に申しますと、美智子さんが親だから略取ではないという主張は、国際法下では通用しません。日本の刑事法でも、誘拐罪から両親を除外する形にはなっていませんから犯罪者になるわけです。美智子さんは、バゼロン氏がアメリカで親権を得たにもかかわらず日本に連れていきました。日本は残念ながらハーグ条約に加盟している 74 カ国の一つではありませんが、彼女はインターポールを通じて逮捕されることもありうるわけです。面接交渉について合意できれば、私どもとしては、この問題を解決できるのではないかと思います。これは私たちがつくり上げた問題ではなく、美智子さんの自業自得なのです。

調停委員（池田）　　問題を解決できるというのはどういう意味ですか。

申立人代理人（ビエドゥリッキー）　　国際的な子供の略取というのは、ペンシルベニア州法でも連邦法でも違法です。ただし、親権をバゼロン氏が放棄すれば、ここでは法的な問題はなくなってしまうということです。

調停委員（池田）　　三つの要求が満たされれば、そちら側としてはバゼロン氏のアメリカでの親権を放棄する用意があるわけですね。

申立人代理人（ビエドゥリッキー）　　現時点ではないです。

調停委員（池田）　　もし合意ができれば、その可能性があると、そういうことでよろしいでしょうか。

申立人（ジェームズ）　　娘にアメリカで会えるのであればという条件をつけましょうか。

調停委員（池田）　　面接交渉につきましては、美智子さんはもう少し柔軟性があるように見えます。私どもが思った印象ですけど、彼女の側は日本でならさち子さんに会わせてくれるかもしれません。しかし、子供をアメリカに送ることについては大きな抵抗があります。そちら側がおっしゃっている、逮捕される可能性があるからですが。

申立人代理人（キングスデール）　　私が思いますに、アメリカへの訪問については、私どもの方で、契約的な形で娘を帰す保証をすることはできると思います。しかし、それだけでは美智子さんにとっては十分ではないかもしれません。バゼロン氏に親権を認める決定はアメリカ、全米で強制力

があり、国際的にも強制力があるのです。ですから、正式に親権をバゼロン氏が放棄すれば、そしてそれを書類の形で残して、美智子さんに親権を渡すということにすれば、アメリカでも強制力があります。

調停委員（モリテルノ） さち子さんがアメリカにいる間、父親が親権を取り戻すために、もしかしたら申し立てをするかもしれない、この懸念にはどう対応されますか。

申立人代理人（ビエドゥリッキー） これは州法を超えた親権で対応できると思います。法廷は、外国の親権を無視して親権を与えることはできません。これは国際間の合意事項です。バゼロン氏は他にも、これ以上の子供のトラウマとなるようなことを避けたいと思っています。バゼロン氏は、このことを今よくわかっていまして、自分が欲っすることではなく、子供の最善の利益を実現したいと思っているわけで、そのためには他の問題をすべて解決することがいいことだと思っています。

調停委員（池田） 他に、美智子さんがどうして定期的に子供を会わせることに抵抗しているかという理由を御理解いただきたいと思います。

　ペンシルベニアでの決定によれば、1カ月に2回の面接交渉しか彼女には許されませんでした。そのことに今、反感を持っています。当時、彼女は移動の多い客室乗務員をしていました。そのせいか、裁判所の決定というのは彼女にとって非常に不利なものでした。今、彼女が言っているのは、私がアメリカにいたときは、たった1カ月に2度しか娘に会える権利を与えられなかった。そのことに対比して、さち子さんの親権を取った今となっては、父親に定期的な回数の多い面接交渉を与えることについて抵抗があるわけです。

　しかし、彼女の柔軟性は増していると思います。ただ、見返りに一括支払いを求めています。どうして一括支払いなのかというと、一つは、子供のために十分お金を使いたいということと、もう一つの懸念というのは、バゼロン氏が浪費をしてしまうかもしれないということです。

　私の提案といたしましては、双方が解決策を探す、例えば、将来的にお金をよけておいて信託化するというようなことですね。

申立人代理人（ビエドゥリッキー） さち子さんのためにも信託化というの

はいいオプションかもしれません。バゼロン氏が浪費家だというのは全く根拠がないことです。彼はいつもフルタイムで働いていて、財政的に非常に安定した人物だと言うことができます。

　その一方で、私どもは、美智子さんの財政的な責任というのもお話したいところですが、今、ここではするべきじゃないですね。

調停委員（モリテルノ）　お母さんの側と話し合って、もう一つ難しい問題があることがわかりました。お母さんの側の懸念は、娘がもし父親に何度も会うなら、父親が過去に犯した過ちを追認することになってしまうのではないか。そして、道徳的な価値判断について、子供に間違った印象を与えてしまうのではないか。この母親の心配はどう考えられますか？

申立人代理人（キングスデール）　それは全く問題だと思っていません。私どもの依頼人には、不名誉な行為がありましたが、それは終わったことです。彼も悪かったと反省しています。正直申し上げて、本件には関係ないことだと思います。不倫の問題を調停の場に持ち出すのはフェアではないと思います。さち子さんには関係ないんです。これを持ち出すのは、復讐心、あるいは憎悪に基づいているように思いますし、生産的ではないと思います。さち子さんにとって何も得るものはないと思います。

調停委員（モリテルノ）　子供さんが板挟みになってとまどうだろうという点においては、彼女の心配も否定できないと思いますよ。父親が浮気をしても仕方なかったというような思いをさち子が抱くようになることを心配して、父親と頻繁に会わせることに消極的なのではないでしょうか。

申立人代理人（キングスデール）　お母さんは父親の浮気のことをさち子さんに話したわけですか。

調停委員（池田）　それはわれわれにはわかりません。それではそろそろ母親側に加わっていただきましょうか。

〈同席調停〉

調停委員（モリテルノ）　では、よくお戻りくださいました。調停人といたしまして、大変建設的な話し合いが、母親側、それから父親側ともでき

たと、うれしく思っております。恐らくいろいろな懸念がそれぞれあると思いますが、それを共有いたしまして、双方が、できる限り歩み寄っていくような形にしていきたいと思います。それぞれの懸念を表明して、それに対応して、前進が見られましたので、この先、直接にお話を続けていただきたいと思います

　ではどちらからでも始めてください。

相手方代理人（大江）　一つだけ、はっきりとさせておきたいことがあります。冒頭陳述のところで、美智子さんにはクレジットカードの借金があるということを指摘されましたが、それはもうないことだけ、はっきりさせておきたいと思います。

申立人代理人（ビエドゥリッキー）　では、3カ月のリースの滞納はいかがですか、アパートの家賃を払っていなかったということですが、それは払いましたか。

　それから、車を置き去りにしましたね、空港で。それはどうですか、あれもリースが残っていましたよね。それから、駐車場にも払わなければならないお金があると思いますが。

調停委員（池田）　それ、後で解決しませんか。

相手方（美智子）　これらの借金に関しては、まだ残っているところがあると認めざるを得ませんけれども、でも、私を借金が多いと非難しましたよね。しかしそれは別れてからの話です。私がクレジットカードを使ったり、それ以外の借金に関しても別れてからで…。

申立人代理人（ビエドゥリッキー）　まだすべて返してないのですね。

相手方（美智子）　まだです。

申立人代理人（ビエドゥリッキー）　それからもう一つ、現在の仕事はどうなっていますか。現在、お仕事はされているのですか。

相手方（美智子）　今ですか。

申立人代理人（ビエドゥリッキー）　そうです。

相手方（美智子）　パートタイムで仕事はしています。

申立人代理人（ビエドゥリッキー）　何のお仕事ですか。

相手方（美智子）　スーパーマーケットで仕事をしています。

申立人代理人（ビエドゥリッキー）　お給料はどれぐらいですか。

　相手方（美智子）　それほど高いものではありません。正直に申しまして、私と、娘と、それから母親も一緒に住んでいますから、経済的に少し困難ではあります。

　しかし、はっきり言っておきたいことがあります。ジェームズは、私を裏切ったわけです。私は、客室乗務員としての仕事を持っておりました。もし裏切りがなければ、もっとお金を稼げたはずなんです。現在、経済的に困難ではありますが、これは私のせいではありません。そのようにはっきりと申し上げておきたいと思います。

　申立人代理人（キングスデール）　では、私からもつけ加えたいと思います。

　現在、経済的に少し困っていらっしゃるということをよく理解しておりますし、また、子供を一人で育てるということの大変さもわかっているつもりです。

　相手方（美智子）　ありがとうございます。

　申立人代理人（キングスデール）　ですからこそ、手を差し伸べたいんです。我々は、喜んでお金を払いたいと思います。昔は、養育費を美智子さんが払っていらっしゃったわけですよね。ですからこそ、今度は我々が払うのが正当だと思いますし、ある条件下において喜んで支払いたいと思っています。つまり、信託を確立して、さち子さんを唯一の受益人にしたいと思います。

　調停委員（池田）　意味はわかりますか、この信託に負託するということですけれども。

　相手方代理人（大江）　はい、われわれも同じ考えです。

　申立人代理人（キングスデール）　しかし、まずこの信託基金に入れるお金ですが、金額に関してもう少し説明をしていただきたいと思うんです。つまり信託基金に入れる額として適正な金額について、100万ドルとおっしゃいましたが、その計算根拠は一体何ですか、どういったことを考慮に入れた上での金額なんでしょうか。そちらの説明をいただきたいと思います。

　それからまた、見返りとして、我々の依頼人が子供に会えるようにして

いただきたいと思います。子供の養育費を払うわけですし、支援をするわけです。もちろん金銭、お金というのも支援の一つの形ではありますけれども、それだけではなく、子供の感情面での支援もしていきたいと思っているわけです。アメリカにおきましては、父親も子供に対してとてもよい影響を及ぼすことができると信じられておりますし、子供が父親に会うことは、子供の利益だと思います。

相手方（美智子）　もちろん、よい父親は、子供に対してよい影響を及ぼすでしょう。でも、ジェームズはどうなんでしょう。

申立人代理人（キングスデール）　我々はジェームズをよい父親だと信じているんです。そしてアメリカの法廷もジェームズをよい父親と認めているわけです。ですからこそ親権を父親に与えたわけです。アメリカでも、通常は母親に親権が与えられます。それに対して、家庭裁判所での裁判では、父親ジェームズは市民としても責任を果たしており、とてもすばらしい学校で職を得ている。そして子供とも、とてもいい関係を保っているということで、親権が父親に与えられたわけです。もちろん、人生において間違いは犯してきたでしょう。しかし、それはだれにでも起こることです。

相手方代理人（沼田）　離婚理由は、親権をどちらに与えるかという件に関して、考慮に入れられないのではないですか。つまり、アメリカの裁判所が、親権をジェームズに与えたからといって、離婚の理由を除外しているのですから、決してジェームズがすばらしい父親だと認められたわけではないということです。

申立人代理人（ビエドゥリッキー）　いえ、アメリカで親権が与えられる場合、それは子供の最善の利益ということですから、ということは、当然にジェームズがいい父親であったから親権が与えられたと考えるべきではないでしょうか。

相手方（美智子）　フィラデルフィアの裁判所が、ジェームズにさち子の親権を与えたのは私が働いていたからです。そして、ジェームズは学校での職を持っておりましたが、しかし、家にいて、家で時間をたくさん過ごすことができたからこそ、親権が与えられたわけです。しかし、日本においては、私が、さち子とずっと一緒に生活しているわけですから、もし、

子供の最善の利益というのであれば、それを果たすのは今度は私の番じゃないでしょうか。

申立人（ジェームズ） でも、一度私、聞きましたよね。もう仕事をやめてほしいと言いましたよね。私は小学校の教員でした。仕事があって、そして頑張って仕事するからもう家にいてくれと言いましたよね。でも、あなたは、お金がもっと欲しいから仕事を続けたいと言いましたよね。金銭的に問題はなかったはずですよ。

相手方（美智子） いえ、でもジェームズ、忘れないでください。常に遺産をあてにしていましたね、祖父から遺産が入るということで。そして、特に向上心を持って、昇進をしようとか、そんな努力をしなかったじゃないですか。

申立人代理人（ビエドゥリッキー） 前に進みましょう。もちろん二人の間には、いろいろ感情的な問題があると思いますけど、今日ここで我々は、だれが悪かったかと責める場ではありません。子供の最善の利益のために、いかにして目標を達成するかのために、我々はここにいるわけです。ですから、前に進みましょう。もう少し現実的な条件の話に移りましょうか。ジェームズは、浮気をしたということはそれはそうでしょうし、お二人の間にはいろんなことがあったと思いますけど、今日の争点はそちらではありません。もう少し、現実的な細かい要求の話に話を移したいと思います。
　そちらからの新しい要求は何ですか。

申立人代理人（キングスデール） 信託基金をつくるということに関しては、いいですか。

相手方代理人（大江） ええ、それはいいと思います。

申立人代理人（ビエドゥリッキー） それから面接交渉権に関してはどうですか、それは見返りに許すつもりはありますか。

相手方代理人（大江） もちろん、定期的にさち子さんをジェームズさんに会わせてもいいと思っています。

調停委員（池田） 1年に何回ですか。どういった方法で会わせますか。どのような合意ができるでしょう。

相手方代理人（沼田） できるだけ少なく、1年に1回とか。

相手方（美智子）　2カ月に1回でどうでしょう。すなわち1年に6回です。

申立人代理人（ビエドゥリッキー）　1回ずつ分けて、1年に6回ということですね。では、その1回の訪問の期間は。

相手方（美智子）　1泊です。

申立人代理人（ビエドゥリッキー）　しかし、ジェームズはアメリカに住んでいて、そして皆さんは日本にいらっしゃるわけですよね。年に6回も1泊のために日本行きの飛行機に乗るんですか。

相手方（美智子）　私は客室乗務員としてそれをしていました。

申立人代理人（キングスデール）　でも、それはただだったでしょう。

相手方（美智子）　そして20時間使って日本に帰ったりしていたわけです。

申立人代理人（キングスデール）　でも、それは無料だったでしょう。

相手方代理人（大江）　じゃあ、1年にまとめて6泊の方がいいですか。

申立人代理人（ビエドゥリッキー）　もちろんバゼロン氏に最終的に決めていただく必要があります。しかし、現実的に考える必要があると思います。もう少し長期の訪問を考えるべきだと思います。1年に1週間というのは余りにも少な過ぎると思います。

調停委員（池田）　1年に6回ということですが、ということは12日ということになりますよね。1回が1泊で2日ということになれば、12日ということですから、ということであれば2週間ぐらいでどうですか。1週間を2回というのはどうでしょう。

申立人（ジェームズ）　それは、日本へということであればいいですけれども。さち子にはアメリカにも来てもらいたいわけです。

相手方代理人（大江）　アメリカに行かせることに関して、我々はもう少し深い懸念を持っております。さち子さん自身がアメリカに行くことに合意するということが条件ですが、さち子を行かせて、本当に母親の手に戻してもらえるんですか、その保証はありますか。

申立人（ジェームズ）　法廷命令を使えばいいと思います。

相手方代理人（沼田）　じゃあどのようにして法廷命令を得られるんですか。

調停委員（モリテルノ）　話が脱線しているようですが。

申立人代理人（ビエドゥリッキー）　先に進めましょう。保証はできます。バゼロン氏は子供を略取することはいたしません。それには幾つかの理由があります。まず一つ目、法的にアメリカには全米親子管轄法（Uniform Child Jurisdiction Act）という法律があり、アメリカの各州は海外や他の州で与えられた親権を自州内でも認めるというものです。ですから、ジェームズがアメリカでの親権を放棄すれば、日本の裁判所で認められた親権だけが有効になります。そうすると、それはアメリカ全土で効力を持ちますので、アメリカの裁判所はジェームズに親権を認めることはできなくなります。以上が法的な保証です。

　それから二つ目、父親は、さち子さんの最善の利益を本当に考えております。日本に一度連れて行かれたものをまたアメリカに連れ帰るというようなことをすれば、彼女にとってトラウマになってしまうと心配して、今日も親権を争うのではなく、面接交渉の実現のみを希望しているのです。過去2年、さち子さんは安定して日本で暮らしてきたわけですから、そのことに配慮したいということです。ですから、法的な問題だけでなく、彼女のためにも、さち子さんをアメリカに連れ帰って、そのまま日本に帰さないというような意図は全くないのです。この点に関しては契約のようなものを結んでもいいと思っております。

申立人（ジェームズ）　ただ、こちらも保証が欲しいと思っています。例えば日本に来た場合、お正月の休みとか夏休みに日本に来た場合、さち子と会える保証が必要です。そのときに都合よく病気になったと言われたり、祖父母を訪ねているなどという理由で会えないというような事態が起こらないという保証はありますか？　その問題についてどう対処していただけるわけですか。

調停委員（池田）　日本での面接交渉権を必ず実行するという保証を求めてらっしゃるわけです。

相手方代理人（大江）　さち子さんが会いたいと望むなら合意書を作成するなどして、その権利は必ず実行されるはずです。

申立人代理人（ビエドゥリッキー）　その保証は心強いですが、法律的に見

てそれでは不十分です。来日時に必ずさち子さんに会えるという保証として、合意書面の中で、もしそれが実行されないならば信託にしているお金を全額バゼロン氏に返すとか、何か取り決めを結んではどうでしょうか。会わせてもらえないなら、お金を払わないとか。
相手方代理人（沼田）　わかりました、合意します。
申立人代理人（ビエドゥリッキー）　それでは、アメリカでの訪問についてですが。
相手方代理人（沼田）　その前に話し合いたいのは、どれぐらい金銭を得られるかということです。正確に言うと遺産はどれぐらいなんでしょうか。
申立人（ジェームズ）　遺産として十分なお金は受け取っています。さち子にかなりの支援ができるぐらいのお金は受け取っております。十分なお金を受け取っていますが、なぜ1億というのか、その根拠がまず知りたいですね。教育費、養育費、その他理由があれば結構なんです。
相手方代理人（大江）　つまりあなたにはそれだけの余裕があるということですか。もしきちんと正当な理由があれば払うとおっしゃいましたが、たとえば1億円払えるということですか。
申立人（ジェームズ）　インターナショナルスクールの学費、養育費、アメリカで美智子が払っていた費用は払えます。
相手方代理人（大江）　日本での教育費は、あなた方が予想しているよりもかかります。
申立人（ジェームズ）　そういう細かいことは後で検討しますが、まず、教育費はカバーします。それから、アメリカと日本を行き来するための費用は払う覚悟があります。
調停委員（池田）　ちょっと入っていいですか。金額的なことですが、まず、合意ができているように思えるのは、信託基金をつくるということですね、ある程度のまとまった金額をその基金に拠出して、子供のために使う、それはいいですね。もちろん、もう少し詳しいことを詰めるには時間はかかりますけれども、この件については合意ができていると受け取っていいわけですね。
相手方代理人（沼田）　子供をどのように育てていくか、インターナショ

ナルスクールに行って、子供を国際的な人間に育てたいとおっしゃっていましたけど、なぜ、さち子さんをインターナショナルスクールで教育を受けさせたいと考えているのか、ご説明願えますか。

申立人代理人（ビエドゥリッキー） もちろん日本の文化も尊敬しておりますし、さち子を日本人として育てたいという気持ちはわかります。しかし、さち子は100％日本人ではないというのが事実です。半分はアメリカ人で、半分は日本人です。第一言語は英語として育ってきました。

相手方代理人（沼田） でも、今は日本語です。

申立人代理人（ビエドゥリッキー） 彼女はアメリカで育ちました。そのようなことを考えると、英語のネイティブの能力があれば、将来的に仕事を見つける場合にも、さまざまな場面においても有益となるということは疑いがありません。

申立人代理人（キングスデール） また、さち子の心理的な面を考えると、国際的な雰囲気に慣れていますね、例えばアメリカでは友達がいましたし、彼女にとってはインターナショナルスクールに行った方が、もっと自然に環境の変化に対応できるのではないでしょうか。

相手方代理人（沼田） さち子さんが日本の学校に入って、もう2年になっていますから、日本人の友達も大勢おります。

相手方代理人（大江） 英語も忘れかけていますし。

申立人代理人（ビエドゥリッキー） それが問題なんです。

調停委員（池田） さち子さんをインターナショナルスクールに今、転校させたいんですか、それともある期間を置いてからでしょうか？

申立人代理人（ビエドゥリッキー） 次の学年からインターナショナルスクールに入ってもらいたいと思っています。

相手方代理人（沼田） 費用がかさみますよ。

申立人代理人（キングスデール） ですから、彼女の教育費は引き受けると言っているわけです。

相手方代理人（大江） 美智子さんの意見としては、さち子さんが、もちろん半分アメリカ人ですから、外見は違うというのはわかっています。ですから、彼女にとって重要なのは、内面だけでも日本人になる。日本に住

んでいるのですから、外見は少し違いますけど、日本人になることが重要だと考えているわけです。

申立人代理人（ビエドゥリッキー）　日本の文化を維持することはとても重要ですし、さち子さんが仲間外れにならないためにもそれは必要です。私たちは、大阪のインターナショナルスクールについてリサーチをしてみました。どの学校も、日本語と、日本文化、そして英語のスキルを統合するようなプログラムになっておりますから、彼女の日本人としての文化的背景を否定することにはならないと思います。むしろ、彼女が一生保有するべきアメリカ人としてのアイデンティティーを失うことを我々は非常に恐れているわけです。ですから妥協案として言っているわけですね。英語は彼女にとって重要な資産であって、彼女にとっての最善の利益にかなうと思います。

調停委員（池田）　英語の教育については、また文化的な教育についてはどう考えておられますか。

相手方（美智子）　ええ、英語は重要であると、それは認識しています。彼女が将来何になりたいのかはわかりませんが、英語の能力というのは、彼女にとって役に立つ強力な武器であることは、国際的な場では武器になるということはわかっております。

　私としては、インターナショナルスクールに通わせるということに、強く反対するつもりはありません。

調停委員（池田）　問題はいつ転校させるかということですね。

申立人（ジェームズ）　もちろん、学年の区切りを考えて転校させたいと思います。

相手方（美智子）　子供の最善の利益のためとおっしゃるのだったら、さち子がどう考えているか、彼女が何を望んでいるのか、本当にインターナショナルスクールに行きたいのか、本人に聞くべきだと思います。私たちが娘に。

申立人（ジェームズ）　私たちというのはだれのことですか。

相手方（美智子）　私と私の弁護士が。

申立人代理人（ビエドゥリッキー）　いえ、それは受け入れられませんね。

調停委員（池田）　もちろん忘れてはいけないのは、さち子さん本人のことです。最も重要な人物はさち子さんなんです。ここにいませんが、ここにいないさち子さん、彼女のことを考えなければなりません。何が彼女にとって一番いいかと、これが重要なことなのです。

でも、私としては、最初は二人の間に非常に距離があると感じていました。しかしながら、こういった建設的なディスカッションを通じて、双方が子供の最善の利益を考えて距離を縮めてきたと感じております。それは非常にうれしいことですね。まだこれからも詰めていかなければならないので、さらに時間が必要ですが、このセッションをまとめるにあたって、どのような合意、どこまで到達したかということを確認したいと思います。

まず教育についてですが、双方とも合意したのは、さち子さんにインターナショナルスクールで英語の教育を受けさせるということです。しかし、それをいつから始めるか、またどのように始めるかについては、後でまた詰めることです。彼女の意向も聞いてみなければならないし、これで次に続ける、いいですね。

第2の合意点、到達点というのは、金銭的なことです。お金のことですが、双方とも合意したのは、まだ金額には全く合意できていませんが、少なくとも合意したのは、この時点では、信託基金を創設するということです。

調停委員（モリテルノ）　子供の養育費、教育費、その他のことを考えて金額については合意できると思います。

申立人（ジェームズ）　甘やかすつもりはありません。

調停委員（池田）　3番目の最も難しい点は、面接権についてですが、合意したのは、父親が2週間、1週間の期間で年に2回日本に訪問できるということです。

最後に残った問題は、アメリカでの面接権の行使ですが、それについては父親側から非常に建設的な提案が出ました。娘を必ず日本に送り帰すという保証をするという提案がありましたね。ですから、どのようにして娘を行き来させるのか、その合意のもとになる信頼感を醸成していかなければなりません。

申立人代理人（キングスデール）　父親から今日持ってきたものがありま

す。別にそんな大きなものではないし、甘やかしているわけではないのですが、これを娘さんに渡したいと思っているんです。日本のものですよ、サンリオのキャラクターものです。これをさち子さんに渡して、アメリカにいるおじいさん、おばあさんのために写真も撮って帰りたいと考えているのですが。

相手方（美智子）　　いいでしょう。

調停委員（モリテルノ）　　今後更に対話を重ねていくことで、お互いを信頼する気持ちを育てて、今日話し合ったことが本当に実現できるように、詳細を詰めていかなければなりませんね。

　美智子さん、ジェームズさん、両方に申し上げたいのは、非常にすばらしいことをさち子さんのために、1時間そこらで達成したということに対してお祝いを申し上げたいと思います。すばらしい結果が出ました。もちろん、これから一生、彼女のために協力を続けていかなければなりませんが、今日達成したことだけでも、娘さんの最善の利益のために非常に大きなことをなし遂げられました。おめでとうございます。

池田　　では、フィードバックのセッションを、コーヒーブレイクの後に設けたいと思います。

ワークショップ　フィードバック

2006年2月17日（金）14：50～16：30
於：関西学院会館　光の間

池田　教師といたしまして、このようなシミュレーション教育の実践を過去2年間やってまいりました。私が発見いたしましたのは、フィードバックの重要性です。

　ですから本日、いつもどおり私は、役柄を演じてくれた人からの短いコメントをいただきたいと思います。達成できたこと、できなかったこと、どのようにお考えでしょうか。

沼田　思っていたよりずっとおもしろかったと思います。ステージ上にいること、こういうケースに携わることで、現実について考える機会が得られました。そのとき、私は弁護士として考え、行動しなければならない、これが私の発見です。非常に教育的な体験だったと思います。皆様方に感謝申し上げます。ありがとうございました。

大江　皆さんお気づきになったかもしれませんが、舞台上で非常に緊張していました。しかし、やってみて本当によかったと思います。とても感謝しております。このような機会を与えていただいてよかったと思います。思っていたよりもスムーズにいったと思います。ジェームズさんは予想以上にお金持ちでしたし。とても楽しかったです。そして、今日のことで、いい弁護士になりたいという気持ちがいっそう高まりました。ありがとうございました。

高田　とにかく、今日は非常に楽しいミーティングで、この2週間、ほとんど毎日のように準備をしてきて、ほとんど全くどういうふうにアプローチしていいかわからない、ゼロからの状態で取り組んでいくという、そのプロセスを非常に楽しむことができました。

この期間を通じて、一番、私が疑問に思っていましたことは、日本では、両親が離婚した場合に、どちらか片方にだけ親権が与えられて、与えられない方は、どちらかというと、子供との面接権を避けるというふうに考えていました。それにもかかわらず、どうしてアメリカ人の父親は会いたがるんだろうかという疑問をずっと考えていました。そのことを、昨日、ある先生に申し上げたら、おまえのそういう見方はいけない。アメリカ人とか日本人とか、一般化して考えるのは、考え方として極めて間違っておるということを指摘されました。

　正直言いまして、私、デトロイトで7年間仕事をしていまして、ビッグ3を相手に商売しておったわけですが、常に日本人ということを意識して商売しとったわけですし、また、日本の本屋に行ってみますと、日本人論というのがいつもベストセラーになっているというふうなことで、我々は、生活の中で日本人というのを意識しておると。

　ところが、今回のケースを見ますと、やっぱりアメリカ人と日本人ということではなくて、ジェームズさんと美智子さん、二人の個人的な関係だと、こういう視点が必要だと思います。そもそも、この問題の発端は、美智子さんが、二人の男女という人間関係ではなくて、日本人とアメリカ人という関係にすりかえてしまったから、悲劇が始まったのではないかと、私はそういうふうに思いました。

ビエドゥリッキー　皆さんこんにちは。皆さんに感謝を申し上げます。私にとって非常に有意義な学びの経験となりました。特に準備の過程で、日本の親権法、家族法、日本の文化を勉強してまいりました。こうしたことの多くはリサーチによって勉強しました。文献では一般化が多かったですね。日本では、お父さんは全く面接交渉権がない、親権を得られることはない。日本は文化的に、片親からもう片親を完全に分離してしまうというようなことですね。父親と母親が、それぞれ子に対する相互の役割を捨てて、二人のバラバラな個人になってしまう、そう一般化されていました。ところが、今回、私が思っていた以上の進展がありました。事件は個人の間の出来事で、文化的に一般化できる話ではなかったのです。本当に良い経験ができたと思います。ありがとうございました。

キングスデール　非常に楽しい体験でした。文化的な違いがどのぐらい小さいか、そして文化の間にどのぐらい共通性があるか、こういったことで、妥協というか、差が埋まっていったと思います。ありがとうございました。

池田　では、次にクライアントである両親役の方にコメントをいただきたいと思います。

山田　今回、このような試みに参加させていただいたことを感謝いたします。

　当事者として、この美智子という女性として、厳しい意見を申し上げますと、そもそも依頼人というものは、法律を余り知りません。ですから、これから手続がどう進んでいくのかわかりません。自分の役割が何なのかもわかりません。何を言っていいのかわからない、何を言ってはいけないのかわからない。闇の中で歩いていくようなものなんです。ただ、願いはあります。こうしたいという希望はあります。でも、その希望がかなえられるまでに、どのような道を通っていけばいいのかを示すのは法律家です。その点について、準備段階からかかわってきましたが、少し配慮が欠けているところがあったと思います。どちらかといえば、法律家が依頼人にどうするべきでしょうかという質問は多くあったんですが、果たして自分のした答えが正しいのか、そうすべきなのかがよくわからない状況が何日か続きました。この点ではもちろん、依頼人の意見を尊重するということは大事だとは思いますが、やはり特別な手続の中では、当事者、すなわち私は素人であるということを、いつも心においておいていただきたいと思います。そのことに学生が気づいてからはとても参加するのが楽になりました。

　あともう一つは、この舞台の上に上がりますと、何か美智子さんが乗り移ったような気がしました。ついジェームズの発言を遮って自分の意見を申し上げて、通訳の方には迷惑をおかけしたことをおわびいたしますが、それだけそちら側の法律家役の学生さんも、こちらの学生さんも、非常に真に迫った、心のこもった温かい議論ができたと思っております。ありがとう。

マッカーシー 同じような反応を私もしたと思います。法の教授として、この依頼人の役割を果たして、何かを主張するという体験をし、また美智子さんのように準備段階からかかわることで非常におもしろい学びの経験をしました。

　私の弁護士はすばらしい仕事をしたと思います。私はジェームズとして美智子に対して腹を立てていました。私はこれを言わなくちゃとか、自分の弁護士にこういってもらわないとと、そういうふうに思っていました。特に腹が立ったのは、アンドリューのしゃべりかたが、ナイスであり過ぎると感じたことでした。彼の討論の方が正しかったと思うんですけれども、これはいい学びの体験でした。

　ステージ上で、私ども当事者は非常に個人的なやりとりをすることになったわけですね。これは過去のことだ、今に注意力、焦点をあてよう、これは法の教授としても非常に大きな学びの経験で、すばらしい体験でした。弁護士として、クライアントに対してしゃべるということは普段からしていますが、弁護士の指示に従う体験はいい学びの場になりました。弁護士役も非常にうまくやってくれましたし、このようなマテリアルを勉強するという点で、5人ともすばらしい仕事をされたと思いますよ。たくさんの準備をされましたし、本当によかったと思います。ありがとうございました。

亀井 全体に調停としては成功したのではないかと感じています。なぜ、割とうまくいったのかを考えてみますと、この事例は、ジェームズさんの側から起こした調停であったわけですが、まず、ジェームズさんのチームの代理人が、要求を認めてもらうために、現実的にそれをどう勝ち取るのかというところまで含めて、答えを用意されていたことが大変すばらしかったのではないかと思います。例えば、アメリカに子供を連れてくるというときに、そのまま日本に帰さなかったらどうするんだという心配を必ず美智子さんの側は言うであろうと。それに対する答えを即座に用意されていたというような、例えばそういう詰めをきちっとされていたということです。

　それから、美智子さんのチームも、現実問題として、面接交渉を一切認

めないということは難しいのではないかという見通しのもとに話を進めようという姿勢でいたと。その辺で、全体に妥協をいろいろできる余地があったのではないかと。

　また、そこをさすがに調停委員の二人が見抜いて、争点を一つ一つ明確にしながら進めていかれたと。三者ともに大変すばらしかったと思います。

　その次に、美智子さんのチームのサポート役として感じた疑問ということになるのですが、私は、このオープニングステートメントを聞いたときに、私が弁護士であれば、こういうオープニングステートメントはしないというふうに感じたところがあったわけですね。

　私は、どちらかというと、ミディエーターに近いような考えを、普段からするタイプの弁護士です。最初から、一切、面接交渉権を認めないというふうなことで突っ張ることは、かえって話し合いが、暗礁に乗り上げてしまうのではないかというふうに考えているものですから、クライアントとよく詰めて、そこは最初から突っ張るよりも、もっと現実的に、大きな方向としてはこういうふうなことを考えているということを提示して、しかし、こういう部分が心配なのだというふうなことを言うところからスタートするように思うのですね。

　ただし、そういうふうにスタートをすると、最初からもう妥協するのだというふうな姿勢が全体に見抜かれて、余計にどんどんと譲歩させられてしまう危険もあるわけですね。ですから、そこのところを、どういうふうに戦略を考えたのかというあたりの問題が一つあると思います。

　結局、本日の調停では、短時間の間に違う方向の答えに変わっていったわけですね。最初からそういう方向を考えていたわけですので、何かオープニングステートメントは無理があったのではないかというような感じがやはりするのですね。

　実際の調停の事例では、本人から聞いている相手方の像というものと、実際に裁判所に出てきた相手の像というのは、ほとんど違うことが多いのですね。物凄くひどい夫であるというふうに奥さんから聞かされることは、私も山のようにあるのですが、裁判所に行くと、その人は非常に紳士であったり、物凄く沈着冷静にしゃべられると、話もうまいということが非常に

多いのですね。ですから代理人としては、半分ぐらいそういう頭を持っておく必要がある。一方的な人物像というのは、ちょっと主観的であることが多いし、意外と相手はいい面を見せて、裁判所にいい印象を持たれるということもあるので、その辺をよく考えて戦略を立てるというのは、一つの教訓としてあると思います。

マイヤーズ　学生たちが本当にすばらしい仕事をしてくれました。特に私が感動したのは、事実と、法律と、感情、それから心理、こういった要素がすべてうまく組み合わされたことだと思います。クラスルームでは、法律に焦点があたりがちで、それ以外の要素が考慮されないことが往々にしてあります。しかし、本日は、そうではなく、全員がこれらすべての要素を組み合わせて、この事案に取り組んでくださったと思います。

　こういったシミュレーションのデザインに関しては、ブラウン先生、それから池田先生、本当にどうもありがとうございました。本当にこのデザインのおかげで大きな成功に至ったと思います。

　今回のシミュレーションのよかったところは、リアリスティックな事案であったということ。そして、複雑過ぎないというところです。挑戦的でチャレンジングなものではありましたけれども、法学的に余りにも複雑過ぎるということになってしまえば、学生は、そちらに気をとられて感情的な面などに目が向かないというようなことになってしまいます。調停の前に、抜けているところは質問と回答などですべて埋め合わせていくという作業もできて、それはすばらしかったと思いますし、依頼人が実際にここに来てくださったということも、このシミュレーションに大きな広がりを与えてくれたと私は思っております。

　また、グループのチームワークでやり遂げたことだということも評価できると思います。学生たちは、本当にあらゆる知性を総動員して、問題解決に当たってくれたと思います。感情的な知性、知能という意味での知性、論理的な知性、そういったものをすべて動員してくださったと思います。

スタッキー　シミュレーションを使う前に、なぜそれをするのかということをまず考えなければなりません。答えは常に簡単ではありません。私は家族法を教えておりますが、クラス内外でこういったシミュレーション

を使うこともあります。全く調停人なしに、学生だけで勝手にやらせるときもあります。自分たちだけで和解に至るようにと、二、三人でやらせることもありますし、次のクラスに来る前にやらせることもあります。それによって、私が彼らに答えてほしい答えを考えてきてほしいのです。そして、どういったことを学習したのか、メモをとってもらい、それをもとに、クラス全員で話し合うということをいたします。

　本日のシミュレーションからどういったことを学べるのかというと、児童の親権法、面接交渉権、日本とアメリカの法の違い、手続の違い、こういったものをすべて考えた上で、どのようにして合意するのか考え、また親権に関して、父親がもう一度親権を求めないようにするにはどうしたらいいのかなども考えなければなりません。こういったことを学生にすべて、この家族法の文脈でやらせるわけですが、こういったことはシミュレーションの方が、私が講義形式で教えるよりもずっと学生はよく学びますし、体験から学んだことは絶対身につくわけです。だからこそシミュレーションをするわけです。

　シミュレーションをする際には、こういったことを学ばせようと、私は前もって計画しますが、全く私が予想もしなかったことをも学生が学んでくれるところ、それがすばらしいことだと思うのです。

　他方、フィードバックはとても重要です。たとえば、相手側の言い分を聞くということに関して、そういったことを学ばせたいなと私は思うことがあります。ところが、相手側の言ったことを余り聞いていないということもあるわけです。それを指摘するのに、例えば収録テープやメモを使ったりします。それをもとに、本日の事例ですと、父親が本当にいい父親だったかというテーマになったとき、これは少し軌道からそれているかもしれないなということになるわけです。そういったときに、実際、記録したテープを聞いて、どういった質問が出されたのか、そして、どこで話がそれたのかということを学んだりなどします。そういうことはとても重要です。

　教師としてフィードバックするとき、教えたい理論に関して、どういったことを学んだのか、そして、次回、よりよくシミュレーションをするにはどうしたらいいのかといった話を常にすることとしています。そのとき、

常にいいことをしたときには、ここがよかったというところを、やはり指摘していくことも重要だと思います。本当にいろんな要素が絡まっているのです。

　一つ、私がとても重要視しているのは、私が一方的にフィードバックをするのではなく、学生自身に振り返らせるということです。今日学んで、重要だったことは一体何ですかということを聞いて、そして2ページの文章を書くようにと指示しています。人は、経験からの方が学び、その経験したことに関して、実際書かせることが一番の学びになると認知論の理論も言っております。そして、書く前に、記録された録画を見て、自分自身を観察し、その観察のもとに書くようにと指示します。

　私は、13年間、ロースクールで教えていますが、シミュレーションコースでは、すべての学生のすべてのパフォーマンスを録画できるようなものにしないといけないと思っています。デジタルウェブカメラの設備は、それほど高いものではありません。全員がラップトップパソコンにプログラムをインストールし、その録画を見て何を学んだのかということを確認させることがとても重要です。

池田　私自身、本日の経験を文章に残す宿題を課したいと思います。

モリテルノ　本当に、本日の学生たちはすばらしい弁護士としての役割を果たしてくださいました。学生が弁護士の役割を果たすとき、学生はその中で技能、知識、そして洞察力を得ることができるわけです。また、自分に対する信頼を高めることができるわけです。

　学生が弁護士の役割を果たすことは、例えば証人との面接、依頼人との相談、交渉など、他のプログラムでも可能です。

　そして、それぞれの違ったプログラムから学生はそれぞれ全く違ったことを学んでいくわけです。いろんな活動に携わらせることで、いろんな思考のパターン、そしていろんな問題解決のパターンを学習していくわけです。そして、事件の文脈と、事実を重要視した問題解決を身につけていくわけです。それは現実の弁護士が重要視するところでもあります。

　一点強調しておきたいことは、こういった形のティーチングのアプローチは、従来の教え方に反するものではなく、従来の教え方を強化するもの

であるということです。例えば、学生は家族法や裁判に関して理論を学んで、そしてよい仕事をしたいと思うわけです。そこで、弁護士の役割になりきって、学んだことを実践することによって、よりその学びが強化されるわけです。

　本件で言えば、家族法弁護士の経験をさせることによって、本当に家族にかかわる法律の見方が変わるという、そういった経験ができるのがこういった教え方です。

　もう一つ、つけ足しておきたいことは、こういったシミュレーションに関して、常に学ぶべき教訓があるということです。今回の交渉、または調停が成功したか否か、母親にとって、そして父親にとっていい取引だったかということではなく、そういった結果以外に学ぶべき教訓が常にあるということです。教師として、詳細をすべて管理、コントロールする必要はありません。すべて予測できなくてもいいということです。依頼人も、弁護士を演じる学生も、どのように進めていくかを、独自に考えているわけですから、彼らにやらせればいいのです。そのプロセスにおいて、常に学ぶべき教訓があるということを念頭に置いていただきたいと思います。

シルビア・ブラウン（関西学院大学ロースクール教授）　シナリオを用意した者として、二つ申し上げたいことがあります。一つは、学生たちがシナリオで幾つか穴を見つけて、それを埋めてくれたということです。私にとっては、今日の午後の皆さんの演技を見て、私のつくったシナリオに、生き生きとした命が吹き込まれて違ったものになったことを、非常に喜ばしく思っております。

　もう一つは批判です。時として起こることですが、交渉の場では、血を流す必要がないときには流さないようにということですね。途中、感情的な場面があり、午後の時間が短く感じられるなと思いました。非常にスキルのある調停委員がいたから、時々、もとのトラックに引き戻してくれましたが……。公の場で演じるということは、非常にエキサイティングな経験ですが、しかし、その中でも冷静さを保って交渉に臨んで、無用な血を流さないよう注意しなければなりません。

　もし最初、向こうの態度が悪ければ、私ならむしろ相手に対して感じよ

くするでしょう。ただ、それでも態度が悪ければ、対決姿勢を強めるかどうか、これは非常に難しい判断です。ただ、今日の交渉ではやや必要以上に流血があった印象を受けました。

でも、すばらしかったですよ、ありがとうございました。

池田　それでは、具体的な点に焦点をあててみようと思います。

まず、アメリカ側からの冒頭陳述では、相手方に対して比較的ソフトだけれど脅しの効いた提案がなされましたね。もちろんそういうふうに計画したのでしょうが、なぜそのような冒頭陳述のスタイルをとったのでしょうか。

キングスデール　ええ、意識的に、最初からある程度の脅しは含めました。というのは、子供の略取のケースを調査してみた結果、心理的な面も含めて、日本側からの期待とアメリカ側からの期待に、ギャップがあることがわかりました。ある記事を読むと、多くの場合、日本側が面接権を拒否するのは、父親があきらめてしまい、子供が父親のことを忘れてしまうことを期待していると、分析していました。

そのようなことがあってはならないということを、日本側にはっきりと示したかったわけです。我々の側に交渉する余地があるということを示しつつも、最初から絶対にあきらめないぞということを示したわけです。このような子供略取に係るケースで、いろんな人と話をしましたが、子の引渡については、母側に妥協の余地はないだろうねと言われました。ですから、もともと私どもにはそれほど交渉力はなかったんですね。ですから、インターナショナルスクールだとか、面接交渉権だとか、アメリカに短期間連れて帰るという条件闘争しかできなかったんです。そんな状況なので、脅しをかけたのは、自分たちに少しでも交渉力を持たせるためでした。

池田　これは、非常に冷静な分析だと思いますよ。お父さんが絶対にあきらめないと聞いて、日本側はどういうふうに感じましたか？

沼田　もともと、こちらの依頼人は絶対に会わせたくないというスタンスでしたので、それをまず尊重しました。しかし、やはりそれでは調停にはなりませんので、できる限り双方にとってよい結果をもたらすには、ビジティングライツを認めるということだということを依頼人に納得しても

らうよう事前に働きかけておきました。それで、相手方がどのようなプロポーザルを持ってくるかによって、オープニングステートメントを調整しようと考えていたのですが、向こう側が脅してきたので、こちら側もやっぱりできるだけの防御をしないといけないかなというふうに感じまして、最初は、できるだけハードルを高くしようと考え、面接拒否を伝えました。ただ、もう心の中では認めるということは決めていたんです。最終的に、ある程度、妥協することを意識していたので、言いわけにはなりますが、少なくとも最初の段階では、認めたくないということをとりあえず言おうと考えたわけです。

池田 最初に、このようなきっぱりとした面接交渉権の拒絶というのは、かえって不利益に働くとは思わなかったのですか。

沼田 父親から養育費が取れないとか、最高裁に親権の問題が係属中である点などで、不利益に及ぶ可能性もありましたが、ただ、子供は日本にいますし、別にそんなに失うものもないので、強く出れるなと考えていました。

池田 そのとき、自分たちの依頼人は確かにお母さんかもしれないけども、弁護士としてお母さんが父親を子供に会わせたくないということについて、子の幸福という面からはどう受け取っていましたか。

沼田 ですから、できる限り依頼人に納得してもらって、面接交渉権を認めるという方向に持っていくというのは、さち子さんのためであるかもしれないと考えていましたので、それを念頭に置いて、こちら側の落としどころといいますか、面接交渉権を認めて、お金を手に入れるという戦略を考えていたのです。ただ、そのプロセスで、最初は向こうが厳しく来たら、やっぱり厳しく行かないと、と。

亀井 別室での打ち合わせのときに言ったのですが、父親に会わせるということが、本当に子供のためになることなのか、ならないことなのかについて、美智子さんは会わせないことが子供のためであるという、そういう強い考えを持っていたわけですね。代理人も同じように考えていたのかどうかということが大きな問題だと思うのです。

私が思ったのは、そこはもう依頼人の言うとおり、お父さんにはなるだ

け会わせない方が子供のためになるのだという価値観を代理人もやっぱり持っていて、しかし、お金をもらうためには少し妥協をしなければいけないのかなと、そういうふうなことでもなかったですか。

沼田　いや、そうではなくて、最初から言ったんですよね、美智子さん、今、面接交渉権を認めないわけにはいかない。これは明らかにおかしいと。子供のためには絶対会わせた方がいいよというスタンスでしたので、認めることを前提に進めてたんです。

池田　一般的には、母親側は、父親側に会わせたくないのは、子供のためにならないからという言いわけをします。父親が別に悪い父親ということではなくってもですね。そのような状況においては、母親側の弁護士の役割はどういったものでしょうか。どのようにして説得するのでしょうか。今回、モリテルノ調停委員は母親のそういった趣旨の発言を頭から否定しませんでしたね。それにはどういった意図があったのでしょうか。

モリテルノ　母親が主張したお父さんに会わせたくないという理由は、子供に間違った印象を与えてしまうということでした。彼の前の行動を考えたから、そういうことなんですけども。

　一方、私の価値観からすると、子供にとって、両親といい関係を築くのが大切だと感じています。しかし、また一方では、母親の心情も理解できます。そのような状況にありましたから、母親の言い分はよくわかります。ですから、自分自身の中の気持ち、価値観を整理しなければならなかったわけです。彼女は気持ちとしては純粋な気持ちであるということを感じました。ですから、オープンな気持ちで調停に臨んでたわけです。これは彼女の純粋な見方だと、それを尊重しようと考えたわけです。

　調停の中で、ある一定の落としどころがあらわれたときに、彼女の考えかどうかはわかりませんが、これは譲歩の一種であるということは感じました。彼女の気持ちはわかりますので、こういうこともあり得るだろうということで。

山田　美智子としても、子供に父親を全く会わせないという感情が永遠に続くものではないということは心の底でわかっているんではないかと、役を演じていて感じました。ただ、彼女は一時的にはどうしても拒否をし

なくては自分が保てない状態にいるのではないかなと考えました。

　確かに、最初に私の弁護士の方々は、私に、会わせないわけにはいきませんよという説得を随分しました。ただ、私の中の美智子さんが嫌だと言ったので、彼らはそういうステートメントを書いたんです。結局、妥協をしましたが、でも、今、美智子にまた戻ってみると、公開の場で、そして前の夫がいる前で、自分が思っていることを代弁してくれたという意味では感謝をします。その後で、いろいろな状況がありますから、妥協をしなければいけませんよと言って説得をされて、納得して、あの落としどころに落ちついたという意味では、あながち依頼人としては意味がないことでもないのかもしれないと思います。

マッカーシー　　日本法のもとでは、彼女は、調停の場に出てこなくてよかったのに来てくれたということで、彼女に妥協する意思があると感じていました。ですから彼女が何を言うかは余り気になりませんでしたね。それが私の最初の反応ですね。

亀井　　池田さん、今さっきの質問のちょっと続きだったので。

　私は、弁護士として、余り攻撃的なタイプではありません。私がこの事案を見たとき、ジェームズさんという人は、お金という面ではかなりだらしない人かもしれないと感じました。しかし、子供に対する愛情は、結構ある人なのではないかという人物像を描いていたわけですね。ただし浮気をしたり、女性の関係は余りよろしくないと。

　そういう欠点はたくさんあるのですが、子供に対する愛情ということで言うと、これは演技かもしれませんが、先ほどプレゼントを持ってこられたようなところはかなりある人なのではないか。そういったお父さんに対して、子供と継続的な関係を続けさせるということは、そんなに悪いことではないのではないか、それ以上の悪い影響さえ絶つことができれば、それなりに意味のあることなのではないかと、私自身は考えていたわけです。

　しかし代理人が依頼者の言うこととちょっと違う人物像を描くということが、依頼者から見ると、この弁護士は信用できないということになりはしないかというのが、私たちが弁護士をしているときに、いつも思っているジレンマでもあるわけです。

しかし、自分の言うことを汲んで、最初にちゃんとしゃべってくれたことが、やはり自分の味方なのだという信頼関係の原因になっているということを、今の山田先生のコメントで確認したわけですね。そうすると、やっぱりそういう面も大事なのかなと。このように二つの立場の間で非常に揺れ動いているのが実情で、正解があるような問題では決してないというふうに思います。

モリテルノ ジェームズにプレゼントを持ってくるように言ったのは、これは彼の弁護士のアイデアなんですよ。

マイヤーズ こうした敵対的な形というものについてですが、テンプル大学では法廷弁護に力を入れております。この二人は法廷弁護のトレーニングを受けております。ディスカッションでは、冒頭陳述でどれほど強く出るかといったことも勉強しております。現状は、父親側に不利です。ですから、これを変えるために何かしなければならないんです。

　日本の法律も、父親側の味方ではありませんでした。ですから、こちらの方法としては、父親の決心をはっきり示し、彼の持つ法的権利を知らせるというスタイルをとったわけです。ただし、相手方の性格を非難するということはよくないことです。たとえば、彼女が子供を誘拐したという表現については、私個人としては、それは使うべきではないというふうにアドバイスしました。全く面接権を認めないという強い立場は、浮気をした父親側に対する気持ちのあらわれだったと思います。そのために相手の性格を非難し、それが強い拒否の姿勢につながっていったわけです。

　とはいえ、はっきりと強い態度を示すことは、これは称賛されるべきだと思います。

池田 性格的な攻撃と、法的な攻撃を分けるということは重要ですね。調停の中で一部、双方がお互いを攻撃したという場面がありました。子供の将来の問題ではなく、だれが責めを負うべきか、結婚を崩壊させたのはだれかというようなお話でした。このやりとりしているときはどう思っていましたか。

　モリテルノ先生と私は、双方のキャッチボールを見守っていましたよね。実は、介入するチャンスを窺っていたんですよ。しかし、しばらくはやり

とりを見ていました。それぞれの立場の弁護士として何を考えていましたか。

ビエドゥリッキー　私が考えたのは、この論争からおりるべきだと思いました。このような浮気の問題を持ち出すのはよくないと思いましたし、今日やろうとしていることに関係がないということです。お互い嫌っているわけですから、この議論に勝者はないんですよ。解決がここにあるとは思えませんでした。一方で、面接交渉権の件は、解決策はあり得ます。ですから、もとのトラックに戻そうと努力をしました。

池田　日本側はいかがでしたか。

高田　ある面では、ガス抜きという面もあり、両当事者のやりとりはあってもいいというふうに考えておりました。ただし、それが延々と続くことは生産的ではないので、こちらから、これ以上延々やるのはやめようというふうな提案をしようと心づもりをしておりました。ただ、アメリカの代理人からそういう提案があったので、非常によかったと思います。

それから冒頭にありました、なぜ強硬姿勢を貫いたかというのを若干、説明させていただきますが、これは、私の過去の欧米の会社とのビジネスの世界での経験から、そういう姿勢を貫こうと言ったわけです。とにかくハードルを高く上げた方が、勝利をする確率が高いという、実践的な経験に基づくものでして、最初はどちらもガツンとぶつかり合うということから始めようということで、すべてゼロ回答を貫きました。

今日は、かなり脅かしもありましたけども、最初に、友好的なあいさつがされるとはとても予想はしてなかったのです。過去のアメリカとかイギリス人の会社ですと、非常に相手方は感情的になりまして、もう太平洋のかなたにけっ飛ばしてやるとか、すぐ飛行機に乗って、このまま東京へ帰れとか、そういう場面に何度も出くわしましたので、少々の脅かしには乗らなかったんです。そういう過去の経験があったものですから、とにかく強硬姿勢を貫こうと、最初はそう考えました。

池田　なるほど。

マッカーシー　私自身は弁護士たちのやり取りを楽しんでいましたよ。

ブラウン　私がシナリオを書きましたので、一言、言わせていただきた

いと思います。

　両方の側に誇張がありましたよね。美智子さんに借金はありましたけれども、それほど大きな借金ではなかったわけですよね。ですからそれは大げさに言い過ぎたのではないでしょうか。そういったところで少し、フラッグを出そうかなと思いました。

　それから脅迫的な強硬姿勢を示すことは、悪いことではなかったと思いますが、私がこれはよくないと思ったのは、形容詞ですね。形容詞が、事実を外れるようなところがあったと思います。使いたい気持ちはわかるんですけれども、余りにもひねった、きつい形容詞を使うと、個人的な感情を増幅させてしまいますので、やらない方がいいんじゃないでしょうか。

池田　対立する中で、意図的ではなく無意識に、シナリオが少し曲げられるということがあったんではないでしょうか。

モリテルノ　そういったところを見るだけでも、シミュレーションによって、学生がいかに学べるかということがよくわかるんじゃないでしょうか。だれかを代理することによって、いかに感情的になるのかということも学べると思いますし、また、大げさに物事を言ったりとか、そういった誘惑が常にあるということも学べると思います。

池田　では、会場からコメントがあればお出しいただきたいと思います。

豊川義明（関西学院大学ロースクール教授・弁護士）　経験のある日本の弁護士ですら、なかなかアメリカ側の弁護士役学生が演じたようなレベルでプレゼンテーションをやるということは、これまで困難な状況があったと思います。ところが、刑事における裁判員制度、労働審判制度等、さまざまな制度の変化が今、始まっておりますから、確実にこのようなシミュレーションを使う方向性は必要な教育になると思います。

　特に、思いましたのは、よき事例というものは余り複雑にしすぎないことだと。そうするならば、教員の側が考えるよりも、それを演じた学生たち自身が、さまざまな学びを得ることができるんだという点は、大きな教訓だと思います。

池田　今後は、日本の弁護士たちが、一般市民と協働の作業をしていかなければならないということになるわけです。そうすると、今までは、裁

判官向けのプレゼンテーションだけしていればよかったんですけど、これからは、一般市民向けのパフォーマンス、プレゼンテーションをしていかなければならなくなるわけです。そのために、ロースクールの中で、いかに市民、またはオーディエンスの前で、よりよいパフォーマンスを学生にさせていくのかということを教えていかなければならないということです。ミシガン大学のグレー教授如何ですか？

ウィットモア・グレー（米ミシガン大学ロースクール名誉教授）　御紹介どうもありがとうございます。本当に今日は楽しい経験をさせていただきました。

　皆さん御存じだと思いますが、アメリカではシミュレーション教育が広く普及しており、法曹教育の中では、特にクリニカルプログラムにおいてとても重要な位置を占めています。私は、学生としてクリニカルエデュケーションを受けてきたわけではありません。ミシガン大学でクリニックが最初に開かれたときは、普通の教授が担当し、私もその一人でした。経験のある弁護士とともにクリニックをやってきたわけですが、本当に手探りでした。

　今は、こういったシミュレーションをするのがとても有効であるという認識に至っています。これは医学部と同じで、まず１年目に学生は経験のあるドクターの後をついて一部始終を見るわけですよね。そして２年目には学生の後を先生がついて回るわけです。このように、とてもお金がかかる教育方法なので、ロースクールでそういったことをするのはなかなか大変だということもあったわけです。伝統的なクラスルームでそれをするというのはとても難しかったわけですが、こういったシミュレーションをすることが、とても学生にとっていいということで、始めることができるに至ったわけであります。

　こういったやり方は、既にいろんな領域に広がっております。模擬裁判だけではなくて、仲裁のプロセスでもなされておりますし、香港では国際模擬仲裁プログラムというのが行われておりました。また、ウィーンでも行っているということで、学生は本当に一生懸命に取り組んでいます。

　教師にとっても、クラスルームの普通の授業の準備よりも、もっと力を

入れてやっているということがあります。お互いを観察することで、本当に学ぶことがたくさんあります。観察により学ぶということです。そのためにはビデオテープに撮る必要があります。自分も演技を見ることができますし、他の学生の演技を見ることもできます。そして、コメントをし、批判をし合い、建設的な話し合いをすることもとても重要なわけです。

　学生にとっては、亀井先生のような一級の弁護士の実務を見る機会というのは十分にありませんので、本当に貴重な機会だと思います。こういったことを継続していくべきだと思います。どうもありがとうございます。

池田　モデルプレーとかモデルとなるシミュレーションをどのように導入していくかというのは、教育メソッドとしてなかなか難しいとは思いますが、そういったテーマについても協議していくべきだと思います。

　よいシミュレーション教育には、とても才能のある依頼人が必要です。関西学院大学ロースクールのシミュレーションにおきましては、多くの市民が協力してくださっています。こちらに、シミュレーションに参加してくださる市民の皆さんが来てくださっています。いつも本当に御協力ありがとうございます。

平野晃佑（神戸SP研究会代表）　私たちは神戸で、シミュレーティッド・ペイシェント（Simulated Patient）として、神戸大学や神戸薬科大学の医学部でお医者さんの卵の4年生、5年生ぐらいの医学生さんの患者役として、二、三年、経験を積んできました。

　昨年、関学でこういう催しがあるということで、一度見学に参りまして、その後、いわゆる医学部で行っているSPに似た、シミュレーティッド・クライアントということでやってみないかというお話がございまして、皆さんと相談した結果、できるだけたくさん参加して、社会貢献の一部としてやってみようということになりまして、手を挙げたところです。

　そして、池田先生、亀井先生の御指導のもとに、全員で昨年は36回の授業に参加する機会がございました。ただ、医学部のSPとSCとはかなり違った面がございます。医師の場合は、問診が行われるのですが、先生が考えられたり、言ったりすることについて異議を唱えることはできないんですね。どこが悪いか、何かサスペクトがあったときに、そうじゃない

でしょうということはちょっと言いがたいんですが、SCの場合は、いろいろな会話がありまして、その会話の中で、理解できないこと、納得できないこと、あるいは論拠がおかしい場合には、それを指摘することができるというようなことで、非常にある意味で楽しく、私たちかなり年配なんですが、人生経験、あるいは会社の経験をかなり生かせたかなと。そういう意味で、医学部は医学部で非常におもしろい価値があるんですが、SCも相当私たちがある意味貢献できる場所ではないかと。それで、ロースクールの学生さんの教育に少しでもお役に立てたら大変いいなと、これからもできるだけ協力していきたいというふうに思っています。

池田　ありがとうございました。今後もよろしくお願いいたします。

　最後になろうかと思いますが、法社会学の専攻でいらっしゃいます神戸大学の樫村先生、シミュレーションの交渉を、授業でも今までやってこられたという経験を踏まえて、きょうの最後のコメントをよろしくお願いいたします。

樫村志郎（神戸大学大学院教授）　神戸大学の樫村でございます。

　大変楽しませていただきました。皆さん、すばらしい演技でありがとうございます。若干、質問があるので、最後の言葉としてはふさわしくないのかもしれません。まず、非常におもしろかったのは、比較的早い時点でトラストをつくるという、ファンドをつくるというプロポーザルが出てきたと思うんです。もう少し後に出てくるかと思っていました。答えはそこに行くに違いないと思っていましたけど、夫の側からそのプロポーザルが結構早い時点でさらっと出てきました。そのときに、こういうプロポーザルをうまくつかまえる技術が要るかなと思いました。今日のミディエーターの方たちは、まさにその辺、もちろん上手にされまして、この信託財産をつくるという話が具体化していったのは大変よかったように思いました。私も本当に現実の事件のように見てしまいました。

　もう一つ、ちょっと疑問に思いましたのは、日本側の戦略として１億円というお金が出ました。これはいろんな理由があったと思いますけれども、何となく日本側のクライアント、妻の方がお金と子供を取引しているような印象を与えました。ちょっと人格的にどうかなと思うような感じを

外から見てしまいました。これについては、どんなふうにお考えだったのかちょっと聞いてみたい気はいたしました。

　それから、この事例を読ませていただいたときに、一番大きな問題は距離だと思いました。アメリカと日本が非常に離れているという意味で、距離が大きな問題になると思いました。その一部分として、果たして1年に2回、1週間ずつ、父親が日本に来たときに、子供が病気だと言って会わさないんじゃないかという心配がマッカーシーさんから出されました。この問題はかなり大きな問題だと思います。これが取り上げられなかったのはちょっと残念な感じがいたしました。子供の病気というのは本当に大変なもので、私も子供を持っていますけど、すべてに優先する理由になります。ですから、この点は重要な争点なのだということを考え、意識した方が、今後の紛争の予防につながるのではないかなと思いました。この辺は当事者の方々がどんなふうに感じておられたのかなと思いました。

　もう一つだけあります。私、アメリカで、調停をちょっと見させていただいたことがあるんですが、非常に印象深かったのは、アメリカでは、祖父母の関与がほとんどないということでした。今回のシミュレーションでも、祖父母の話が時々出てきましたけど、ビジテーションを確実にするためのサポーター、あるいは夫や妻の生活を安定させるサポーターとしては、活用されなかったような気がします。それは、どうしてなんだろうなと。これをやると大変なことになるという、解決が難しくなるということなのかもしれませんけど。ちょっと昔から気になっていたことですので、家族紛争の解決における祖父母の、あるいはその他、親族の役割というもの、どんなふうにお考えなのかなというふうにちょっと感じました。

　以上です。

池田　どうもありがとうございました。

　最後の、祖父母の役割というのは、実務家から言うと、資源として使える面と、問題をより複雑にするという面がありまして、こういうシミュレーション授業では、先ほど言ったように、できるだけ余り複雑にしたくないというところで、今回は入っていないというふうに理解していただければと。本当の事件では、祖父母というのがむしろ火に油を注ぐ役割をする場

合が多いと思っております。

　それから、お金と子供をバーゲニングにしているんじゃないかということについては、むしろ、妻側自身が懸念されていたと思いますがどうですか。

山田　子供とお金を引きかえにしているんではないかという感想を調停者の人が言ったときに、気色ばんで違うといった反論をした、ちょっと人格的に問題のある妻でございます。

　その点ですが、この役割を演じた者、それから個人的な感情といたしまして、こういう場合、お金以外に何で解決をつければいいのかがわからないですね。ですから、例えば金、金、金。金さえもらえればと人は私を責めますが、では、どうしたらいいのかという第三の道が今の日本の現状の中ではないのではないかという話が、我々、母親チームの中でも出ました。私の個人的な意見では、結局そこに今は行き着いていくより他はないのかなと思います。

　ちょっとお答えになってないかもしれません。ごめんなさい。

池田　それだけ離婚をして子育てをしている日本の女性というのは、経済的にも非常に大変な状態にあるという、社会的状況があるわけですね。おそらくアメリカでも同じだろうとは思うのですが。そこで経済的なサポート、あるいは社会的なサポートが少ない中で、やはりお金の部分をきちんとしておきたいということが、第一の条件で出てくるという、そういう社会の実態があるということだろうと思います。

マイヤーズ　子供の親権とお金のバーターの話ですが、アメリカでも一般的な話です。男性の側は、妻が子供を引き取るためには何でもするということをわかっていて、養育費の額を低く抑えるのですね。ですから、アメリカサイドとしては、この親権とお金が交渉力になる、交換条件になるということはよくわかっていました。実際、お母さんの側からこれが出てきたわけですけど、このようなプロセスにおいては、非常に一般的なことです。その点、このシミュレーションは、現実の文脈で考えられた、複雑過ぎない事例だと思いました。ありがとうございました。

池田　準備する時間が短かった上、正直言って、このワークショップか

らこれほどたくさんの成果が得られるとは最初は思っておりませんでした。今思えば、こんなに成功するならもっとたくさんの人に来ていただく努力をすればよかったと後悔しています。ですから、提案したいのですが、将来こういったセッションをまた開きませんか？　次は国際的な親権の問題ではなくてもいいのですけど、国際的に協働して解決すべき紛争、こういった事案は、ロースクールが国際的な弁護士を養成していく上で、ビジネスの世界だけでなく、日常生活で市民が感じている懸念や必要性に応えるためにも、国際的な事案を扱える人間を養成するということは非常に意味のあることだと思います。今回の取組みは非常にいい出発点だと思います。ありがとうございました。

　最後に、通訳の方にもお礼を申し上げます。

資料　　模擬調停基本的事実

1996 年　結婚
アメリカ国籍のジェームズ・バゼロンと日本国籍の大沢美智子は、日本とアメリカのそれぞれで結婚式を執り行った（正式な結婚届を両国に提出）。

1996 年〜 2004 年
夫婦は、ペンシルベニア州フィラデルフィアに居を構えた。妻はノースウェスト航空に客室乗務員および通訳として勤務していて、しばしばフライトのため家を空けることがあった。夫はそれまで通り、ミクォン・スクールに教師として勤務。フィラデルフィアにあるこの学校は、親たちが出資して設立した私立小学校であった。

1997 年 1 月
長女誕生、さち子と命名。子供の国籍は日本とアメリカの両国で正式登録された（重国籍）。日本に住む祖父母を訪問するために、子供は日本とアメリカの二つの国のパスポートを取得した。

1997 年
家庭の経済状態が厳しくなったため、妻は産休の後、ノースウェスト航空に復職し、子育てのほとんどを夫が担うことになった。子供の第一言語は英語であった。

2001 年
結婚生活での問題が生じる。ジェームズが、ミクォン・スクールの同僚教師アリソン・ペリーと浮気をしたことが一因であった。

2002 年
妻は家を出て、別のアパートに別居。子供は夫の元に残り、フィラデルフィアに住む年老いた両親が手助け。子供はミクォン・スクールに入学。妻はクレジットカードと消費者金融に多額の借金をする。妻が子供に会いたいと要求することはほとんどなかった。

2004 年 1 月
解決し難い不和を理由にフィラデルフィア地方裁判所において夫婦の離婚が成立。子供の親権はジェームズに与えられ、美智子には、立会人なしに子供と会う権利（月に 2 泊

と2日の訪問）が与えられた。美智子はジェームズよりもかなり収入が多かったことから、彼女には、ジェームズに養育費として月150ドルを支払うよう命令が下された。

2004年8月
日本に居住する母方の祖父が癌で死に瀕しているため、美智子はさち子を日本の祖父に会わせるために帰国したい旨をジェームズに打診した。ジェームズは別れた妻のことが全く信用できなかったため、地方裁判所の命令を取り付けることを主張した。美智子は、さち子を3週間以内に父親の監護の下に戻し、かつ、ペンシルベニア州以外の管轄域では監護、後見、あるいは子供との面接に関わるいかなる申立もしないという条件で、さち子を国外に連れ出す許可を得た。

2004年9月
美智子が約束の期限が到来したにもかかわらず、さち子を父親の元に戻さなかったため、ジェームズは美智子の電話番号に連絡したところ、受話器からは「この電話番号は現在使用さていません」というメッセージが流れるだけだった。ジェームズは美智子の住むフィラデルフィアのアパートに行き、大家と交渉して部屋の中に入ったところ、部屋は空っぽになっていた。そのあと、家賃が3カ月分滞納されており、リース契約であった乗用車が空港の駐車場に乗り捨てられていることを知らされた。美智子からの養育費の支払いも2カ月分滞納されていた。ノースウェスト航空へ電話をした結果、美智子は休職届けを出して、現在休職中であることが判明した。

2004年10月
ジェームズは美智子とさち子が大阪に居ることを突き止め、彼の要請によりアメリカ領事館の代理人が、美智子の母の家で彼女と面会した。（この間に美智子の父はすでに他界している。）アメリカ大使館からの代理人は、子供を父親の元に戻す義務があることを説明したが、美智子は日本の裁判所に親権を得るための申し立てをするつもりであることを明らかにした。ジェームズは大阪地方裁判所に人身保護命令を請求したが棄却された。

2004年12月
ジェームズは日本の最高裁判所に即時抗告したが、ここでも人身保護命令の請求は認められなかった。美智子は大阪家庭裁判所に親権を争う訴訟を起こした。

2005年5月

大阪家庭裁判所は、さち子はその意に反して日本に居る訳ではないとの理由で、美智子に子供さち子に対する親権を与える判決を下した。判決では、ジェームズの面接交渉権には触れられていなかった。ジェームズはこの判決を不服として大阪高等裁判所に控訴した。

2005年12月
大阪高等裁判所は、それが子供にとって最良の利益であるとの理由で、さち子の親権を美智子に与えた大阪家庭裁判所の判決を支持した。この判決でも、父親が子供に会う権利についての言及は無かった。ジェームズは、日本の最高裁判所に上訴し、現在係争中である。

[争点]
ジェームズは、子供と会う権利を得られるよう交渉したいと思っている。ジェームズは2005年7月に、待ち望んでいた祖父からの遺産を受け取ったことにより、日米間を行き来する旅費にあてる金銭的余裕が出てきている。さち子と父方の祖父母（とくにさち子が大好きな祖母）との関係を維持するためにも、8月の自分の夏休み中、さち子をフィラデルフィアに連れて来られるようにしたいと願っている。また、ジェームズは、さち子の英語力と両国の文化を理解できる個性を維持するために、さち子をインターナショナルスクールで学ばせたいと考え、その授業料はジェームズが負担していいと思っている。

美智子は、今経済的に困難な状況にある。彼女は休職期間を延長しており、現在かなり金銭的に苦労している。美智子の言い分によれば、ジェームズは、祖父からの多額の遺産をあてにして怠惰で無気力であったとして、金銭問題に関してジェームズに憤りを感じている。また美智子は、さち子の出産後、専業主婦として家に居たかったにもかかわらず、仕事に戻ることを余儀なくされ、ジェームズに利用されたと感じている。また、美智子は、彼女に養育費を支払えというアメリカの裁判所が下した判決に対しても許し難く不公平なものだと感じているが、ジェームズが遺産を相続した今となっては、彼がさち子の養育費を支払うべきだと美智子は思っている。彼女は養育費などを一括で支払いを受け、今後一切彼との関係を絶ちたいと思っている。美智子も、さち子のバイリンガル能力を維持することの重要性は認識しているが、子供からジェームズの面影を一掃し、さち子には「真の」日本人になってほしいと願っている。

以上

開催当日配付プログラム

関西学院大学ロースクール　形成支援プログラム
第2回国際シンポジウム　ワークショップ
International Virtual Law Firm Simulation ～模擬法律事務所の国際的実践～

日　時：2006年2月17日（金）13：00～16：30
会　場：関学会館「光の間」／「風の間」

司　　会：豊川義明（関西学院大学ロースクール教授・弁護士）
事例説明：池田直樹（関西学院大学ロースクール教授・弁護士）

13：00～14：35　【模擬調停】

模擬調停会場：「光の間」　申立人側・相手方側打合せ会場：「風の間」※見学自由

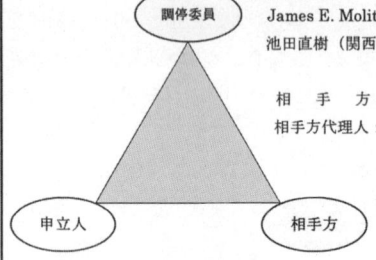

調停委員：
　　James E. Moliterno（米ウィリアム＆メアリー大学ロースクール教授）
　　池田直樹（関西学院大学ロースクール教授・弁護士）

相　手　方：山田直子（関西学院大学法学部助教授）
相手方代理人：沼田貴範（関西学院大学ロースクール2年生）
　　　　　　　大江めぐ（関西学院大学ロースクール1年生）
　　　　　　　高田　忍（関西学院大学ロースクール1年生）
※アドバイザー：亀井尚也
　　　　　　　（関西学院大学ロースクール教授・弁護士）

申　立　人：Finbarr McCarthy（米テンプル大学ロースクール教授）
申立人代理人：Andrew Kingsdale（米テンプル大学日本校留学生）
　　　　　　　Lisa Biedrzycki（米テンプル大学日本校留学生）
※アドバイザー：Eleanor W. Myers（米テンプル大学ロースクール助教授）

14：35～14：50　【休　憩】

14：50～16：30　【ディスカッション】

会場：「光の間」

　　Roy T. Stuckey（米サウス・キャロライナ大学ロースクール教授）
　　James E. Moliterno（調停委員役）
　　Eleanor W. Myers（申立人側アドバイザー）
　　Finbarr McCarthy（申立人役）
　　山田直子（相手方役）
　　亀井尚也（相手方側アドバイザー）
　　池田直樹（調停委員役）

16：30　【閉　会】

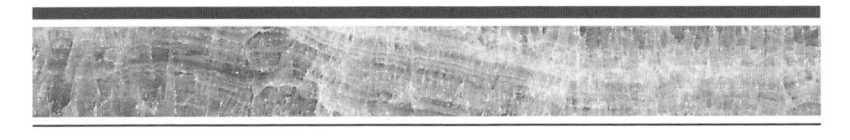

第三部

論考
シンポジウム
「模擬法律事務所は
ロースクールを変えるか」
に寄せて

論考1

シミュレーション教育は正義を教えるためにこそある

亀井尚也（関西学院大学大学院司法研究科教授・弁護士）

1 模擬法律事務所構想の展開過程

　関西学院大学ロースクールでは、2004年より模擬法律事務所による独創的教育プログラム構想を提唱し、その研究と実践を重ねてきました。はじめにその過程を簡単に振り返っておきたいと思います。

　(1) 模擬法律事務所（Virtual Law Firm）と言うと、どうしても架空のゲーム的な教育手法をイメージしがちです。そこで、この構想を具体化していく第1弾として、そもそも法曹教育で何を目指すべきかの根源的問いかけを行ったのが、2005年3月に開催した第1回国際シンポジウム「正義は教えられるか——法律家の社会的責任とロースクール」でした。そこでは、ウィリアム・デーモン教授らによって、若者の道徳的な発達可能性が確認されるとともに、専門職である法曹のGood Workのモデルとして、知識・スキルとともに正義や倫理を意識的に教育することの重要性と有効性が強調されました。[1]アン・コルビー氏は、報告の中で、単独の法曹倫理の必須課程においては、授業の中で道徳的に正しいとか間違っているという取り上げ方を避け、法律実務においていかなる違反が制裁の対象となるのかに焦点を当てて教えていく傾向が生じることを指摘したうえで、倫理的な問題を各分野の授業過程に組み込んでいく浸透法（Pervasive Method）をすぐれた方法として紹介しました。[2]そして、模擬法律事務所構想がベースに置くところの、シミュレーション[3]による教育は、学生が自分の行動に責任を持つことを迫られることを通じて、正義や倫理の教育に

極めて効果的な手法であることが確認されました。
　(2) このように、我々の研究の出発点において、教育の原点に振り返る議論ができたにもかかわらず、その後「正義の教育」をロースクール教育に具体化していく実践は、全面的になされたと言い難い状況にありました。もちろん、例えば池田直樹教授の「現代損害賠償法実務」のように、様々なケースを素材にして、「正義」を現実の社会状況と歴史の中で議論させるすぐれた実践も登場しましたが[4]。

　その中で、2005年10月の第1回国内シンポジウム「変わる専門職教育——シミュレーション教育の有効性」では、関西学院大学ロースクールにおける実験的試みも含めて専門職過程におけるさまざまなシミュレーション教育を紹介し、教育手法としての有効性を確認しました。このシンポジウムでは、実践的に大きな収穫がありました。例えば、医学教育における医療面接実習において、一定の訓練を受けたボランティアの模擬患者（SP = Standardized Patient、またはSimulated Patient）が、医療者の発言・態度に応じた応答と演技を行ったうえで、直後のフィードバックにおいて、医療者のどのような態度によって自分の気持ちがどう動いたか等を具体的に伝える役割を果たしていることが明らかにされました。これにより、市民のSPを模擬依頼者（SC = Simulated Client）として転用することが展望でき、早速ローヤリングの授業に常時SCの協力を得る実践へとつながり、これがその後のSC養成講座の開設へとつながっていきました。

　ただし、このシンポジウムでの議論の視点は、専門職養成課程におけるシミュレーション教育と理論教育・基礎教育との関係や、法律家としてのコミュニケーションスキルと問題解決能力（法的知識を実際のクライアントを前にして使いこなすこと）の涵養に果たす教育効果といった点が中心であり、第1回国際シンポジウムで確認されたところの、正義や倫理の教育という側面はあまり出ないものに終わりました。その後のローヤリング授業での実践においては、依頼者間の利益相反を意識させる設例も取り入れましたが、部分的であり、かつ倫理問題を突きつけるほどのものではなく、授業は全般的にスキルの育成が中心であったように思います。もちろん、毎回訪れるSCとともに人間の顔の見える紛争解決を目指して学生が

格闘し、時には怒り時には涙するすばらしい実践の中で、正義が意識されたこともなかったわけではありませんでしたが、授業の中心はやはりスキルの獲得でした。

(3) 次いで、2006年2月の第2回国際シンポジウム「模擬法律事務所はロースクールを変えるか──シミュレーション教育の国際的経験を学ぶ」では、アメリカやイギリスでのシミュレーション教育の具体的経験の紹介がなされ、そこでは再び倫理の教育としての意義が強調されました。マイヤーズ助教授（テンプル大学ロースクール）は、エイズ感染者の母親から自分の死後の子供の後見・養育について相談を受けるケースで、死をどう扱うかの態度が迫られる例や、政府の課税当局に対する課税控除資格承認申請の手続において申請書に書かれていない依頼者に不利益な事実が判明した場合の、当局との面談における真実義務が問題となる例を挙げました。モリテルノ教授（ウィリアム＆メアリー大学ロースクール）は、4組の依頼者シミュレーションを2年間にわたり段階を追って進んでいく「法曹技能プログラム」を紹介したうえで、このプログラムが倫理と専門職責任を学ぶコースであって、毎回の授業は倫理教育の必要性に基づいて構成されていることを強調しました。同教授は、シミュレーションの流れの中で倫理を取り扱うことによってシミュレーション体験が単なるゲーム以上のものになること、技能教育から倫理教育を分離することが危険であることを説得的に指摘しました。[5]

2　私自身のシミュレーション実践を振り返って

(1) 以上のように、この間の議論の大きな流れは、シミュレーション教育は単なる技能教育ではなく正義や倫理を教育するためにこそ生かされるというものでしたが、他方で、私自身の問題意識は、正直なところ、コミュニケーション等のスキルの修得と法的知識を生きた形で使ってみる訓練の側面に傾斜していたと言えます。私自身が担当したローヤリングを中心にこの間の実践を総括した報告論文においても、[6]「シミュレーション教育の意義」として、①アウトプット型学習への転回　②専門職の役割・責任の

具体的思考　③コミュニケーション能力の涵養　④教材のコントロールを通じた教育効果を挙げていますが、わが国におけるロースクール教育と新司法試験の関係をめぐる緊張した問題状況を反映して、シミュレーション教育が新司法試験で試される問題解決能力重視という方向に一致しているといった問題意識がメインになっていることは否めません。そこでは、正義をどう教えるかという視点は薄くなっています。

　（2）この傾向は、私自身が2006年春学期に担当した「法情報調査・法文書作成」においても表れました。

　例を挙げますと、あるチェーンレストランを営む会社では安定的な食材の調達を確保するため、市況の比較的安い時期に多めに冷凍食肉を購入し、独自の冷凍保管技術により鮮度を確保し、弾力的にこれを利用するシステムを導入しようとしているのですが、食材によっては仕入先が定めた賞味期限を超えた冷凍食肉を材料として使用・調理した食品を顧客に提供する可能性がある、という事案において、法的に問題はないかどうか弁護士として意見書を起案させるという課題がありました。なお、会社は、賞味期限を超えた食材を使用していることを積極的に開示するつもりはありませんが、そのことが判明して社会的スキャンダルを生じ会社の営業成績が落ちて損害が生じたような場合に、取締役が忠実義務違反ないし善管注意義務違反の責任を問われるおそれがないかどうかについて、回答を求めてきているという想定です。賞味期限を超えた食材を使用すること自体は、腐敗等の衛生上の問題を生じない限り食品衛生法上も違法ではありませんが、違法でなくとも風評被害が生じる可能性があることについて、法的にどこまでのガードが必要かに関し、結論の方向が分かれる事案であり、私としては興味深いケースでした。

　この事案で、私は、起案の添削においても講評の授業においても、結論はどちらでも良いとして、むしろ議論の枠組みとして法的責任の有無について条文・理論・実質論からきっちりとした論述ができているかに重点を置きました。したがって、法的な論述の中での位置づけをはっきりさせずに、賞味期限を超えた食材を使用するのは避けるべきであるという意見を述べた起案に対しては、法的意見ではなく単なる政策論にすぎない、との

指摘をすることになりました。
　もちろん、このような指摘は法的スキルの訓練としては必要なことであり、「法文書作成」の授業としては間違っていませんが、私としては、その意見を書いた学生の正義感の芽を摘んだのではないか、との後悔が残っています。会社として冷凍保管の新システムを採用すること自体や賞味期限を超えた食材の使用について積極的に開示するつもりはないことを前提として回答を求める、というスタンスを強いたために、その前提自体に疑問を呈する意見を封じ、限られた立場に立って、企業の選択にゴーサインを与えるのを是とする無難な立論を行うことを、結果として奨励した授業になったのではないか。法律論に正解はないことから、価値観の押しつけは良くないとして、価値中立的な、技術面に偏向した授業をしていたのではないか。法的文書作成のスキルを教え、新司法試験の答案作成に役立つことだけを意識した授業になっていたのではないか。むしろ、法律家としてこの問題にどういうスタンスをとるのか、この問題での正義とは何か、を迫る絶好の教材だったはずではなかったのか。等々の疑問です。あるいは、そもそも会社として相談に来ているはずなのに取締役としての個人責任の有無を回答して欲しい、という設問に対して、弁護士として利益相反の問題を意識せずにたやすく回答してよいものかどうかも、掘り下げるべき問題であったかも知れません。
　(3) もう一つ例を挙げますと、これも「法情報調査・法文書作成」の課題ですが、新聞の折り込み広告で「環境抜群。眺望・日照良好」と宣伝されている新築マンションに興味を持ち、現地で販売代理店の担当者から、南側には当分の間高層の建物は建たないとの説明を受けてこれを購入したものの、入居後間もなく南側の空き地に6階建てマンションが建築されて、眺望・日照ともに非常に悪くなり、期待が狂ってしまったというケースでした。この事案で、買主から売買契約を解除したり、売主や販売代理店に対して損害賠償請求をすることができないかに関し、見通しや追加調査が必要な事項について説明的なメモを作るという課題を出しました。授業は2回半ほどをかけて、論点の議論や裁判例の調査・整理をさせたうえで、これまでの裁判例の流れと判断の分かれ目の要素を抽出し、当該事案につ

いて一定の見通しを示すための文書作成をさせ、講評しました。

このような作業は、法律家として不可欠なスキルの訓練になることは間違いないところですが、あまりその点にばかり終始すると、従前の裁判例から無難なところを選択する法律家を育ててしまうことになりはしないか、との疑問も生じます。不動産業者の情報提供義務論・告知義務論や調査義務論は時代とともに進化してきたのであり、その陰には議論を前に進めようとする弁護士など法律家の正義感とあくなき追究があったはずですので、その点に目を向け、創造的な法律家をどうやって育てるかを、常に考えなければならないのではないか、との反省をしているところです。[7]

3 「正義」を問いかけるシミュレーションに向けて

ただ、翻って考えるに、法情報調査と法文書作成をさせるだけという授業形態では、どうしても説得的な論じ方というテーマが中心になってしまい、それ以上の生身の緊迫感に乏しいという限界があるのも確かです。例えば、前記の例で、教員が一方の価値判断を解説して学生に問題提起をしたり、あるいはその点をめぐってディスカッションを試みたりしたとしても、学生に与えるインパクトはあまり大きくないように思われます。真の意味で「正義」を教えるには、やはり擬似体験が必要になってくるのではないでしょうか。

すなわち、法的文書の作成といったスキルも磨きつつ、それにとどまらずに、依頼者や関係者を前にして、弁護士としてこの問題にどう行動するかが迫られ、中途半端な評論家的立場では依頼者が納得しない状況を作り出し、学生自身の倫理観・正義感が問われるような葛藤を作り出すことが必要ではないでしょうか。そして、SCが市民の目線から学生の言動に対する教育的なフィードバック（後述するようにこの点が重要であり、単なる主観的意見の押しつけでは困りますが）をしてくれれば、教員が説教するのでは到底得られない、抜群の効果を発揮するのではないでしょうか。シミュレーション教育はそのためにこそ必要なのではなかったのか、というわけです。モリテルノ教授が述べるところの、「シミュレーションの流

れの中で倫理を取り扱うことによってシミュレーション体験が単なるゲーム以上のものになる」とは、このことにほかなりません。

4 各分野での浸透法とシミュレーションの融合に向けて

　ところで、模擬法律事務所構想を具体化するには、科目の統合を含めたカリキュラムの再編が一方で必要になってきます。しかし、そのような枠組みの問題ととともに重要と思われることは、コルビー氏が述べた「浸透法」（Pervasive Method）にシミュレーションを組み合わせる方法の具体化です。[8] 私が挙げた前述の例は、法分野としてはそれぞれ商法・民法に関する問題ですが、例えば刑法においても浸透法は可能です。刑法と言えば、錯誤論や共犯をめぐる問題、各種財産犯の構成要件と相互関係といった、理論的な論点が学習の中心を占め、人が罰せられることの本質や限界といった哲学的な論点はメインテーマとはされていません。しかし、現実の事案では、例えば、身内の介護疲れから心神耗弱状態に陥って心中を図った事例とか、暴力事犯で被害者と加害者との間の修復的対話が図れないかといった事例など、果たして社会が犯罪者の刑事責任を問う形でどこまでの役割が果たせるのか、そもそも人が人を裁くのは何故か、といった根源的な問いに迫られるものも少なくありません。いずれも、「正義」という言葉を使うかどうかはともかくとして、正義に関するテーマを避けて通れない問題と言えます。これに対峙するのに、もちろんすぐれた論文や判例を紐解いて考察することも重要ですし、法曹になってから現実のケースと格闘することの意義ももちろん大きいでしょう。しかし、現実のケースはあまりにも重すぎることが多いのも確かです。このような問題にこそ、シミュレーションを取り入れ、SCに関係者を演じてもらったうえで、SCを交えたディスカッションによって、テーマを深めるのが肝要ではないでしょうか。ただし、SCにも人間の行動学や犯罪心理学の素養を持って演じてもらう必要が出てきますので、実現はなかなか難しいかも知れませんが。

　その意味では、むしろ憲法や行政法の分野の方がシミュレーションによ

る教育の発展を見込める余地があるかも知れません。例えば、行政情報の公開をめぐる行政の立場と住民の立場の鋭い対立といったケースはいろいろな仮想事例を作ることができ、そこで双方の立場に分かれて議論を闘わせるというイメージです。ただし、ここでもディベート・ゲーム的なものに終わらせずに、取り組む各人に、正義を深く意識させて行動の選択を迫るようにするには、SCに関係当事者となってもらい、当該事案をめぐって互いに深刻な問題を生じていることを伝えてもらうのが重要となるでしょう。

5　SCに求めるもの

　このように、SCに重要な役割を果たしてもらいながら各法分野で浸透法による正義や倫理の教育を行っていこうとすると、我々がSCに求めるものは高度となってきます。単に教員が作ったシナリオを覚えてきて学生の前で話をするというのでは到底足りないこととなります。演じ方の面をとっても、ケースに対する学生の受けとめやSCへの説明・説得等によってSCの心理状態が的確に動いていくことが必要となりますし、学生に正義をめぐる議論を突きつけるには、SC自身がそのケースについての正義について強い葛藤と執着をもつことも必要となるでしょう。そして、そのことをフィードバックの場面で的確な言葉にして振り返ってもらうことが求められます。そこでは、教育者側が想定するSCの人間像を超えた結果になったとしてもなお大きな意義があります。教員ではなく市民のSCが参加することによって、法律家のひとりよがりでない価値判断が協働の結果として作り出される可能性があるからです。
　しかし、かといってSCが独自の価値観に固執して学生にこれを押しつけて困惑させ、教育の場を超えたものにしてしまうことも避けなければなりません。SCには、問題を真剣に、時には激しく突きつけながら、他方でフィードバックにおいては「褒めて育てる」という絶妙のバランスと教育的配慮が求められることとなります。しかも、専門家である教員でなく市民がその役割を果たすことに意味があります。

関西学院大学法科大学院形成支援プログラム推進室では、2006年春よりSCの養成講座を開始しており、そこでは多数の市民が、法律家の養成に少しでも力になれたらと、予想を上回る意欲を見せて参加して下さっています。まだ試みは開始したばかりですが、市民とともに、高いレベルのSCの養成と多彩なシミュレーション教育の発展に向けて、努力を続けていきたいと考えています。

【注】

1 William Damon「グッドワークと若者の発達に関する近年の研究」(関西学院大学ロースクール『正義は教えられるか――法律家の社会的責任とロースクール』関西学院大学出版会、2006年、15頁以下)など。
2 Anne Colby「倫理的および社会的責任実践のための法曹教育」(前掲『正義は教えられるか』85〜89頁)。
3 シミュレーションとは、関西学院大学ロースクールの第2回国際シンポジウムにおけるEleanor Myers助教授の報告(本書所収)によれば、学生に役割を演じさせ、学ぶべき内容に沿ってその役割を積極的に果たし、問題をいかに解決するかを彼ら自身で決定し、その決定に基づき行動するという形式の授業を指しています。教育形式として、三人称の視点「彼はこうすべきであったと思います」から、一人称の視点「私はこうすべきだと考え、この方法で行動します」へのシフトであるとも指摘されています。私もこの定義に全く異論はありません。
4 池田直樹「正義は教えられるか――現代損害賠償法実務の試み」(前掲『正義は教えられるか』259頁以下)。
5 いずれも本書所収。
6 拙稿「法科大学院におけるシミュレーション教育の成果と課題」(『ロースクール研究』2号、2006年、4頁以下)。
7 前掲の池田直樹教授の現代損害賠償法実務の授業は、これを目指す優れた実践であるといえます。
8 ただしMoliterno教授は、この方法について、コースの一貫性を欠き実践ではうまく行ったとは思えないとしています(本書172頁)。
9 2006年6月から9月にかけて3回にわたって開催した講座に常時50人近い市民の参加があり、医療面接実習で実績のある岡山SP研究会および神戸SP研究会の方の協力を得て、デモンストレーションやロールプレイなどを交えながらSCの養成を実施しました。秋以降のさまざまなシミュレーション授業での活躍が期待されています。

論考 2 刑事弁護の理論と感覚

巽　昌章（関西学院大学大学院司法研究科教授・弁護士）

1　事件の現場を作る？

　事件は現場で起こっているという人がいます。では、「事件の現場」とは、一体、いつ、どこを指す言葉なのか。殺人事件でいえば、人が殺された、ある過去の時点のことでしょうか。確かに、刑事訴訟がめざすのは、過去の犯罪事実（と考えられるもの）に関する被告人の罪責確認でしょう。しかし、その事実は、むろん、もうすでに存在しません。裁判官や弁護人はもとより、検察官、警察官だって、普通はこうした過去の事実そのものに立ち会っていないし、まして、それを呼び戻すことなどできはしない。
　こう考えたらどうでしょう。「事件の現場」は、われわれが関与する諸手続の、時々刻々の変動の中にこそあると。その意味ならば、警察官も、私たちも、まさに事件の現場に日々直面しています。たとえば、ある犯罪事実の関係者を取調べて調書を作成する行為は、公平無私に過去の事実を再現したいという誠意にのっとってなされたとしても、価値判断抜きの文字通りの意味で、捜査官の作文に他なりません。調書自体は、その時点で、捜査官によって起案されているのですから。あるいは、法廷での証拠調べによって「心証」が形成されるといわれますが、それは、検察官がいかなる事件イメージと証拠構造を組み上げ、弁護人がこれにいかなる意見を述べるか、そして、法廷に立った証人や被告人が、検察官と弁護人がせめぎ合う力の渦の中でいかなる供述をするかによって、徐々に「事件」の姿ができてゆくというのに等しい。

要するに、事件は、捜査や公判という「現場」で不断に生じているのです。
　模擬裁判の目標として、実践を通じた刑事訴訟手続の習得、法廷におけるものの言い方やマナーの修練といった点が挙げられるのは当然でしょう。しかし、準備から本番まで、つまり、実際の刑事手続で言えば捜査や公判準備にあたる部分から判決言い渡しにいたるまでの、時間の厚みを経験し、その混沌とした試行錯誤の積み重ねによって「事件」の姿が作られてゆくのだという感じに直面することもまた、大事だろうと思うのです。
　先が見えない、とりかえしのつかないことをしているかもしれないといった不安に満ちた瞬間の連続が、そこには待っているでしょう。この意味で、刑事裁判に、準備と本番の区別はない。刑訴法に「公判準備」という言葉はあっても、その名のもとに行われる手続自体、一瞬の応酬で事件の姿が変わるかもしれない「本番」なのだし、法廷での一問一答は、決して、稽古した演技を舞台にかけるようなものではないはずです。
　模擬裁判を通じて、こうした不断に続くライヴ感覚のようなものを伝えることはできるのか。ともすれば、公判への準備が、法廷という本番に向けた稽古、あるいは、公判という名のゼミに向けた予習のようなものになってしまわないか。
　この疑問に対するとりあえずの答えが、「模擬裁判にはできることとできないことがある」という点に帰着してしまうのは、仕方のないことかもしれません。ある程度のシナリオを設けること、ときによって教師が指導的に介入することなどは避けられないし、すべてを本物どおりにしつらえることもできない。
　たとえば、証人や被疑者、被告人役を、教師が兼任するのでなく、専門の役者の方や、模擬裁判のための訓練を経た方々につとめていただくことは、学生と事件関係者が真剣に対峙する、先の見えない時間を演出するために極めて有益だと思いますが、だからといって、否認している「被疑者」を、検察官役の学生がどこまで厳しく追及できるか、否認を自白にまでもっていけるかとなれば、そこにはおのずと限界がみえてくるでしょう。
　現実の事件において、捜査、取調べという局面は、そこで事件の姿がいったん決まってしまうほどの重要性を帯び、それゆえ公判そのものとも密接

に関連している（たとえば、公判で、取調べ過程を度外視して証拠能力や信用性を争うなどということは考え難い）が、模擬裁判でこのあたりを再現することは極めてむずかしい。

あるいは、検察官にせよ弁護人にせよ、どれだけ積極的に事実を掘り起こそうとするかによって事件の様相が変化してくることはいうまでもありませんが、これにも模擬裁判特有の大きな制約があります。昨年においても、弁護人役の学生さんからは、証拠開示、鑑定から当日の天候調査まで、様々な事実解明のアイディアが出されましたが、模擬裁判の枠内でなかなか実現できないことも多いのです。もっとも、こうした部分は、いわばゲームの隠しアイテムのような資料を作っておいて、気のついた人だけ利用させるというやり方も、ある程度は可能でしょう。たとえば、死因について、当初学生さんに与える事件記録は簡単な死亡診断書だけにしておいたうえ、より詳細で、一部死亡診断書と矛盾するとも読めるような資料をあらかじめ用意しておくなどの工夫は、十分検討に値します。

他方、カリキュラムの組み立てや指導の面においても、いつ何が起こるかわからない緊張感、その緊張の連続が最終の公判に結実する達成感を与えるために、単なる「本番に向けた準備」ではなく、準備そのものが時々刻々に変動する「現場」であるような状況を、こちらで周到に用意すべきなのでしょう。残念ながら、私は、手の空いた時だけ指導に行くという形の関わりしかもてませんでしたが、先の見えない状況の中で学生たち自身がすすんで道を切り開くような経験を演出するためには、ずっと付き添っているか、あるいは逆に、いきなり彼らを海に投げ込むような（むろん、十分にシナリオを詰めた上で）方式を、確立することが望ましいのだろうと思います。

2　相手は生きもの

準備の中心は、むろん、法的な検討と、立証方針、とりわけ、尋問の準備でした。それに立ち会う中で、実務家として肌で感じた、学生さんとの感覚の違いは、証人なり被告人なり、あるいは自分以外の立場の法曹（例

えば、弁護人役にとっては裁判官と検察官）が、何を考えて、どのように行動するだろうかという読みをめぐる、現実認識でした。この点も、はじめに述べた「現場」の感覚とつながってきます。実際の裁判では、あらかじめ証人と面接して証言の打ち合わせを尽くした場合でさえ、本番ではなお、何が起こるかわからないものです。まして、いわゆる敵性証人など、事前の瀬踏み困難な相手に直面する緊張感が、どこまで模擬的に演出できるか。

　そこには、どうしても、模擬裁判特有の限界がある。それはあるけれども、実際に公判に向けた準備を進める中で、実務経験がないことによる読みの甘さと、逆に、だからこそ生まれる発想の新鮮さがいりまじった、面白い現象が相次いだのも事実です。

　とりわけ、実務家との感覚の違いが顕著に現れたのは、敵対する立場の人間を反対尋問するにあたって、「真実を語らせよう」という姿勢が見られたことでしょう。自覚的に反対尋問の手法を探求している弁護士の多くは、たぶん、そうは考えていない。むろん、法廷でいきなり爆弾発言をする証人はいます。しかし、典型的な反対尋問においては、積極的にそうした新事実を引き出すことではなく、いわゆる「崩す」こと、すなわち、供述の矛盾を顕在化させることこそ反対尋問の本質だとみなされているはずです。そこでは、積極的に「真実を語らせようとする」ことは、むしろ有害無益だとさえいわれる。また、仮に「真実を語らせる」試みがなされるとしても、それは、尋問技術を駆使して、知らず知らずのうちに「真実」の前まで証人を連れてゆくことを意味するのであって、法廷での尋問本番において、証人の良心や義務感に訴えかけることで「真実」を引き出せると考えている弁護士は、ほとんどいないはずです。

　これに対して、模擬裁判の準備過程でも、また尋問の機会そのものでも、学生たちは、証人に「真実」を、あるいは、捜査段階の資料では語られていなかった「別の事実」を、積極的に語らせようとしていたように思います。たとえば、証人に対する尋問の準備では、「これこれの事実を証言させると被告人に有利ではないか」という発想が強いように思われましたし、公判での尋問でも、「本当のことを話してくださいよ」という期待を強く

表現するような尋問態度がみられました。その反面、どこが被告人に不利なのか、それをどうしたら潰せるのかという発想にたどりつくには、ある程度時間を要したようです。

　翻って、なぜ現在の弁護実務における反対尋問観が形成されてきたのかを考えてみると、第一に、疑わしきは被告人の利益という原則に忠実な弁護姿勢をとる以上、その主目的は検察側証拠の弾劾に向けるべきだとする考えが生じ、尋問の手法にもこの理念が及ぼされてきたと思われます。そこには、また、アメリカの尋問技術の影響が顕著でもあります。

　しかし、そうした理念とともに、実も蓋もない実感として、法廷でいきなり証人が「良心」に目覚めるなんてことはないし、人間はいったん述べてしまったことをなかなか訂正しないものである、とりわけ捜査機関のような「公」の前で記録された事柄については、という断念が存在するはずです。逆に、弁護人が賭けているのは、「証人は間違いをする」という経験則です。いくらよく考えられた嘘であっても、それが、捜査、公判を通じて何度も語られてゆく中で、いつかは間違いを生じないとはいえないし、些細なように見えて証言全体をゆるがすミスを発見し、指摘することこそ弁護人の職務だ、というわけです。

　こうした断念から出発することによって、実際の弁護活動は、焦点を絞りやすくなっているともいえるでしょう。捜査段階で作り上げられた資料の山に取り組んで、その中から被告人に利益な結果をもたらすかもしれない矛盾を発見し、そこに向けて弁護方針を集中させ、尋問を組み立ててゆく、こんな見通しの立て方を体で覚えることが、弁護技術習得であるとすれば、そうした感覚を身に着けていない学生さんたちの議論が、何となく迷走気味にみえてしまうのは仕方のないところです。

　それゆえ、模擬裁判の指導とは、見通しについての弁護士の感覚を、あるいは感覚に根ざした技術を伝えること、端的に言えば、供述の森の入り口で立ちすくんでいる学生さんたちに、矛盾の大切さ、その発見手法、尋問でこれに光を当てるすじみちを教え込むことのはずです。

　しかし、先輩たる我々実務家の感覚やノウハウが絶対的に正しいのか、かえって学生さんたちの手探りの実践から学ぶところ、少なくとも、自分

たちの抱いてきた「実務感覚」にいったんクエスチョンマークを付す余地はないのかと考えることもできます。そもそも、日本の刑事訴訟自体が、おおいに折衷的なところを残しているのですから、理論的な純化に基づく刑事弁護実務の洗練という志向は、決して自明の理ではない。たとえば、アメリカ的刑事訴訟観に、捜査機関及び裁判所における供述調書の重視といった日本特有の部分が混入している結果、これまでの刑事弁護は、調書からの矛盾発見や、証拠開示、自白調書の任意性、信用性の争点化といった、捜査側書面に対抗するテクニックを中心とせざるを得なかった。そこに、アメリカじこみの尋問技術の理論的純化を直ちに持ち込むことができるのか、という点じたい、疑えば疑えるのです。

　また、裁判員制度や公判前整理手続の導入によって弁護実務のあり方がどう変わってくるのか、いわゆる取調べの可視化はどうなるのかといった、不安定要因が存在します。これらは、刑事弁護実務を調書偏重から解放する方向へ、そして、公判における口頭のアピールを重視する方向へと働く要因には違いないでしょうが、かといって、どこまでこうした方向性が明確になるかは、正直まだよくわからない。

　我々自身が迷っている以上、学生さんたちが、はじめての刑事弁護に直面したときのとまどいや試行錯誤は、我々自身の鏡でもあるだろうと思うのです。

論考3

シミュレーション教育と専門職責任について
——資料紹介に代えて

豊川義明（関西学院大学大学院司法研究科教授・弁護士）

1 シミュレーション教育と専門職責任教育

　全ての現実の事例（裁判の結果も含めて）は、ローヤリングにおいてはシミュレーションの教材となり得ます。しかし、シミュレーションによる教育が臨場教育[1]と関連・連携して法科大学院において教育の有効性をもつためには、対象とする事案、教材の内容について教育の目的による明確な提示が確認されるものでなければなりません。

　実は、ケースメソッドといわれる教育方法に用いられるケースもまた、こうした目的を与えられたケースです。これに対して、関西学院大学法科大学院形成支援プログラムにおける活動の中で確認されてきたシミュレーション教育は、どんな条件、特色をもっているのでしょうか。その前提として、シミュレーション教育の定義が必要でしょう。

　この点につき、本シンポジウムにおいて報告されたマイヤーズ助教授の言葉を借りると「学生に役割を演じさせ、学ぶべき内容に沿ってその役割を積極的に収集し、問題をいかに解決するかを決定し、それに基づき行動するという形式の授業」であるということです。また、同助教授によれば、この授業は三人称から一人称の視点へのシフトであり、法律知識の強化のみならず、創造性、問題解決技術、コミュニケーション力、説得力、倫理的自覚など効能の様々な要素が強化される、と指摘しておられます。そこで問題は、上記にあげた学ぶべき内容をどのようなものにするかということです。同助教授の報告によれば、留意すべき点としては、(1) 現実的な

もの、(2) 効果的なもの、(3) 比較的率直で極度に複雑でないものとされ、例えば新聞、映画、文学、法律業務など現実の社会から題材（統合コースでは、現実的なケースなり依頼者ファイルを基にしている）を得て、教員が共同で立案している、ということです。また、同じくパネリストとして報告されたモリテルノ教授は、ウィリアム＆メアリー大学で17年間にわたり実施してきた模擬法律事務所を活用した法曹技能プログラム（9単位）の特徴として、倫理教育の必要性を挙げ、シミュレーションの流れの中で倫理を扱うことが「競争ゲームの領域を超え、より現実に近い、より優れて構成された依頼者業務体験となる」とした上で、「倫理教育を技能教育から分離するのは危険である」と指摘されています。

2 模擬法律事務所と専門職責任教育の方向性

現在、関学ロースクールでは、田中成明教授、小山章松教授と私が、専門職責任を担当しています。教科書は設例と解説を基本にした『法曹の倫理と責任』（現代人文社、2005年3月30日増補版）を使用しています。設例は、具体的な懲戒事例をも参考にしたものであり、これを1回の授業で数個取り上げるプログラム・メソッドによって実施しています。学生は予習段階で設例を考えてきており、その中で対立的な答えが2つ出た場合は一定の討論を行うことができます。しかし、現実味の不足と設問方式の限界により、専門職責任を生きたものとして感覚できず、知識として理解する域を出ないのではないかと私は評価しています。

専門職責任の領域が「してはならない（禁止）」規範から、司法制度改革審議会の意見書(2001年6月12日)がとりまとめた法曹像にあるとおり、「法の支配」の担い手としての「創造的、主体的な」規範に拡がりをもつ以上、その教育も学生が代理人、弁護人の当事者として、具体的ケースのなかでディレンマに立ち向かい、悩みを感性で実感できるものが必要となっているのではないでしょうか。具体的な分野としては、依頼者の不当な要求と正義との対抗、誠実義務、守秘義務と真実義務との対立、利益相反と弁護士責任などといったことが考えられます。

これからみなさんにお読みいただくのは、米ニューヨーク大学ロースクール（NYU）のローヤリングコースで使用されている教員読本から、一部抜粋し、許可を得て和訳したものです。

　今回のシンポジウム報告とこの先進例の資料から学んだ結果、関学ロースクールにおける今後のカリキュラムの方向としては、専門職責任に上述の主要なテーマを含んだ内容を取り込んで、法曹技能（ローヤリング）の授業とし、これを模擬法律事務所内で事件（ケース）として院生が取り扱うことが考えられます。また、こうしたシミュレーション授業と切り離した形で別に、専門職責任の授業が必要かどうかが再検討されることになるでしょうが、恐らくはこれまでの2分の1程度の時間数で前提的な教育を行うことに落ち着くものではないかと考えています。

【注】

1　これまで「臨床法学」という言葉が一般的に使用されてきましたが、医学分野との相異、独自性を明確にするために、また、法学教育においても「現場」が大切との認識から、「臨床法学」に換えて、私は「臨場法学」という言葉を使用していきたいと考えています。
2　The Lawyering Program: Description of Exercises 2004-2005 (New York University School of Law)

資料

以下はThe Lawyering Program: Description of Exercises 2004-2005
(New York University School of Law) の部分訳

ローヤリング・メソッドの導入

　「ローヤリング」という用語は2つの関連するコンセプトを表している。職業における「ローヤリング」は、弁護士がクライアントおよび社会全般に奉仕する上で法律を活用する実務を指す。教科におけるローヤリングは、施行されている法律の学術的研究を指す。

　ローヤリング・プログラムは、各々の演習において、学生が特定のローヤリング業務を経験し、それについて正当性などを評価することができるような機会を与えるように工夫され、入念に開発された方法に基づいて実施される。ローヤリング・メソッド──経験的学習と指針に基づく批評と言えるだろう──は、2つの相互に関係する原則に基づいている。一つは、ハーバード・ビジネススクールのケース・メソッドについてチャールズ・グラッグが言ったように、「知恵は経験によってのみ得られる[1]」ということである。2つ目は、認知科学者の研究が示すように、法の履行のような複雑な業務に従事することを学ぶのは、協調性が求められるプロセスであるということである[2]。これらの考えに基づき、ローヤリングでは学生達に徐々に難易度が高くなる演習を次の3段階方式により学習することを求める。1）専門的業務の構成要素を体系的に学習すること、2）その業務を共同作業で行うこと、3）その業務遂行で行った選択に対し、一定の規律に従った評価を、協力して行うことである。

　ローヤリングのそれぞれの演習では、学生と教員の間に協同的な相互作用が生まれるよう、次の手順で行なわれる。

資料　The Lawyering Program: Description of Exercises 2004-2005 の部分訳　　261

- 学生は、テーマとなる法律問題を検討するにあたって、学問上のツールを提供する資料を読む。
- 次に、資料で与えられた学問上のツールについて話し合い、大半の場合、それを予備演習で使用する。
- その後に、学生は他の学生や専門知識を有する協力者という役割の教員と共に、テーマとなる法律問題に関係する課題について調査、計画し、実施する。
- 最後に、ここが最も重要であるが、学生は他の学生および教員と共に小グループに分れて、与えられた学問上のツールをどのように活用したか、計画および実施段階においてどのような選択を行ったか、その選択がどのような影響をもたらしたかなどについて、共同で評価を行う。

　大きな目標としては、あらゆる状況に対して批判的に考える力を、演習経験から体系的に学ぶことを学生に教えることにある。以下に、学生たちが学習していく順を追いながら、各演習を具体的に説明する。

【注】

1　Charles Gragg, *Because Wisdom Can't Be Told* (1998)を参照のこと。
2　ローヤリング教授法は、認知心理学者のJerome BrunerおよびL.S.Vygotsky、教育学者のPaulo Freireを初め、学習についての理論と実践の開発における何人かの主要な人物の研究に基づいている。BrunerおよびVygotskyの研究によると、学習は社会に根ざした活動であり、そこでは社会的(あるいは文化的、職業的)集団が何らかのツール(ハンマー、発表された意見、コンピュータ・データベース等)を使用すること、そして問題解決をするために、経験豊かなメンバーと経験不足のメンバーがともに参加して相互作用することで、人々は多くを学ぶことになる。Jerome Bruner, *Toward a Theory of Instruction* (1968)pp.27-29, L.S. Vygotsky, *Mind in Society* (1978)pp.79-91 を参照のこと。Freireも共同学習を強調している。彼の金字塔的業績であるPedagogy of the Opressedにおいて、後で引き出せるように教師が知識を受動的な学生に教えこむ、伝統的な「バンキング」的な教育方法を否定している。Freireは、そのような伝統的教授法に代わって、学生達は教師から学ぶのと同様に互いからも学ぶことができるという問題解決アプローチを提唱している。Paulo Freire, *Pedagogy of the Opressed* (1970)pp.51-67 を参照のこと。

アーチャー基金またはアートディーラーのジレンマ：
助言を行う弁護士としての準則および事実の活用・解釈

1 年生の第 1（秋）学期　第 4 回演習

目標

　この演習の特徴は、2種類の事実と法律に関するシナリオから教員がどちらかを選択する点にあり、秋学期の中で最も長く、複雑なものである。学期の初めに取り組んだ準則の解釈に関する2つの演習と3番目のクライアントとの相互関係および事実掘り下げに関する演習を統合したものである。

　この長期にわたる演習では、我々は少なくとも次の4つの方法で学生の作業を複雑化することになる。1) リサーチの範囲を拡大すること、2) 関連する法理があまり明確でないこと、3) 学生の役割を、法廷弁護士の役割から助言を行う弁護士の役割に変えること、4) 事実が定まっておらず、流動的であることである。1) によってより徹底的なリサーチの訓練を施し、学生に関連判例を書物とオンラインで十分にリサーチするよう仕向ける。2) では、比較的明確なコモン・ローの範囲で考えることから、明確性に欠ける判例に取り組むという作業を行うなかで、より高度な準則の分析を学ぶ。3) では、学生が法廷弁護での解釈とクライアントがどの行動をとるかを助言する上での解釈の違いを学ぶことにより、解釈の主観性や異なる面での弁護士の役割の権限と責任、カウンセリング・プロセスなどの複雑さを体験する。4) では、実際に遭遇するであろう状況に学生を置くことによって現実的な意味での弁護士業の厳しさを示す。つまり、事実を導き出し、解釈することが法律を決定し、その逆も然りであるという状況を学ぶのである。

事実および法律

　教員は2種類の事実と法律に関するシナリオからいずれかを選択する。

　一つのシナリオでは、学生は法律事務所のアソシエイトとして、刑事責任を問われる可能性のある行為を行う前に助言を求めてきたアーチャー基金のカウンセリングを行う。同基金はミシガン州デトロイトの2カ所の低所得者層地域で住宅所有を促進するプロジェクトを検討している。このプロジェクトでは、住宅購入を希望している低所得者に助成金を提供し、連邦政府の住宅都市整備公団（HUD）の保証つきの住宅ローンを

得られるように助言を行う。不動産投機を防止するために、補助金受給者は購入した家に最低5年間居住することを約束する契約書にサインする。約束どおり5年間居住すれば助成金は返済する必要がなくなり、違反すれば利子をつけて基金に返済しなければならない。基金が懸念しているのは、助成金を、HUDの開示書類に資産として報告するように助成金受給者に助言することが、虚偽の申告にあたるかどうかという点である。

もう一つのシナリオでは、学生はアーティストやアートの分野に携わる人々の代理を行う公益法律事務所のアソシエイトの役割を演じる。クライアントのクリス・ローレンスはローレンス・アートギャラリーの所有者で、刑事責任を問われる可能性のある行為を行う前に助言を求めてきた。ローレンスは最近、何枚かの絵画をかなりの金額である顧客に売却した。そのわずか数週間後、その客は買った絵を委託販売してくれないかと持ちかけてきた。けれども、ローレンスは、自称不動産業者のその客が、麻薬取引に関係しているかもしれないという噂を耳にしたこともあり、絵を転売するのは違法なマネーロンダリングにならないかと懸念している。

弁護士は、基金の代表者（アーチャー基金の場合）もしくはクライアント自身（アートディーラーの場合）と面談し、クライアントの求めるもの（目標）、懸念を聞き出し、関連する事実を収集する。次にリサーチを行い、クライアントが抵触する可能性のある法律の原則を示したメモを作成する。最後に、クライアントに対し、その措置をとるべきか否か、また、どのように行うかについての助言を行う。

ティーチング

学生は面談のプロセスに関する資料を与えられ、二人一組になり面談の準備を行う。ティーチング・アシスタントがクライアントの役割を演じ、面談の様子はビデオテープに録画される。ティーチング・アシスタントは、NYUのクリエイティブ・アーツ・チーム（CAT）の指導者の協力のもとに演技指導を受ける。CATはロールプレイによる教授法を得意とする演技集団である。面談後、学生はクライアントの状況と目標を要約したファイル・メモを作成する。

続いて学生は、集中的で、入念に構成された批評のセッションに参加する。各チームは録画された自分のチームの面談と、批評のためにペアを組んだ次のチームのやはり録画された面談の様子を見る。教員と共に、チームの各ペアは、二つの面談を批評し、依頼者とのコミュニケーションの取り方を比較したり、戦略や専門用語の理解を深めるなど、将来プロとして渡り合う上で欠かせない批判的な思考力を養う。

批評のセッション中、あるいはその後で、監督的な立場の弁護士という役割の教員は、関連する法律のリサーチおよびクライアントとの面談の準備に関し学生の指導を始める。一連のミーティングで、教員はロールプレイでの役割と教員という双方の立場に立ち、クライアントとの面談で得た事実の解釈、関連法律のまとめ、事実と法律の統合、（敵対的というよりは）適切に分析され、情報が整理されたメモ作成（修正も含む）、ならびにクライアントのカウンセリングの戦略方針作成のプロセスを通じて、学生を指導する。

　この演習の締め括りは、クラスあるいは小グループ単位でのカウンセリング・セッションのシミュレーションである。カウンセリング・セッションでは、教員は弁護士の役割の問題に焦点を当て、クライアントのカウンセリングに関する倫理的責任に学生の注意を喚起し、自分達の解釈と助言によってクライアントが希望している行動を可能にしたり、思いとどまらせることになるのを意識して不明瞭な法律の解釈を行うという、複雑で困難なプロセスについて学生に考えさせる。

専門職責任の問題
　この演習で使用される2つ事例は、前の3つの演習で取り扱った専門職責任の問題を強化するものである。さらに、この2つの事例はともにカウンセリングの難しい問題を提示するものである。つまり、クライアントの目標達成を助けるために懸命に努力するという義務と、非合法な行為の助言や、促進をしたり、また奨励することを避けるという義務のバランスを弁護士はいかにとるかという問題である。最後に、この演習はクライアントとの面談およびカウンセリングを含むものであることから、学生はクライアントの機密保持の必要性や、自分の秘密が知られることに不安を隠せないクライアントと弁護士の信頼関係の構築の難しさに関しても必然的に学ぶことになる。[1]

【注】

1　Model Rules of Prof'l Conduct R. 1.6 (2002)（クライアントの秘密保持義務）を参照。

救済申立て事件の調停：
法廷外の紛争解決と弁護活動

1年生の第2（春）学期　第2回演習

目標

この演習には3つの主要な目標がある。1）中立的な第三者が進行役となる調停の役割を含め、問題解決および紛争解決の考察を深める。2）先に学習した経験（クライアントとの面談とカウンセリング、事実の発見、関連する法的権限の確認および解釈、戦略の準備、倫理問題への対応）を復習し、調停を行う際に必要な手続きの文脈に結び付けて理解する。3）調停を成立させる趣旨のもと、書面および口頭の双方により非公式な弁護活動を行う。

事実および法律

学生は、ニューヨーク市の人権委員会（HRC）に申し立てられた住宅に関係する差別の件で、家主あるいは賃借人の代理人となる。申し立ては、家主が賃借人の賃貸契約を更新しないと決めたことから発生した。賃借人はアフリカ系アメリカ人の男性もしくは女性で、ブルックリンのクリントンヒルズ・ベドフォード・スタイヴセント地区にある1LDKのアパートに約10年間居住している。賃借人が入居した当時、近隣住人の大半が労働者階級のアフリカ系アメリカ人であった。しかし、最近は、ブルックリンの多くの地区と同様に、中高所得者の流入が進んでいる。紛争が起きる1年前、新しい家主がその建物を買い取り、常住の管理人を置いた。新しい家主が買い取ってから数カ月後、賃借人は賃貸契約の更新を求めたが、それは次のような理由で拒否された。建物の他の賃借人たちから、非常な騒音と、また家主が代わって数カ月後にその賃借人が飼い始めた犬が凶暴であるという苦情が出ているというのだ。しかし、賃借人は、更新拒否は人種差別に基づくものであると考え、HRCに自ら申し立てを行った。

ニューヨーク市の法律によると、そのような申し立ては裁判所に提訴する前にまず調停に持ち込まれる。申し立てと、その申し立てを否定した家主の応答を検討したHRCは、両当事者に調停を持ちかけた。自身で扱うには問題が複雑になったと考えた賃借人と家主はそれぞれ法的代理人を立てた。

弁護士の役割

監督的役割の弁護士役の教員と共に、学生は、書証を検討し、申し立ての有効性を見

極めるために法律のリサーチを行い、クライアントと面談して、カウンセリングを行い、調停に先立つ意見書を作成する。次いで、調停での戦略を練り、実行する。以下にこのプロセスを詳しく述べる。

ティーチング

　社会的差別を含む問題のカウンセリングと問題解決についての指示を受けた後、学生はクライアントとの面談にのぞむ。面談においてクライアントから聞くか、あるいはその後の調査で発見されるかで、新たな事実が明らかになる。学生は、家主の従業員がその賃貸借契約を更新しないよう家主に勧める以前に、賃借人に差別的とも取れる発言を行っていたことを知る。そのような発言は、賃借人は主張していないものの、人種に基づく差別より性的指向に基づいた差別の傾向がやや強いことを示す証拠であることを示唆している。このことを知った後、学生は新たな事実に対応して再び調査を行うことになる。

　クライアントとの調停前のカウンセリング・セッションにおいて、学生はクライアントに調停の過程を説明し、調停でクライアントと代理人が適切な役割を確立できるようにクライアントと協働しようとする気持ちを強く持つようになる。カウンセリング・セッションでは、学生は、新しい事実と適用される法律を提示し、説明する方法、クライアントに目標、利益および優先順位を明確化する手助けを行う方法、および可能な選択肢と戦術に関する決定をクライアントに助言する方法について考えなければならない。この面談の主要な課題は、感情がからむ状況の解決をいかに図ることができるのかをクライアントと共に考えることができるよう、クライアントと良好な関係を築くことにある。もう一つの課題は、クライアントが全面的に調停に参加することができ、かつ、法的代理人を立てた利益を享受できるような戦略を立てることである。

　この間、学生は調停人に提出する調停前の意見書を作成する。その意見書は、作成者、グループ内の学生、さらに指導教員が検討し、修正をかけ、グループの調停人に提出される。

　その後、外部の実際の調停人が主導する調停のセッションが行われる。双方のクライアントの代理人は学生のチームが務める。指導教員もオブザーバーとして出席し、批評のセッションに参加する。調停は1件ないしは2件の紛争を扱い、その後直ちに指導教員のもとで批評が行われる。

専門職責任の問題

　調停は、カリキュラムの一環として、これまでの演習のあらゆる課題をも明示的ではないが組み込んでいる。調停には秋学期で学習した専門職責任の問題が含まれているだ

けでなく、調停はしばしば交渉を促進する方向に進むことから、先に交渉の演習で取り上げた相手方の弁護士に対する誠実責任の問題が、調停でも再浮上することがある。さらに、調停はさらに二つの倫理問題を考える機会を提供する。つまり、弁護士自身の道徳観と正義感に反する考えを持つ、あるいは行動をとるクライアントの代理をする弁護士の責任とはどのようなものであろうかという問題と、クライアントの利益と望みをかなえることと、クライアントの事件をより大きな社会的目標を達成するための踏み台として利用することという、この二つの間の適切なバランスはどうあるべきかという問題である。

　これら二つの倫理問題は、演習のシナリオの事実に意図的に組み込まれている。弁護士がクライアントの考え、あるいは行動に反対である可能性があるという最初の問題は、学生が家主あるいは賃貸人のいずれを代理するかという決定に関係する。賃借人の場合、家主に契約更新を強いるために、賃貸人が根拠のない差別を申し立てているのではないかと学生が疑うこともありえる。家主の場合、学生は家主を偏見の持ち主だと考えるかもしれない。どちらの場合も、演習の事実はあいまいにしか示されていないので、学生はクライアントが嘘つき（賃借人の場合）であるか、偏見の持ち主（家主の場合）であるか、疑心は生じても確信が持てない。したがって、学生はクライアントに対する自分の不信が代理人活動の質にどの程度の影響を与えるかを認識し、評価することを学ばなければならない。

　2番目の問題、すなわちクライアントの希望あるいは利益と、弁護士のより大きな社会的善への希求との間に葛藤が生じる可能性については、学生がクライアントや本件の事実をより深く知るようになるにつれて現れてくる。人種ならびに性的指向に基づいた差別の申し立てに根拠を有するであろう賃借人は、性的指向に基づいた差別を申し立てるのには消極的である。また、賃借人は、人種差別の申し立てを学生／弁護士が適切と考えているより簡単に折り合いをつけようとしているようだ。したがって、学生は、クライアントのプライバシーあるいは便宜を尊重するのか、あるいは性的指向および人種的マイノリティに対する差別と闘うために強気で申し立てを行う作戦をとるようクライアントに勧めるのかのいずれかを、選択しなければならない。一方、家主の代理をする学生は、賃借人の人種差別の申し立ては根拠がないと考え、事を荒立てずに収めようとするクライアントとの板挟みになり、ビジネスマンとして良かれと思って理由のない差別を行う家主を思いとどまらせる機会を失うことになるかもしれないのだ。

【注】

1　Model Rules of Prof'l Conduct R.1.6（2002）（弁護士がクライアントの代理を辞退しなければならない、あるいは辞退してもよい状況を説明している）を参照。

資料　The Lawyering Program: Description of Exercises 2004-2005 の部分訳

NYU ローヤリングコース演習用教材リスト：
「救済申立て事件の調停－法廷外の紛争解決と弁護活動」の場合
資料作成　シルビア・G・ブラウン

1　原告側の最初の資料
　・オフィスメモ（2ページ）……法律事務所のシニアパートナーからアソシエイト（学生）に対し、新しい依頼者（Adam Young）からの電話内容（要約）およびこの依頼者との打合せを補佐するよう依頼。学生は、依頼者との面談の事前準備として、3つの主要な判決を検討し、本件において差別の証拠となる基準を2つと、依頼者に対してどのような救済が可能かについて考えてくるよう指示される。
　・添付資料
　　①　依頼者がニューヨーク市人権委員会（HRC）に提起した人種差別に基づく賃借拒否に対する人権救済申立書
　　②　被告（Clemens Properties）側弁護士からの答弁書

2　原告側の追加資料
　・シニアパートナーからのオフィスメモ（2ページ）……アソシエイトに対し、他の事件で忙しくなったため、Adam Young 事件を一人で担当するよう指示。依頼者との打合せの前に考えておくべき点（本件の事実、関連法規、調停で依頼者が目指す目標、依頼者・相手方双方の関心と優先順位、アソシエイトとしての合意の予想）をいくつか指摘。
　・添付資料
　　①　本件をシニアパートナーが弁護人として受任する旨 HRC に通知する受任届
　　②　賃借期間更新を希望する Young の要望書
　　③　Young の契約更新を拒否する相手方の回答書
　　④　現在の賃貸借契約書のコピー
　　⑤　シニアパートナーが調査会社（私立探偵）に依頼した相手方不動産会社に関する調査報告書（3ページ）……当該建物に入居しているすべてのテナントに対する聞取り調査のまとめ
　　⑥　双方の弁護士に宛てた HRC からの勧告……HRC による調停の開催、なお

　　　　双方がこれを拒否した場合はHRCによる正式な取り調べが開始される旨
　　　　を通知
　　⑦　シニアパートナーと依頼者との電話打合せメモ……調停の開催に合意
　　⑧　相手方が所有する不動産に関して調査している同僚のアソシエイト
　　　　（Leslie Hein）からの報告
　　⑨　HRCからのカバーレターと調停開催の合意書
　　⑩　Leslie Heinから第1回調停期日を確認する書面

3　被告側の最初の資料
　・オフィスメモ……シニアパートナーからアソシエイト（学生）に対して、依頼
　　人Clemens Propertiesの代理として答弁書を提出したことを連絡
　・添付資料
　　①　Youngからの申立書
　　②　答弁書
　　③　被告側シニアパートナーが本件を受任する旨の受任届
　　シニアパートナーはアソシエイトに依頼者との打合せに同席するよう依頼。
　準備として、原告側同様、3つの主要な判決を検討し、法的問題について考える
　よう指示。

4　被告側の追加資料
　・オフィスメモ（2ページ）……シニアパートナーからアソシエイトに対して、
　　他の事件で忙しくなったため、Clemens事件を一人で担当するよう指示。依頼
　　者との打合せの前に考えておくべき点として、原告側シニアパートナーと同様
　　の指示を出すが、与えられる資料は多少異なる。
　・添付資料
　　①　現在の賃貸借契約書のコピー
　　②　賃借人Youngに関するClemens Properties側の記録
　　③　賃借期間更新を希望するYoungの要望書
　　④　Youngの契約更新を拒否するClemens Properties側の回答書
　　⑤　HRCからの勧告……HRCによる調停の開催、なお双方がこれを拒否した
　　　　場合はHRCによる正式な取り調べが開始される旨を通知
　　⑥　シニアパートナーと依頼者との電話打合せメモ……調停の開催に合意
　　⑦　Clemens Propertiesの従業員である当該建物の管理人（Jesse Jones）と
　　　　シニアパートナーとの会話メモ……JonesはYoung（アフリカ系アメリカ

資料　The Lawyering Program: Description of Exercises 2004-2005 の部分訳　271

人・黒人) が最近白人のルームメイトと同居し始めたことに対する不満を述べた。Jones のコメントからはホモセクシャルに対する嫌悪が伺える。また、Jones は Young と彼のルームメイトが昨夏から飼い始めたペットの犬がトラブルを引き起こしていることに対する不満も明らかにした。
⑧　当該建物に住む他の居住者とシニアパートナーとの会話メモ
⑨　オフィスメモ……Jesse Jones とシニアパートナーとの電話メモ(当該建物から Clemens Properties が所有する大きめのマンションへの引っ越しを希望する Stevens 一家について) と私立探偵による当該建物のテナントに対する聞き取り調査について
⑩　HRC に提出した調停開催の合意書

5　Young 役を演じる人への演技指示書 (20 ページ)
　1)　イントロダクション……この演習の解説、Young の性格とこの演習での役割、この演習で準備されるべきもの、変更不可能な事実と変更しても良い事実など
　2)　Young の人物像……Young の詳細なプロフィール、Young を取り巻く人々、当該建物の住人、Young と同居しているルームメイト／恋人の詳細なプロフィール
　3)　本件申立ての周辺事情……契約更新拒否の原因となった建物内での数々の対立、契約更新拒否の方法、法的手続、Young の感情、調停の場でどのように振る舞えばよいかに関する指示
　4)　調停に対する Young の見通し、ゴール

6　Clemens 役を演じる人への演技指示書 (24 ページ)
　1)　イントロダクション……この演習の解説、Clemens の性格とこの演習での役割
　2)　Clemens の人物像……職業、彼が所有する不動産の住人、住人たちを調査した理由と方法、経済状態とテナントとの関係を記した記録、Jesse Jones を含む Clemens Properties の従業員のプロフィール
　3)　本件申立ての周辺事情……当該建物における Young のこれまでの行動、Young の契約更新を拒否する理論的根拠、Clemens のテナント・ポリシー
　4)　調停に対する Clemens の見通しと実現可能な合意……Clemens が当初調停に期待していたことと最終的なゴール

7 調停人役のための資料 (21 ページ)
  1) この演習を行う際の授業の進め方と教育の目的
  2) HRC への申立ての背景事実、建物内での Young と Clemens とのやり取り、契約更新拒否を取り巻く出来事、差別の申立書と調査報告書、Young／Clemens それぞれの調停における問題関心とゴール
  3) ニューヨーク市人権規約の要約を含む関連法規の概要、差別の証拠となる２つの基準と鍵となる相違点、本件に関連する重要事件の解説と判例法をめぐる論争、雇用主責任に関する法律、ニューヨーク市ペット法、本件で可能な法的救済に関する法的論争の詳細
  4) 調停場面での学生に対する評価方法に関するガイドライン

【注】

1　Stevens 一家（アフリカ系アメリカ人・黒人）は、2人目の子供が生まれてより広い家が必要になった。Young と同じ黒人の彼らに対し、Clemens Properties は何ら差別的措置を講じず、Clemens Properties が所有する別の住居への転居を受け入れていることの証拠として提示。
2　現役の弁護士、判事、調停官（フルタイム）が担当。

資料　The Lawyering Program: Description of Exercises 2004-2005 の部分訳　　273

インディアンの子供の福祉に関する法律（ICWA）：
裁判を通じての、問題解決および弁論

1年生の第2（春）学期　第3回演習

目標

　この演習では、一年の学習をまとめる意味で、仮差止め命令の申し立てによる裁判という筋書きを使用する。演習の具体的な目標は次の通りである。1）法律と規則の解釈、正式の裁判という筋書きの中での書面および口頭による弁護を教授する。2）これまでの学習内容（事実の明確化、関連法源の確認および解釈、類型化・話術・レトリックを戦略的に使用することによる「聞き手に向けたスピーチ」の訓練、ならびに倫理問題の取扱い）の復習　3）これらの学習内容を、仮差止め命令の申し立ての司法判断のための正式な審理という筋書きの中に統合する。

　大きな意味で、この裁判の演習は、1年間のローヤリング教育の総まとめと言える。この演習は、授業初日から学生に教えようとしてきたすべてを内包している。学生が、法廷において、あいまいな法原理を説得力のある弁論に変えることを求められる点は、秋学期の第1回演習 Moving Target を思い起こさせる。弁論の話法、レトリックを検討する手段として判例法を解釈しなければならないところは、秋学期の第2回演習 Exploding Boiler を連想させる。法律のリサーチの迷路の中で自ら道を見つけなければならないところは、Authorities カリキュラムのオープン・リサーチの宿題を思い起こさせる。事実を一貫性のある筋に「再構築」しなければならないところは、秋学期の第3回演習 Cardozo's Light のようである。自分のとる法的戦略がクライアントの日常の現実にどのように影響するかを考える必要があるところは、秋学期の第4回演習 Archer Foundation（アーチャー基金）または Dealer's Dilemma（アートディーラーのジレンマ）の事例を連想させる。法律・行政文を解釈する際に、単純な意味、意図、機能の重要性を考えなければならないところは、Voyageurs Park の演習と共通点がある。法律、事実、クライアントの希望、弁論の相互作用の力学が、紛争の結果にいかに影響するかを考えなければならないところは、春学期の第1回演習 Negotiating Pools の事例を連想させる。クライアントのケースを主張する相手である聞き手の前提、仮定、価値観に合う話術、レトリックの枠組みに置き換えなければならない点は、春学期の第2回演習 Mediating a Claim の事例と似ている。

もちろん、このICWAの事例は解釈が少々難しく、理論および人間関係の面でも学生が行う演習の中で最も複雑で要求度が高いものである。準備書面の作成において、学生は、法律、規則、連邦法に関する多くの州の意見だけでなく、連邦法、それを施行するための連邦行政の規則、それを解釈する連邦裁判所の判決も考慮しなければならないため、理論面でも、この演習は複雑を極める。人間関係の面においても、この演習は要求度が高い。口頭弁論を行うために、学生は、馴れ親しんだ教室のグループを離れて、外部の裁判官と弁護士の批評に晒されるからである。このような理論面、人間関係の難しさはあるものの、学生達にとって、この演習は非常に馴染みのあるもの（あるべきもの）である。結局、これが1年の最後の演習であることから、学生は、昨年の秋学期の最初の授業でやったこととそう変わらないことを求められていると認識するであろう。学生に、ある法律を示し、ある程度の判例と経緯を与え、知らない人の前に立ち、自分が選んだのではない、恐らく好意も抱けないようなクライアントのために弁論するよう要求した授業とあまり変わりはないのだ。つまり、ICWAの事例は学生にこう伝えているのだ。「君達はここまでたどり着いたが、これは前にもやったことだ。これは、いちばん最初からずっと教えてきたことだ」。我々は、学生にこう伝えようとしている。「ローヤリング教育のアーク（円弧）は長いかもしれないが、最後にはぐるりと回ってもとの位置に戻ってくるのだ」。

事実と法律

主にカリフォルニア州に居住するワノダ族（架空のネイティブ・アメリカンの部族）が、ICWAに基づくインディアンの児童養護と養子縁組に関するCDSS規則案について、カリフォルニア州の福祉局（CDSS）を相手取って訴訟を起こした。ICWAの第1915条によると、インディアンの子供の養子縁組に当たっては、州の福祉機関は、その子供の家族、あるいは、子供の部族に関係する、または、部族に承認された監護人の意思を優先しなければならない。福祉局が、この優先を無視できるのは、「十分な理由」がある場合のみである。インディアン保護局（BIA）は、ICWAの定める優先を無視できる「十分な理由」があるかどうかを判断するための拘束力のないガイドラインを発表している。CDSS規則案では、カリフォルニア州のソーシャル・ワーカーが、インディアンの子供を養育先に預ける際には、BIAのガイドラインに示された要素に加えて、「子供の最善の利益」を考慮して判断することを認めている。ワノダ族は、規則案は、ICWAに定められた養育先決定の意思優先に反していると主張している。「子供の最善の利益」という文言は、州の福祉局が子供の家族や部族の意思を無視して、非インディアンの家族に子供を預ける理由を与えているだけだとワノダ族はいう。CDSS規則は、2003年5月1日に発効することになっている。ワノダ族は、規則はICWAに違反していること

資料　The Lawyering Program: Description of Exercises 2004-2005 の部分訳　　275

から、連邦民事訴訟規則の第65条に基づき、判決が出るまでは規則を発効しないようにと申し立てた。被告側は、規則は、カリフォルニア州のネイティブ・アメリカンの子供の最善の利益を守るために必要であると答弁した。

弁護士の役割

学生は、架空のネイティブ・アメリカンの部族である、ワノダ族か、被告のカリフォルニア州福祉局のいずれかの代理を行う。法律と規則の解釈および訴訟における問題解決に関する講義を受けた後、学生はリサーチを行い、ワノダ族の仮差止め命令の申し立てを弁護、あるいは反論するために、法律に関する意見書を作成する。学生は準備書面を自分達で見直し、また、クラスメートや、教員に批評してもらい、さらに修正を重ねた後にボランティアの判事に提出する。

ティーチング

裁判の演習は、学生が1年間学んできた内容の総まとめであり、話術、レトリック、事実の評価、法律に関する論議、訴訟での問題解決が重点的に含まれている。裁判は、当事者が双方の合意で問題を解決できない場合、紛争を解決し、権利を確定する制度と考えられる。

学生は準備書面が口頭弁論の基礎となることを念頭に、準備書面を力の限りに推敲する。準備書面の作成によって、学生は、審理の際に求められる分析、コミュニケーション、問題解決の能力を磨く機会を得る。準備書面を最終的に提出した後、学生は弁論の準備をする。弁論は、現役の裁判官、教員、豊富な経験を有する実務弁護士から構成されるボランティアのグループにより評価される。

学生の各ペアは、「裁判官室」へ行き、1時間の口頭弁論と批評のセッションを受ける。各々持ち時間は15分で、原告側の弁護士が先ず弁論を行い、被告側弁護士が答弁を行う。口頭弁論の終わりに、ボランティアの裁判官が、学生の準備書面と口頭弁論の批評を行う。裁判官によっては、申し立てに判決を下す人もいる。そこでは、代理人としての仕事ぶりだけではなく、勝敗の可能性も評価の対象になる。

専門職責任の問題

このシミュレーションで両当事者を弁護する学生は、これまで経験してこなかった、弁護士としての広範囲の社会的責任とそれを全うする困難さに直面する。ワノダ族と州側の弁護士は、訴訟の結果はその特定のクライアントの権利と利益だけではなく、社会

政策の形成と実施にも影響することを自覚して、解釈を行い、事実に関する主張を行う。双方の弁護士はいずれも、異なる意味において公共の利益を弁護しているのだ。

　この演習で、学生は、自分が代理を行う個人の利益が相反している可能性にも直面しなければならない。ワノダ族側の弁護士は、歴史的に不利な立場におかれてきた、異なった——ある面では明らかに相反する——利益と目標を持った構成員から成るグループを代理する。福祉局側の弁護士は、州民全体の利益と、福祉局が守らなければならない人々の利益の双方を代理する。このケースは、弁護士責任規定が定義する利益の相反を含んではいない。[1]しかし、弁護士の相反する責任について考え、集団の代理における禁止された利益の相反と、問題ではあるが、許される程度の利益相反との相違を学生に認識させる機会を与える。

【注】

1　弁護士行動準則模範規定のR.1.7-1.8（2002）（禁止された利益の相反についての定義）を参照のこと。

編 集 後 記

　本書、第2回国際シンポジウム報告書の出来栄えはいかがでしょうか。
　第3回国際シンポジウム当日には完成品を皆様のお手元に届けたいと考え、関西学院大学（関学）法科大学院形成支援プログラム推進室を中心に精力的に編集作業を進めてきました。この種の報告書の刊行は遅れるのが世の常のようですが、一時はやきもきした場面もあったものの、振り返って見れば、編集作業はおおむね順調に進行したようです。これもひとえに、お忙しい中、原稿執筆に励んで下さった先生方のお陰だと思います。深く感謝申し上げます。

　問題はむろん報告書の中身にありますが、多少の自負を込めて言わせていただければ、相当にいいものができたな、というのが私たちの実感です。
　昨年の第1回国際シンポジウムのテーマは「正義は教えられるか」というものでした。見たところ、狙い所のはっきりしない、抽象度の高いものと思えたこのテーマ設定は、しかし実にロースクール教育の目標と課題を的確に捉えたテーマであったことが、第1回国際シンポジウム報告書に収録された英米のパネリストの報告や日本のパネリストの報告、そして討論の中で明らかとなりました。第2回国際シンポジウムの狙いは、この「正義教育」をどう構想し、どう実施していくのか、ロースクール教育の内容と実践の具体的なあり方を模索しようとするものでした。私たちはその鍵をシミュレーション教育に求め、SC（模擬依頼者）に依拠した我が国の医学教育とともに、アメリカのロースクールにおける授業実践の成果と教訓に学ぼうとしました。模擬法律事務所を使った国際模擬調停のワークショップは、私たちが目指そうとしているシミュレーション教育の具体的な姿を生きた形で示したもので、意義深く、またユニークな試みだったと思います。これに協力して下さった関学法科大学院学生、米テンプル大学日本校留学生の皆さんにも感謝申し上げます。

形成支援プログラムは2006年度が最終年度となります。これまでの成果を関学法科大学院の教育に実際にどう生かすのか、カリキュラム改革を含めて、いよいよこの点が正面から問われてきます。第3回国際シンポジウムを経て、私たちは、この最終課題に引き続き誠実に取り組んでいきたいと思っています。

編集責任者

川 崎 英 明 （司法研究科教授）

※本書に収められたStuckey氏、Moliterno氏、Myers氏による英語論文の翻訳は、関西学院大学大学院法学研究科に在学中の中西貴子さんに依頼し、司法研究科の川崎英明教授が校正を担当しました。

また、シンポジウムの「パネルディスカッション／Q&Aセッション」については同研究科の丸田隆教授、ワークショップの「国際模擬調停」と「フィードバック」については同じく池田直樹教授、ニューヨーク大学ロースクールの資料翻訳については同じく西尾幸夫教授がそれぞれ翻訳文の校正を行いました。

本書全体の校正は、関西学院大学出版会の田中直哉さんと戸坂美果さんの協力を得て、関西学院大学大学院司法研究科教授の松井幸夫と関西学院大学法科大学院形成支援プログラム推進室研究補佐の宇野綾子が行いました。

※本書の執筆者および発言者の役職位はすべてシンポジウム開催時のものです。

第2回国際シンポジウム報告書
模擬法律事務所はロースクールを変えるか
シミュレーション教育の国際的経験を学ぶ

2006年10月20日初版第一刷発行

編　者	関西学院大学法科大学院 形成支援プログラム推進委員会
発行者	山本栄一
発行所	関西学院大学出版会
所在地	〒662-0891　兵庫県西宮市上ケ原一番町1-155
電　話	0798-53-5233
印　刷	協和印刷株式会社

©2006 Kwansei Gakuin University Law School Support Program for
Professional Graduate School Formation
Printed in Japan by Kwansei Gakuin University Press
ISBN 4-907654-96-0
乱丁・落丁本はお取り替えいたします。
本書の全部または一部を無断で複写・複製することを禁じます。
http://www.kwansei.ac.jp/press